El Logro de la Riqueza

El Origen de la Pobreza

Si no tienes la respuesta a:

¿Por Qué No Soy Rico Ahora?

Se debe a que ni siquiera te has hecho la pregunta. Y si la pregunta no es parte de tu realidad, ¿cómo esperas que la respuesta lo sea?

Reynaldo Polanco

Dedico este libro a mi familia, en especial a mis hermanos, a mi madre Aida Peña, a mi padre Félix Polanco, quien ya no está con nosotros pero sus ejemplos quedan, y al tesoro más valioso que todo el dinero, Nathalie, Jensy y Giselle. Dedico este libro en especial a todos mis primos y primas, sobrinos y sobrinas de la nueva generación a quienes quiero transmitir un mensaje que abra las puertas para un futuro de éxito económico. Para que aprendan de nuestros errores y rompan las cadenas de pobreza y privaciones que por generaciones arrastramos. A estos les tengo un presente: envuelto en una caja de regalo les entrego los próximos 18 años para que apliquen la información y el conocimiento que puedan derivar de este libro y las referencias que les proveo para que así logren la Independencia Financiera. El mismo regalo le doy a todo el que tenga este libro en sus manos.

Éxito.

Reynaldo

To my friend/brother

Gus and Carol

I know you'll understand my book —you get it!— much success

Raynaldo

Gracias a Tatiana y Aixa por la edición y las correcciones. Y a Jensy por la diagramación y las gráficas. Me sacaron de apuros y espero que estén tan satisfechos, como lo estoy yo, del resultado final

La Pobreza Es Una Opción

El Camino a la Riqueza
volumen 1

Este libro es para sacudir, patear y hacer tambalear la base que sostiene las creencias y valores del pobre y trabajador de la clase media. Esas creencias y valores que sin darse cuenta (porque toda la vida se lo han hecho creer sin cuestionamiento) lo mantienen pobre.

***

CONTENIDO

Este libro te va a irritar un poco y puede que te ofenda. Esa no era mi intención original. Pero diluirlo para preservar tus sentimientos, y evitar tu posible disgusto, le restaría al impacto que quiero que tenga en ti. El mensaje es muy importante, más importante que yo, por lo tanto lo pongo en tus manos y me atengo a las consecuencias.

PRÓLOGO

La intención de este libro es sacudir la base - la zapata – que sostiene tus creencias sobre tus finanzas y tu vida económica. Quiero forzarte a reconsiderar tus valores y las percepciones que tienes sobre la pobreza y la riqueza. La pobreza económica es un reflejo no de lo que tienes o no tienes, sino de lo que crees o no crees, de lo que sabes o no sabes. Tu vida económica está delineada por los filtros que tienes en tu consciencia y percepción; filtros que te permiten ver una sola realidad, aquella realidad en la que existes y tomas todas tus decisiones, y que tú crees que es única, universal y que todos compartimos. Una realidad que tú has aceptado incondicionalmente y sin cuestionamiento. Crees que esta realidad es igual para todos, y dentro de ésta lo que te tocó vivir es lo que está definido y asignado exclusivamente a ti, *("El dinero nunca me alcanza, pero, ¿qué puedo hacer?"... "Tengo un empleo que cubre mis necesidades; ¿qué más se puede pedir?").*

El hecho de que vives tu vida lleno de limitaciones y con restricciones de lo que puedes hacer y ser, y aceptas esto como "tu realidad", in-cambiable e incuestionable, muestra que tan profundamente has aceptado esta mentira.

Sí, con este libro te quiero mostrar que esto es una mentira.

Lo que percibes de "tu realidad" es exclusivo sólo a ti. Y, como es todo lo que conoces, tú le llamas "verdad". Y esta "verdad" es falsa.

Supongo que a este punto sospecharás que voy a retar tus creencias. Mi intención es sacudir la percepción de tu realidad.

7

Esto te hará sentir incómodo(a)... Quizás hasta molesto(a)... Es probable que detestes lo que te digo. Yo no espero menos.

Si no perturbo tus convicciones y tu certeza de lo que tú crees que es verdad... Si no te provoco desconcierto y confusión no he logrado mi cometido.

Ya estás avisado(a).

INTRODUCCIÓN

Este libro consiste de ideas y conceptos que vienen de muchos orígenes pues en los últimos años ha sido mi meta entender por qué la pobreza económica es tan extensa, permanente, intratable, con un patrón que se repite inexorablemente por todo el mundo y todas las generaciones, hasta en aquellos países ricos donde no debería ser un factor. Busco entender por qué la pobreza arropa a todas las nuevas generaciones de todas las sociedades, concentrando la riqueza económica en sólo un pequeño grupo de ciudadanos (menos del 10% de la población), mientras el resto lucha por una sobrevivencia continua.

Ha sido mi misión buscar dónde está el secreto utilizando todos los recursos a mi alcance (obras de expertos en varias áreas de finanzas, estudios, talleres, conferencias, medios de comunicación, análisis de investigaciones académicas). Lo primero que he descubierto es que el proceso de aprendizaje continúa por siempre, pues el estudio de este tema nunca termina. Y más que el aprendizaje de una área específica, he descubierto que el éxito - en lo que a Independencia Financiera se refiere - descansa sobre la transformación de tu percepción, sobre un cambio en tu forma de pensar, un "re-alambraje" de las neuronas en tu cerebro para ver por primera vez lo que siempre estuvo frente a ti.

En otras palabras, una expansión de tu realidad.

Pero la mayoría de los "expertos" y asesores se enfocan en el Cómo. Todos dan soluciones prácticas y pasos claros donde prometen soluciones rápidas a los problemas económicos. Algunos se enfocan en visualizaciones y afirmaciones positivas para llegar a la meta, para lograr la "mentalidad apropiada". Sin embargo, nada cambia. A pesar de las miles de "nuevas tácticas", libros, oportunidades de negocio y "programas para hacerte rico" que saturan el mercado, cada día es más obvio que nada de esto funciona como prometen los autores. La mayoría de nosotros seguimos siendo pobres a pesar de las inversiones que hacemos en éstos.

Y ni hablar de un empleo. Mira a tu alrededor, ¿qué ves? La masa silente de trabajadores que como autómatas se mueven al compás, sincronizados a cumplir las labores diarias. Y es obvio que todos los que trabajan siguen siendo pobres a pesar de todos sus esfuerzos y dedicación; y es que siguen trabajando con la única meta de satisfacer necesidades - ese es el único logro que esperan alcanzar. De hecho, por eso es que TIENEN que trabajar incansablemente, hasta el final, ya que los gastos de supervivencia son eternos (siempre necesitarán comer, un techo donde guarecerse y vestimenta que los proteja del clima, y ni hablar de electricidad, medicina, transportación, etc.). Como estos gastos son permanentes y aceptados como el costo de vivir y como único o principal objetivo por el cual trabaja, el pobre organiza toda su vida alrededor de ese empleo que les satisface esas necesidades. Y esta es su única meta, exclusiva a su realidad.

Alguna otra alternativa es inconcebible.

¿Por qué te levantas tú todos los días temprano en la mañana para ir a trabajar? Piensa...

El problema de la limitada creencia que dirige la vida del pobre y el trabajador de la clase media y media-baja, es que es internalizada e integrada a sus valores y percepción. Es lo que creen y es la "realidad" en que se desenvuelven. Y las soluciones que ofrecen los expertos están enfocadas en estas creencias pero desde afuera, ofreciendo soluciones externas a problemas internos. "Toma estas medidas y tendrás éxito", sin contar que antes de "las medidas" (factores externos) hay que dejar sentada la base donde esas "medidas" tengan sentido, donde sean vistas y entendidas en el contexto de una "realidad rica". Si sólo sabes ser pobre porque hasta ahora tu percepción, conocimientos y tu "realidad" te han llevado y mantenido en ese estatus, no importan todas las estrategias, recursos, información, e instrucciones que te den. Sólo tienes un punto de referencia y es: Ser Pobre, y aplicarás las medidas en ese contexto, y (¡sorpresa!...

¡sorpresa!...), seguirás siento pobre.

(Si supieras – tuvieras toda la información, conocimiento y recursos – de cómo ser rico, ya lo fueras, ¿no?)

Así es que hay algo más de lo cual pocos - o nadie - habla. Existe un "yo no sé qué" que nos mantiene pobre a pesar de todas las "soluciones" que nos dan los expertos y contra todos nuestros incansables – e infructuosos - esfuerzos. Si las soluciones fueran externas – y sólo es necesario extender las manos y alcanzarlas - ya todos estuviéramos económicamente satisfechos. Lo que propongo en este libro es que el problema no es externo. El problema y la solución están dentro de ti.

¿Acaso no has visto médicos y cirujanos con muchas libras de más, a veces hasta obesos? ¿Has visto algunos doctores fumando? Éstos son los que tienen acceso a las autopsias de cadáveres desde que estaban en la escuela de medicina - donde pueden ver los estragos que provocan el tabaco y la grasa excesiva en el cuerpo. Sin embargo no pueden deshacerse de los cigarrillos ni hacer un esfuerzo para mantenerse en forma. ¿Cuántas personas conoces que tienen máquinas de hacer ejercicio en la casa y las usan para enganchar las toallas? ¿Acaso te estás sonriendo porque tú has hecho esto? De nuevo, todas estas personas saben lo que tienen que hacer, pero no lo hacen. La solución no está ahí afuera. Está dentro ti, y no puedes verla por la incompleta y/o falsa realidad que te define sólo a ti, y la que debes cambiar para hacer posible lo que hasta ahora era inconcebible.

En este libro, el enfoque será todo el tiempo en ti, y lo que piensas, crees y ves. Tú vas a encontrar la solución dentro de ti. Esto no va ser fácil. Te llevaré a las conclusiones que te ayudarán a entender tu pobreza, pero esto va a suceder bajo rabietas y pataleo de tu parte. Sacudir y voltear al revés lo que conoces – deshacer tus creencias, valores y percepciones - va a tener ese efecto.

Así es que yo no habré logrado mi misión con este libro si no logro hacerte sentir enojado, confuso e incómodo. Quiero que llegue un momento en que te encuentres de repente hablando solo sin darte cuenta, lleno de **respuestas sin preguntas**— Pero, quizás te preguntas, ¿por qué "*Respuestas sin Preguntas*"? Quizás piensas que es un error gramatical o una confusión ya que esperabas ver: *preguntas sin respuestas*. Respuestas sin preguntas se refiere a cosas demasiado obvias para verlas frente a ti; tan obvias – y aceptadas incuestionablemente - que no se te ocurre preguntarte por qué estas cosas son como son. Como nunca fuiste entrenado a ver lo que estaba frente a ti - lo que hace lo obvio invisible a tu vista - nunca se te había ocurrido hacerte las preguntas. De la misma forma que espero darte respuestas a preguntas que nunca se te habían ocurrido, por igual quiero darte preguntas a respuestas que te dan de frente en la cara pero no sabes de dónde vienen. Preguntas que harán que te despiertes y dejes de aceptar estas respuestas sin saber de dónde vienen las preguntas – el porqué. Al hacerte las preguntas, empezarás a cuestionar tu realidad y tu "verdad".

Quiero que te sientas inquieto y desconcertado. Quiero que sientas rabia.

No me ofendería si tiras el libro contra la pared en enojo.

Quiero voltear tu realidad y ponerla al revés; como reviertes un calcetín. Lo que estaba arriba ahora está abajo. Lo que estaba adentro ahora está afuera.

Quiero que todo esto suceda, pues sin esto no hay comienzo. Estás aferrado a lo que sabes, y lo que sabes es mentira. Y esa mentira te hace pobre.

Sólo te quitarás el zapato cuando te moleste la piedrecita en él.

Quiero que alquiles o compres la película "The Matrix", la primera parte, protagonizada por el actor Keanu Reeves. Si no la has visto antes, disfrútala. Es una obra de arte a todos los niveles. Si ya la viste, la podrás disfrutar una vez más pues la película se mueve a tantos niveles y alegorías que siempre encontrarás algo nuevo e interesante. Cuando la veas por primera vez, prepárate para un viaje lleno de sorpresas.

Hay una escena importante en "The Matrix" donde se establece la premisa del guión. El protagonista, Neo (Keanu

Reeves), recibe la oportunidad de tomar una de dos pastillas: una azul o una roja. La azul lo deja en su "realidad", siguiendo su vida cotidiana, ciego y ajeno a la verdadera realidad que lo rodeaba. Lo dejará circulando en su pequeño mundo, viviendo su rutina diaria con la conformidad que le da su ignorancia, pensando que eso es todo lo que existe en su vida y su alrededor. Después de tomar la pastilla azul no recordará nada, ni sabrá nada de alternativas o de la verdad. Seguirá conforme viviendo la única "realidad" que conoce, y sin opciones ni comparación, cualquier desvío de esta "realidad" es, por lo tanto, inconcebible.

La pastilla roja por otro lado, lo despertará a un mundo desconocido, confuso y crudo. Descubrirá la mentira que ha estado viviendo toda su vida. Entenderá la "realidad" que fue programada en su cerebro para hacerle creer que tenía libertad y voluntad propia. Descubrirá que "The Matrix" es una fantasía creada para servir sus propios intereses. "The Matrix" le alimenta fantasías, le suple de una "realidad" ficticia y unas creencias y percepciones directo a su mente a cambio de que Neo le sirva a ésta. La pastilla roja le permitirá a Neo despertar a la verdad.

Con este libro te doy la oportunidad de tomar la pastilla azul o la pastilla roja.

Si te decides por la pastilla azul, puedes cerrar el libro al terminar de leer esta introducción y continuar conforme con tu rutina. Sentirás que algo te falta, pero nunca sabrás lo que es. Pagarás tus cuentas y lucharás por sobrevivir en el mundo de limitaciones económicas que te rodea. Vivirás de cheque a cheque, de mes a mes y con privaciones y sacrificios. Pero al no tener otro punto de referencia, otro punto de comparación, nunca entenderás la existencia de otras opciones. Tu mundo dentro de tu "realidad" será lo único que conocerás, y esta "realidad" es una casilla, una pecera que establece los límites y parámetros de tu existencia; y como es lo único que conoces y sabes, lo aceptarás automáticamente. Un mundo de oportunidades, opciones, y libertades fuera de la casilla o la pecera que es tu mundo ahora, es sencillamente inconcebible.

Pero vivirás conforme después de tomar la pastilla azul, pues al no poder comparar, nunca sabrás de tus opciones. Sólo entenderás que tienes que vivir tu "realidad" y hacer lo mejor que puedas en las circunstancias que "te tocó vivir".

Para eso te deseo suerte.

Si acaso te decides a tomar la pastilla roja, sigue leyendo y prepárate porque todas tus creencias serán sacudidas. Lo que creías blanco ahora es negro, lo que creías arriba ahora está abajo. Lo que creías una verdad, es ahora una mentira. Lo que tú creías que era la realidad, no es tal.

Después de tomar la pastilla roja, no hay regreso. Nunca podrás volver a ver las cosas igual. Tu alrededor, tu medio ambiente, lo que creías verdad, tu "realidad" se transformarán. Eso te hará sentir incómodo. Es como si te acostaras en un lugar conocido y familiar y despertaras en un mundo irreal que nunca habías visto antes. Parte de ti querrá regresar al ambiente familiar y reconfortante que conocías, y quizás rechaces las cosas que te muestre porque no concuerdan con lo que "sabes", "entiendes", y "conoces". Te adoctrinaron desde que eras niño a llamar a la mentira "verdad". Muchas veces es más fácil seguir llamándole "verdad" que aceptar los cambios que la nueva realidad demanda de ti.

Pero si tomas la pastilla roja y decides seguir leyendo este libro, después de un período de confusión y desconcierto, tendrás un viaje excitante y lleno de posibilidades. Tendrás la oportunidad de cambiar tu futuro de pobreza a uno de independencia económica, empezando con un cambio en tu mente y la expansión de tu percepción. Tendrás que re-formatear el programa que fue implantado en tu cerebro y que te hace creer que tu destino es vivir en carencia porque "eso es lo que me toca", y que la realidad que tú vives sólo te permite un tope, un límite a lo que puedes lograr.

Si tomaste tu decisión, ponte tu cinturón de seguridad para el agitado viaje que te espera.

Capítulo 1

¿POR QUÉ SOY POBRE?

> "El que no controla sus finanzas
> no controla su destino"

El título de este capítulo tiene una relación directa con el título del libro, el cual presenta la pobreza como una alternativa en tu vida. Para entender tus opciones, debes preguntarte a ti mismo:

¿Por qué soy pobre?

Y ya me estoy imaginando que tú como lector estás seguro que tienes la respuesta a esta pregunta - lo que haría éste el libro más corto de la historia de la impresión de libros. Al abrirlo para leer el contenido me imagino que esperas ver como respuesta a por qué no eres rico:

Porque no tengo dinero.

Obvio, ¿no? Y punto final, ya terminó el libro.

Curiosamente, esperar ver esa respuesta es una de las razones (quizás la principal razón) de por qué no has llegado a tu Independencia Financiera. Tú ves una relación directa entre ser pobre y la falta de dinero. Eso es bastante obvio para ti. Desde pequeño has visto a tus padres (o sólo a tu papá) levantarse todas las mañanas e irse a trabajar. Has entendido que él traía el dinero producto de su labor para pagar las cuentas de la casa y proveerte a ti y al resto de la familia con las cosas que necesitaban, incluyendo la comida que tu madre ponía en la mesa. También has percibido que algunos de tus vecinos tenían más dinero que el que poseía tu familia, y podían tener más y mejores cosas que tú y tu familia podían tener. Esta correlación entre la cantidad de dinero que una familia poseía y la calidad de vida de éstos significa para ti también una correlación directa entre: no tener dinero → ser pobre.

Lo más probable es que has escuchado de tu papá que *"el dinero no crece en las matas..."*, *"El dinero no alcanza para nada..."*. Cuando le pedías algo que necesitabas para la escuela o un simple regalo de algún juguete recibías las respuestas: *"No se puede..."*, *"Tú crees que estoy hecho de dinero..."*, *"Aprende a vivir con lo que tienes..."*

Después de estas experiencias, que tienden a ser universales entre las familias de limitados recursos, entonces quizás te sorprenda que yo cuestione y proponga como inválido algo que para ti es tan obvio: Soy Pobre Porque No Tengo Dinero. Sé que esto puede sonar confuso pues la correlación falta de dinero → pobreza es muy fuertemente integrada a la consciencia de un individuo. Tan fuerte que se convierte en la única realidad que la persona conoce y la única percepción que tiene de lo que significa ser pobre.

Y ahí es donde está el problema.

Mientras sigas creyendo que eres pobre porque no tienes dinero, seguirás ciegamente y con determinación tras la búsqueda del dinero para paliar tu situación económica. Esto es lo que hace la mayoría de la población. Esto es lo que hacen tus amigos y tus familiares. Para eso es que trabajan, y le dan forma a sus vidas alrededor del empleo o cualquier otro método de producción de ingresos. Cada persona se identificará por lo que hace: soy cocinero, soy contable, soy bombero, soy dentista, soy operador de máquina de coser, soy vendedor, soy chofer. Y cada uno trabajará con enfoque y dedicación para producir la mayor cantidad de ingresos que le permite su empleador dentro de su posición y dentro del tiempo que le permite trabajar. Y hará todo esto con el entendimiento de que es pobre porque no tiene dinero, así es que el dinero (o el empleo que le produce el dinero) es el elixir – o más bien el antídoto - que prevendrá la pobreza.

Y algo curioso, seguirá haciendo esto a pesar de las pruebas contundentes frente a su cara de que no funciona. Un empleo satisface todas (o la mayoría) de las necesidades, pero la mayoría de la población continúa siendo pobre a pesar de los ingresos de un empleo. Porque un empleo satisface necesidades, **no** te lleva a la Independencia Financiera. NO CREA FORTUNA.

Pero tu entendimiento de qué es lo que te hace pobre (falta de dinero), te previene de reconocer de dónde es que viene la causa de tu pobreza (¡y no es por falta de dinero!... eso es secundario).

Es la misión de este libro mostrarte dónde reside el problema.

Entenderás, como dije en el prólogo, que antes de ser pobre en tu vida eres pobre en tu mente. Si tengo éxito aprenderás que no es la falta de dinero lo que te hace pobre. Tu situación de carencia y limitaciones económicas es sólo una muestra de los síntomas, no es la enfermedad.

Ten paciencia y sigue leyendo. Espero que, con el contenido de este libro, se te haga claro el concepto de que falta de dinero NO es lo que te hace pobre.

Cuando estaba empleado para la ciudad de Nueva York como supervisor en una agencia de recolección de pensiones alimenticias para niños en asistencia pública, tenía un colega con el cual compartía mis ideas. Cuando en un momento dado le sugerí el concepto de que falta de dinero no es lo que te hace pobre, éste inmediatamente me contradijo con algo de desdén. El consideró el concepto totalmente absurdo. Incluso, el concepto era tan loco que vio la necesidad de buscar a otros empleados y compartir lo chifladas que eran mis ideas.

"Mira a Polanco diciendo que la falta de dinero no es lo que te hace pobre. ¿Y qué es entonces...?

"Si no tengo dinero en mis bolsillos, ¿soy rico?"

Todavía recuerdo cómo se reía cuando decía esto. Los otros compañeros se reían con él.

La definición de pobreza estaba bastante clara para este grupo. Por más que trataba de dar mi explicación sobre la base de mi premisa, todos se reían de mis disparates.

Todos éramos empleados de la red de servicios sociales de la ciudad de Nueva York. Los salarios que todos devengábamos satisfacían la mayoría de nuestras necesidades económicas, pero todos teníamos que admitir una cosa: ¡éramos pobres! Ese compañero de trabajo, a quien considero una persona inteligente, con mucho talento y grandes cualidades de liderazgo, había estado viviendo por muchos años con limitadas opciones en su estilo de vida pues un restringido salario fijo sólo permitía por igual una restringida calidad de vida, donde la única y exclusiva satisfacción era cumplir compromisos de sobrevivencia; la cual era la realidad para la mayoría de nosotros. Y obviamente, con esto (una Pobreza Funcional) se puede vivir toda la vida después que lo aceptas conformemente.

Mientras él pensaba que la falta de dinero era lo que lo hacía pobre, no se daba cuenta que esta creencia era tan limitante como el limitado salario que producía el trabajo. De lo que él y los otros empleados no se daban cuenta (y espero que la lectura de este libro los dirija a la respuesta correcta) es que la falta de dinero es sólo un indicador de una serie de creencias y valores – y percepción – que afectaba sus decisiones. Él perseguía con gran enfoque y dedicación el dinero que era "la cura a la pobreza" por medio de su empleo; como hacíamos todos los que trabajábamos junto a él. Pero el tiempo que consumía nuestras horas productivas – y los limitados ingresos por este tiempo – sólo prometía una continuación de nuestras limitaciones económicas, pues un salario fijo, y los gastos que enfrentábamos con la descontrolada inflación nunca iban a concordar. Uno nunca iba a satisfacer en su totalidad al otro.

Así es que mientras él y los otros empleados se reían de mis descabelladas ideas, la realidad era que trabajando por dinero, o más específicamente por un limitado salario fijo, seguíamos siendo pobres. Entonces por sus reacciones a mis ideas ellos enfrentaban un dilema, una contradicción. La suma no daba. Si ellos entendían que ser pobre era por falta de dinero. Si sabían claramente cuál era el problema, ¿por qué no habían encontrado la solución? Obviamente trabajando por dinero - intercambiando sus horas productivas por un salario - no era la respuesta; muchos de ellos tenían 15, 20 o 30 años tratando con el mismo resultado: **seguían siendo pobres**.

La búsqueda del dinero, persiguiendo el salario, no era la respuesta, como le expliqué a mi gran amigo. Espero que este libro le dé claridad a esa respuesta.

Capítulo 2

¿QUÉ ES SER RICO...
QUÉ ES SER POBRE?

Los subtítulos y la corriente temática de este libro sugieren la pregunta: ¿Por qué soy pobre? y, claro, la narrativa tratará de ofrecer una respuesta. Pero la respuesta no llegará si no estamos todos de acuerdo sobre a qué se refiere ser rico y ser pobre. Parecería obvio, ¿no? Pero la definición que yo propongo es bastante precisa y circunscrita a unas características muy específicas. Es importante saber de qué estamos hablando antes de proseguir. (También te ayudará a moverte de pobreza a Independencia Financiera si sabes claramente hacia dónde tienes que ir, en qué dirección debes dirigirte y cuáles metas específicas debes alcanzar – un ideal abstracto, una idea indefinida no es suficiente).

Así es que antes de seguir, repasemos las definiciones a que me refiero.

Definiciones:

Cuando te haces la pregunta: ¿Por Qué Soy Pobre?, para llegar a ese **por qué** tenemos que entender cuáles son las cualidades, herramientas, valores, visión, motivación, educación, percepción... el desconocido y elusivo *"yo no sé qué"* que hace que algunas personas salgan exitosamente de la pobreza mientras otros languidecen permanentemente en ella.

No pienso complicar el proceso de definición de la pobreza/riqueza. En su lugar quiero concentrarme y enfocar las definiciones a un sencillo y muy básico punto: de dónde viene tu dinero, cuál es tu modo de producción de ingresos.

Específicamente, existe un modo de producción de ingresos para la clase trabajadora y la clase pobre que es universal, omnipresente, y pasada de generación a generación. El problema es que este modo de producción solamente traspasa y da permanencia y continuidad a la pobreza. Mientras tanto, la persona que logra Independencia Financiera tiene un modo de producción de ingresos que es totalmente diferente y opuesto a lo que hace el pobre. Y también éste es pasado por generaciones, y en perpetuidad, en una línea familiar y social, dentro de la clase adinerada.

Así es que la definición se concentrará solamente en la área específica de modo de producción de ingresos:

Aquellos que con un trabajo estable pueden cubrir todas sus necesidades, donde permanecen en sus posiciones por un largo período laboral ininterrumpido - la mayoría de las veces escalando posiciones de responsabilidad e incrementos regulares en sus salarios - no sentirán que la definición de POBRE, en el contexto que presento, necesariamente le aplica a ellos.

A pesar de la connotación que la palabra Pobre pueda conllevar (para aquellos que no se sienten que lo son), quiero que por un momento consideres que para este caso y para este libro, Pobreza está liberada de cualquier connotación, prejuicio o inferencia que minimice la calidad, habilidades o carácter de la persona. Es usada pura y sencillamente para determinar los parámetros económicos, la línea que divide el estatus económico de un individuo que necesita "trabajar para vivir" con un limitado y fijo ingreso que sólo cubre las necesidades básicas de vida (que tiende a ser la mayoría de la población), y aquel individuo que ha logrado un estatus económico donde el flujo de ingreso es independiente de su tiempo y esfuerzo, y por lo tanto es ilimitado.

Pero para este caso te permito, para tu propia estabilidad emocional y aceptación de las premisas que presento en este libro, que consideres y apliques el término Trabajador(a) Clase Media (TCM) si es lo que prefieres, en vez de Pobre. Cuando yo escriba Pobre y relate algo que se refiere a tus circunstancias, a ti específicamente, piensa y sustitúyelo por TCM si así prefieres.

Yo seguiré usando el término genérico: POBRE.

Las definiciones tratan básicamente de Dependencia Financiera, cuando ésta es comparada a Independencia Financiera. La palabra POBRE para función de este libro cubre una gran gama de niveles económicos, pero el denominador común es que el POBRE trabaja por su dinero. El RICO hace que el dinero trabaje para él sin la intervención directa de su esfuerzo físico y/o tiempo.

Sin importar tu estatus económico, para extraer el mayor beneficio de este libro, elige una de sólo estas dos categorías: RICO/POBRE (aunque en tu mente te sigas describiendo como TCM). Si eliges Rico (o sea, que lograste tu *Independencia Financiera*), te felicito, quiero que mantengamos la conversación abierta y te doy la bienvenida para que compartas conmigo (vía las direcciones de correo electrónico provistas al final del libro), la información, pasos, planes y estrategias que te han servido para lograr tu éxito económico. Quiero seguir compartiendo con mis lectores todas las ideas y recursos que sirvan para romper las cadenas de pobreza que nos atan a todos, no importa de donde vengan, pues sólo la información pertinente nos liberará. Esta es, después de todo, la meta de este libro.

En tu posición de persona que ha logrado un significativo éxito económico, tus experiencias y las lecciones que aprendiste en el camino serían de gran beneficio para los lectores que están ahora buscando la vía para logros similares. Te reto a que mantengamos la conversación y compartamos la información y los recursos con todos aquellos que lo necesitan. Escríbeme.

Sin importar la categoría en que te encuentres (TCM, clase media-alta, desempleado, sobreviviendo día a día), si aceptas la definición general de Pobre, sin prejuicio y sólo como una definición neutral y temporaria en el contexto de la información provista en este libro, podrás comparar tus percepciones y tus creencias con las ideas y conceptos que aquí expongo y que te garantizo van a retar, deshacer, sacudir y echar por la borda todo lo que tú creías era "tu verdad".

Para empezar, considera las definiciones en este contexto:

Dependencia Financiera

Es cuando tienes que trabajar y depender de un cheque/salario para (sobre)vivir. Cuando tienes que intercambiar la energía y esfuerzo de tus horas productivas por una cantidad fija de dinero: Esfuerzos X Horas = Salario Fijo. Cuando, sin este salario, no sobrevivirías más de 8 meses cubriendo tus gastos cotidianos - muchas veces, las personas apenas tienen 2/3 meses de ahorros para sobrevivir en caso de cesar la labor (y la mayoría de las veces, ni eso).

Esta dependencia financiera está acompañada de influencias ajenas que pautan tu vida y determinan qué tú vas a hacer, dónde tienes que estar, a que hora empieza y termina este período - normalmente 8 horas al día. Cuando (como en un círculo vicioso), los compromisos y obligadas necesidades en tu vida (hipoteca/renta, electricidad, gastos de deudas/tarjetas de crédito, gastos médicos, comida, etc.) hacen imposible la opción de poder parar o cambiar la pobreza que te produce intercambiar tus horas productivas (que son contadas y fijas e irremplazables) por un salario – a esto he llamado POBREZA FUNCIONAL y es uno de los factores más insidiosos y perniciosos que mantienen pobre a la mayoría de la población. Más sobre esto en un capítulo separado.

Como un ejemplo de Dependencia Financiera, considera la siguiente narrativa:

Javier se levanta a las 6:30 a.m. para estar en su trabajo a las 8:00 a.m. para empezar la labor, y cumple las obligaciones de su empleo hasta la una de la tarde, cuando pausa para tomar su almuerzo. El reloj que cuenta las horas que él trabaja para recibir pago también pausa en ese momento, pues las horas de almuerzo regularmente no son pagadas. Javier retorna

23

prontamente a sus labores cuando termina la hora de almuerzo a las 2:00 p.m. y también se activa el reloj para seguir contando las horas de trabajo que Javier va a cobrar en la semana. A las 4:00 (o 5:00) p.m. Javier cesa en sus labores (y se detiene el reloj que cuenta sus horas de trabajo) y regresa a su casa. Al otro día, temprano en la mañana, ya Javier está listo una vez más para repetir el proceso y seguir la acumulación de horas productivas a cambio de un salario fijo por estas horas.

No importa el pago por hora que Javier cobra, estas cantidades son fijas y ligadas directamente a las ocasiones que Javier llega a su trabajo y dedica las horas a completar las asignaciones exigidas por su jefe o que demandan su posición. Si extiende estas horas laborables a tiempo extra, quedándose más tarde en el trabajo, puede aumentar sus ingresos de acuerdo a las horas adicionales trabajadas. Recuerda que estos son factores fijos, o sea que el tiempo extra es tomado del tiempo que le tocaba dedicarse a él o a su familia. Segmentos de tiempo sólo pueden moverse de una parte de su vida a otra. No se puede crear tiempo adicional. Cuando Javier pare de trabajar (por enfermedad, o voluntariamente, o fuera despedido de su trabajo) dejará de cobrar inmediatamente, no importa cuál salario haya estado recibiendo antes de separarse de su posición.

Independencia Financiera

Se refiere a ese estatus económico donde los ingresos de una persona están desligados de sus esfuerzos personales o tiempo, y más bien el dinero fluye hacia la persona directamente, sin ninguna intervención directa de intercambio de horas productivas por salario fijo. Al no existir intercambio de horas productivas específicas a cambio de un costo fijo por hora (salario), o sea, existe una desconexión de Tiempo → Esfuerzos → Ingresos, éstos no tienen límites. De hecho, al lograr la Independencia Financiera, la persona ha puesto exitosamente en lugar todos los mecanismos y sistemas que le garantizan un flujo permanente de ingresos sin necesidad de su esfuerzo físico, exclusivo y personal, o algún determinado tiempo fijo.

Piénsalo de esta forma:

Raquel se sienta en la mañana a leer las noticias financieras en el periódico mientras toma un café con leche. Sus inversiones en la bolsa de valores se han mantenido con fluctuaciones bastante moderadas y ha tenido una pequeña ganancia neta en este ciclo de 3.5% en su portafolio, equivalente a $1,245.00 dólares. Enciende su computadora y revisa el estado de cuenta de la compañía de administración que está encargada del manejo de siete propiedades que tiene alquiladas. La compañía se encarga del mantenimiento, cobrar las rentas, pagar impuestos y utilidades, etc., a cambio de un 10% de comisión sobre el total de las rentas colectadas. Cada unidad está alquilada a $800 al mes que multiplicado por 7 dan un total de $5,600.00. La compañía administradora recibe una comisión de $560 al mes (10%), dejándole a Raquel un total al mes de $5,040.00.

La compañía de administración la libera de tener que dedicarle tiempo a las propiedades y le permite aprovechar ese tiempo para analizar otras propiedades que piensa adquirir y acabar de desarrollar la expansión de su compañía de "cupcakes", unos deliciosos bizcochitos que ella introdujo al mercado hace apenas 8 meses y han sido todo un éxito. Su cuñada ha dado muestra de ser una excelente socia y administradora, aparte de tener un toque mágico para hornear los exquisitos bizcochos. Hace dos meses que empezaron a ver ganancias y ya Raquel ha empezado a recuperar su inversión, pudiendo recibir $2,500 al mes desde entonces, y se proyecta que podrá extraer esta cantidad en el futuro inmediato por la consistencia de las ventas.

Raquel tiene una cita este viernes para negociar un contrato de arrendamiento de un local comercial para abrir la segunda tienda de bizcochitos. Después de abrir la primera tienda "Las Delicias de Mimi" (en honor a su abuela) en sociedad con su cuñada, ya está lista para abrir la segunda y establecer el plan de mercadeo para convertirlo eventualmente en franquicia. La proyección es tener ocho tiendas "Las Delicias de Mimi" en operación en los próximos cinco años.

Raquel ya sometió los papeles a su banco para la solicitud de un préstamo contando con la plusvalía de las propiedades que ya posee para comprar un pequeño edificio de cuatro unidades cerca de la universidad. Según sus cálculos de retorno a su inversión, este pequeño edificio le va a dejar un flujo positivo de dinero de

$1,400 al mes después de pagar todos los gastos de la nueva hipoteca, seguros e impuestos.

En estas dos narrativas de Javier y Raquel se pueden ver clásicos ejemplos de dos estrategias económicas que llevan a dos resultados opuestos: <u>Dependencia Financiera</u> e <u>Independencia Financiera</u>. Como una prueba final para aclarar cualquier duda de cuál es cuál, considera esta suposición:

Imagínate que un día ambos Raquel y Javier deciden dejarlo todo atrás e irse a una larga estadía de 12 meses a una montaña del Tíbet. Allí piensan dedicarse a ayunar y meditar en el templo de unos monjes tibetanos por 12 horas al día y desconectarse del mundo.

Después que pasa el año, ambos bajan de la montaña, descansados y rejuvenecidos para reintegrarse a sus vidas. Pero, ¿qué cambios ha habido en las vidas de Javier y Raquel durante este tiempo de ausencia? ¿Qué ha pasado con sus familias, sus posesiones, sus obligaciones, el presente y el futuro…?

Según las reglas de <u>Dependencia Financiera</u> e <u>Independencia Financiera</u>, Javier encontrará mucho, pero mucho menos de lo que dejó atrás:

- El trabajo ya no existe para él, lo que quiere decir que tendrá que moverse urgentemente para encontrar otro trabajo, el cual probablemente le pagará menos que el que tenía antes de irse.

- La esposa usó todos los ahorros que le quedaban para sostenerse durante la ausencia de Javier.

- La esposa tuvo que buscarse un empleo para reemplazar el salario de Javier, pero al deducir los gastos para el cuidado de su hija, transportación, etc., apenas le queda lo suficiente para cubrir los gastos más básicos de comida, electricidad, medicina, teléfono…

- La esposa no ha podido pagar los últimos cuatro meses

de renta/hipoteca y ya el arrendador/banco está llamando, exigiendo que se ponga al día.

- La vida social de la esposa y la hija de Javier es inexistente, y el estrés se empieza a reflejar en ambas.

- El auto de Javier fue vendido antes de su partida ya que él no lo iba a necesitar. Javier tiene que buscar ahora una compañía financiera que le provea los fondos para un nuevo vehículo; y sin ahorros y sin trabajo, esa tarea se presenta difícil, lo cual le afectará negativamente en su búsqueda de empleo…

Raquel por otro lado encontrará mucho, pero mucho más de lo que dejó atrás:

- La compañía que administra sus propiedades le ha depositado en su cuenta de ahorro el total de 12 meses de ingresos por rentas acumuladas de las 7 unidades originales ($5,040 por 12 = $60,480 dólares), más $800 dólares al mes de ganancia de la propiedad de 4 unidades que adquirió antes de partir al Tíbet. Ochocientos dólares por 12 meses son $9,600 dólares que sumados a los $60,480 de las primeras 7 propiedades hacen un <u>total de $70,080 dólares en el año</u>.

- De esta cantidad, Raquel dejó establecido un sistema automatizado de pagos electrónicos para cubrir los gastos de mantenimiento del condominio donde reside; pagar el seguro de su vehículo, servicio de electricidad, impuestos, agua, etc., más el estipendio que le manda mensualmente a su hijo que estudia en la universidad fuera de la ciudad. Raquel no tendrá deudas cuando se reintegre a su vida después de su estadía en el Tíbet.

- La nueva tienda de "*Las Delicias De Mimí*" que abrió junto a su cuñada en el centro comercial ha sido un éxito como esperaba. La tienda tiene apenas 14 meses que está abierta y ya produce ganancias mensuales a cada socia de $1,800 dólares. La primera tienda que abrieron ha tenido una pequeña baja en las ventas, las ganancias de Raquel de este local son sólo $1,500 dólares al mes. Su socia le ha estado haciendo los depósitos de los dividendos que Raquel ha ganado de su inversión en varias cuentas de banco. Estos se suman en total $39,600.00, que serán añadidos al total de las rentas acumuladas por las propiedades arriba listadas.

- Las inversiones de Raquel en la bolsa de valores tuvieron una gran caída pues la economía del país ha estado estancada, con alto desempleo y el comienzo de una recesión. Las acciones y fondos mutuos de su portafolio han perdido más del 30% de su valor. Pero como ésta fue una inversión a largo plazo, tal pérdida sólo existe en papel, y no se realiza a menos que Raquel venda ahora mismo y absorba la pérdida; algo que ella no necesita hacer. Ella puede esperar que pase la tormenta. La historia le indica que el mercado se mueve en ciclos y todo lo que sube baja, y viceversa…

La exposición arriba hecha es, claro, bastante simplificada y sirve principalmente para ilustrar las diferencias y consecuencias de dos estrategias financieras. Y aunque las historias de Raquel y Javier son ficticias, las premisas, actitud, estrategias y formas de manejar las finanzas producirán siempre resultados que reflejarán en general los resultados logrados por Raquel y Javier. Esa es la diferencia entre la Dependencia Financiera del Trabajador Clase Media (TCM)), contrario a aquellos que han logrado Independencia Financiera; la diferencia entre Pobre y Rico.

CAPÍTULO 3

UNA CONVERSACIÓN...

"Lo que llega a tus manos,
primero llega a tu mente"

La intención de este libro es dar inicio a "una conversación". Esto es lo que yo propongo. Es empezar y continuar el diálogo, por lo que quiero que nuestra conversación sea interactiva, por eso te proveí información sobre nuestro "blog" y sitio en la red al final del libro. El título del libro es la premisa que yo pongo en la mesa para empezar la conversación: ¿Qué control real tenemos de nuestro destino económico? ¿Por qué aquella persona es rica y este otro individuo es pobre? ¿Por qué hay dos caminos a seguir, pero pocos encuentran la ruta de la riqueza? El *Porqué* es el hilo que guía toda la conversación a través del libro.

Este no es un libro didáctico, o con todas las respuestas y soluciones. Más que compartir estrategias para dejar de ser pobre, trabajaremos en el estado mental que está a la raíz de la pobreza. Pues no tiene uso examinar soluciones, programas, métodos, oportunidades de negocio, información sobre inversión, estrategias de ahorro, educación financiera a menos que cambies el disco duro de tu mente. Primero vamos a hacer el cerebro fértil para que las semillas de la información y el entendimiento echen raíces. De otra forma es como tirar semillas en el concreto de la acera y esperar a que germinen.

Y de nuevo, ¿por qué hay personas pobres y personas ricas? Hay personas que han sido pobres, reciben mucho dinero y la oportunidad de moverse hacia la riqueza y prontamente vuelven a ser pobres. Y personas que son ricas, lo pierden todo y vuelven a ser ricas otra vez. Y algo curioso, hasta dentro de la pobreza, estas personas nunca dejan de ser ricas (mentalmente) en el sentido de que nunca existió la duda de que iban a tener dinero de nuevo, y mientras vivían en la pobreza económica, sus actitudes y forma de pensar seguían siendo de personas ricas, ¡hasta sin dinero!

Mientras todos buscamos el dinero, trabajando sin cesar para aumentar nuestros ingresos, quedándonos tarde en el trabajo, trabajando horas adicionales para que el cheque nos venga "más gordo"-- o nos buscamos un segundo trabajo -- las cuentas llegan cada mes y la prioridad más inmediata es tener lo suficiente para cubrir gastos mensuales fijos (renta/hipoteca, celular/cable, comida, electricidad, cuido de niños, ropa/lavandería... etc.). Pero algunos no necesitan trabajar tanto, o "trabajar" del todo. Para algunos, sus finanzas nunca llegan a ser un problema. Por factores/cualidades de iniciativa, motivación, educación, disciplina, visión, curiosidad, empuje, ingenio, enfoque, flexibilidad mental, perseverancia, estos logran satisfacer todas sus necesidades económicas libre de esfuerzos personales. Si consideras todas las cualidades mencionadas, notarás que muchos llaman a éstas: *"Suerte"*. Y aquellos que le llaman suerte son los que carecen generalmente de estos atributos, y es más fácil atribuirlo a la "suerte" que reconocer las cualidades de las que carecemos.

Para otros, sobrevivir económicamente es una lucha diaria; es como la rata de laboratorio que corre sin cesar en su ruedita sin llegar a ninguna parte. Cada vez que pagan las cuentas del mes, ya se preparan para continuar la carrera para el mes siguiente. Se reportan al empleo, y "se portan bien" para no tener problemas que pongan su trabajo en riesgo, y trabajan duro para cuando llegue el cheque, pagar todas las cuentas de este nuevo mes; y de nuevo empezar a prepararse para el otro mes... Y así sucesivamente hasta que el cuerpo no da más y con "suerte" retirarse con una pensión (siempre mucho más baja que el salario que estaban devengando cuando estaban trabajando), y vivir el resto de sus días con esa cantidad reducida de dinero. No sólo fuimos pobres en nuestros años productivos, ¡terminamos siendo más pobres en nuestra vejez!

Pero, ¿por qué es así?

¿Está el universo diseñado para todos nosotros ocupar lugares fijos en la escala económica de la sociedad, como las castas sociales en la India, donde ya están resignados a su posición y a un "tope económico" inquebrantable?

Lamentablemente, sin uno proponérselo, inconscientemente, programado y condicionado por la familia, nuestros padres, los amigos, nuestro medio ambiente y la escuela, ya automáticamente aceptamos nuestro destino de pobre (o Trabajador[a] Clase Media, TCM) porque es lo único que conocemos, es nuestra **Única Realidad**. Y como ya es nuestra "realidad", ésta es incuestionable. Acaso se pregunta el pez nadando tranquilo en la pecera: "*¿por qué no puedo volar?*" ¿Es el concepto de "vuelo" para un pez algo concebible? ¿Es siquiera el pez capaz de considerar esta posibilidad? El mundo del pez se subscribe al espacio inmediato donde todas sus necesidades básicas están satisfechas. Podrá ver a través del cristal de la pecera a un cuadrúpedo caminando y a un ave volar, pero los mirará con indiferencia y no se podrá identificar con ninguna de las características de éstos. Quizás por un instante admire la rapidez y agilidad con que se mueven, y todo el espacio que tienen para moverse, y sólo pensará: "*pero esos son ellos... Yo solamente soy un pez....*"

Como cuando la persona con una restringida situación económica (la mayoría de nosotros) nota cualquier indicador de obvio éxito económico en otros - la mansión, abordando un avión privado, vastos recursos y calidad de vida envidiable. Miramos el éxito económico y la acumulación de grandes riquezas con curiosidad pasajera pero no es parte de nuestra realidad, por lo tanto no lo cuestionamos... ni nos cuestionamos. Sólo aceptamos nuestra condición.

Pero esos son ellos... Yo solamente soy un pez....

Aunque la palabra *aceptación* se queda corta y admito que se me dificulta encontrar la palabra adecuada. Aceptación implica normalmente la consideración de más de una opción y pasiva "adopción" de una de las opciones: entre A & B, acepto (por mi condición, estatus, educación, habilidades... etc.) la opción A. En este contexto, aceptación implica que la persona tiene algún conocimiento o consciencia de las opciones. Pero la **aceptación** a que me refiero no es un proceso proactivo y analítico y con un claro reconocimiento de dónde viene lo que la persona está "aceptando", y que otra cosa dejó de recibir por esta "aceptación". Normalmente, ni siquiera está consciente de que estas opciones existen. No es el resultado de una evaluación y una conclusión, ni consideración o comparación de opciones. Como el pez mirando desde su pecera, ni siquiera llega a "aceptación" el quedarse nadando en su pecera ya que no puede volar. Pura y sencillamente no es una opción, por lo tanto cero energía es invertida en la más mínima consideración de las más remotas posibilidades. Sencillamente su realidad **ES**: sin opciones, ni alternativas, ni comparación. Este es *"mi lugar fijo"* y mi completa realidad; todo lo otro ajeno a *"mi realidad"* no es parte de mi consciencia, mis opciones, mis posibilidades. No sólo no son parte de esta realidad, sino que son efectivamente y para todo uso práctico, "invisibles e inexistentes".

En este caso quizás puedas entender mi dificultad con la palabra aceptación para el pobre "aceptar" su pobreza. La mayoría de las veces, va más lejos y más profundo que eso. Esta es internalizada y se establece en su consciencia como un estado permanente, fijo e incuestionable. Pura y sencillamente esa otra condición de independencia económica es sólo eso: otro segmento o dimensión de la realidad en común que él siente que comparte con el mundo pero que no le toca o lo influencia a él personalmente. Esta dimensión es separada de él. Es de hecho totalmente ajena a la parte de la realidad que le toca a él y está desligado totalmente de ella. Y sólo le cuesta seguir "en su pecera" de pobreza, en su única parte – su única esquinita de la realidad - la que el destino "prescribió" para él.

Y es usualmente inconcebible considerar cualquier otra opción que no sea esa que conoce y vive (y controla su destino).

Aunque un poco sutil y abstracto, el concepto que pretendo ilustrar es el hecho de que el pobre, y el trabajador que vive con limitaciones económicas, se imagina que todos vivimos en la misma "Realidad", y que en esta única realidad existen ricos y pobres (y clase media). Y resulta que *a mí me tocó ser pobre (o con un buen trabajo con un salario que me permite satisfacer las necesidades familiares básicas, ocupo una posición en la clase media - TCM).*

Pero esto está lejos de la verdad, y es el punto de este libro. Y ese punto es que las **Realidades** (sí, en plural) son **Personales** e **Individuales**. Lo que tú vives, experimentas, sientes, crees y observas no es necesariamente lo mismo que vive, experimenta, siente, cree y observa el que está a tu lado o el que está al otro lado de la calle. El punto de referencia de un pobre no es el mismo punto de referencia de una persona económicamente exitosa.

La conversación que yo quiero iniciar en este libro es más bien para lograr encender la mecha de tu curiosidad. Yo quiero llevarte a la perplejidad y eventualmente a un punto de claridad que sirva como llave para abrir tu mente. Para que logres entender que "La Realidad" que percibes no nos arropa a todos por igual. No todos compartimos las mismas experiencias y percepciones. No todos vemos lo que está afuera a través del mismo lente.

Quiero abrir la cortina para que veas lo que te falta, lo que han mantenido oculto de ti. Lo que nunca te enseñaron.

***

*Y si acaso existe alguna duda de que el rico y el pobre viven en diferentes realidades, considera lo siguiente: Un artículo en el periódico Daily News de la ciudad de Nueva York de fecha agosto 1, 2012 describe **el alquiler** de un condominio en Manhattan por la fría suma de ¡$60,000 dólares al mes! Y sí, leíste correctamente. Si estás dispuesto a pagar sesenta mil dólares cada mes, te puedes dar el lujo de ocupar (¡como inquilino, no como dueño!) un apartamento pent-house en el piso 78 del edificio New York By Getty en la Spruce Street. En dicho edificio, un pent-house de tres dormitorios cuesta $45,000 dólares al mes para rentar. Uno de cuatro dormitorios se alquila por los mencionados $60,000 dólares. Cabe mencionar que este condominio tiene 3,800 pies cuadrados y viene con una unidad adicional adyacente (pues si puedes pagar tanto en alquiler,* podrás tener mayordomo, sirvienta o ama de llave, los cuales pueden usar esa unidad para vivir). Pero, ¿quiénes rentan estos apartamentos? Aquellos que ganan por lo menos un millón de dólares al año; y hay suficientes de estas personas para alquilar todos los apartamentos de este edificio.

Por otro lado, un artículo en el mismo periódico fechado junio 21, 2012, relata cómo los neoyorquinos están en quiebra; donde los pobres gastan la mitad de sus ingresos en alquiler. Un estudio conducido entre los residentes de bajos ingresos muestra cómo a éstos solamente les quedan $4.40 dólares por cada miembro de la familia por día después de pagar el alquiler, para con esto cubrir la comida, transportación, y otros gastos esenciales. En otro artículo en el mismo Daily News de septiembre 21, 2012, el Buró de Censo indica cómo en el año 2011 el número de residentes viviendo bajo la línea estándar federal de pobreza subió 4.5 % a casi 1.7 millones de residentes. Veinte y un porciento de neoyorquinos cayeron bajo la línea de ingresos que los describe como pobres, comparado con 15.9% en toda la nación. Treinta por ciento de los hispanos vive en la pobreza comparado con el 23.7% de residentes de la raza negra y 15.8% de los blancos.

Y algo curioso y significativo, un día antes (septiembre 20, 2012) en el mismo periódico, el titular de un artículo en grandes letras indicaba que era "Un Buen Año Para Ser Rico". El uno porciento de los estadounidenses obscenamente ricos vieron sus fortunas crecer por un 13%. De acuerdo a la revista Forbes, las primeras 20 posiciones en la lista de los 400 más ricos, vieron sus riquezas expandirse colectivamente por $73 billones de dólares. El fundador de Microsoft Bill Gates (su fortuna valorada actualmente en $66 billones) y el inversionista Warren Buffet ($46 billones) encabezan la lista por 19 años consecutivos. Aquellos primeros veinte que encabezan la lista vieron sus ingresos aumentar por billones de dólares. Dos tercios de los miembros en la lista vieron sus fortunas crecer en el pasado año en un promedio de $4.2 billones por persona, de acuerdo a la revista Forbes.

¿Cabe en tu realidad ganarte millones/billones de dólares al año pasivamente, o sea sin tener que durar parado horas frente a un mostrador, o frente a una maquina de una factoría, o sentado en el cubículo de una oficina?

Indudablemente, la realidad no es única e indivisible donde vivimos pobres y ricos.

La realidad de una persona rica no es la misma de una persona pobre. Y este entendimiento es imprescindible para moverte de una realidad a otra.

Capítulo 4

CUANDO EXPANDAS TU MENTE, EXPANDIRÁS TU REALIDAD

"El empleado trabaja lo suficiente para no ser despedido – ni más ni menos; el dueño de la empresa paga lo suficiente para que el empleado no se vaya – ni más ni menos"

Como ilustración al capítulo anterior, considera la siguiente historia:

Federico, un vendedor de muebles empleado por una tienda por departamentos, camino a casa pasa por un solar o lote desolado de aproximadamente 80 pies de largo y como 350 pies de profundidad. Una verja metálica deteriorada corre por toda su extensión, bordeando la línea que separa el lote de la acera; el interior está lleno de hierbas, escombros y basura. Este espacio se encuentra fuera de lugar entre una iglesia con un alto campanario de ladrillo al lado derecho, y al otro extremo una línea de tiendas ofertando una amplia variedad de productos y servicios, completan el resto de la cuadra. Las veces que había pasado, Federico no se había fijado lo alto que están las hierbas y la cantidad de desperdicios y objetos inservibles regados por todo el solar. Él observa distraído el desolado espacio y sólo ve exactamente eso que Su Realidad le indica: Un Solar Vacío, Baldío y Abandonado. *"Deberían limpiarlo; eso sólo lo hace un nido de ratas…"* se dice a sí mismo y continúa su camino.

Ricardo, un empresario/inversionista camina por el mismo trecho de calle en dirección a la escuela de su hija y se para por un momento a observar el desolado espacio dominado por las hierbas y basura. Pensativo, mira con cuidado a ambos lados de la acera y da la vuelta lentamente para observar el vecindario. Frunce el ceño como acostumbra a hacer cuando está envuelto en pensamientos rápidos. En su imaginación empieza a ver en este lote abandonado un potencial centro comercial, un pequeño edificio de apartamentos, una pista de patinaje, un parqueadero para 100 vehículos (especialmente con la iglesia a un lado y las tiendas al otro)… todos produciendo ingresos por renta, venta de servicios, centro de entretenimiento para niños, producción de empleos en la comunidad, retorno de ganancia en la inversión para cualquier inversionista. Y uso de los fondos del banco para hacer dinero limitando el riesgo personal.

Ricardo ve un dilapidado letrero de SE VENDE que ya está descolorido por la lluvia colgando de un solo lado al extremo derecho de la verja. Ricardo escribe el número de teléfono, que apenas es visible, en su libreta, y sigue caminando moviendo la cabeza de arriba a abajo levemente, como si estuviera asintiendo para sí mismo.

¿Y qué pasó aquí?

Supuestamente Federico y Ricardo estaban viviendo en la misma "Realidad", caminando exactamente por el mismo lugar y viendo exactamente lo mismo. ¿Por qué cada uno vio un cuadro diferente? ¿Por qué son tan diferentes las percepciones y evaluación del mismo evento? Ni Federico nació vendedor de muebles ni Ricardo nació empresario. Hubo un punto donde ambos caminos divergieron; donde cada uno adoptó un patrón y un conjunto de valores y percepciones que sirven como motor de impulso para las decisiones y acciones que ambos tomarán por el resto de sus días.

Aquí retornamos a la "a-culturización" y acondicionamiento del individuo en la mentalidad de aceptación y "normalización" de las carencias y limitaciones que son características de la clase media-baja, pobre, y trabajadora. Lo más dramático es la aceptación de estas características como la única realidad que les tocó vivir; una aceptación incuestionable, libre de la más mínima duda de que quizás... tal vez... existan otras alternativas a la situación actual donde están rodeados de paredes y barreras que limitan sus opciones y estilo de vida. Estas son paredes y barreras de "cristal" que sólo permiten observar el éxito económico y la Independencia Financiera de otros pero son incapaces de relacionarlas a ellos mismos.

Pero esos son ellos... yo sólo soy un pez...

Federico aprendió a trabajar duro e intercambiar largas horas de trabajo a cambio de un salario que cubre los gastos cotidianos de su casa. Y claro, como intercambia sus horas de vida productiva por una cantidad fija de dinero por cada una de estas horas, mientras más horas productivas contribuya a su trabajo, más dinero podrá acumular. Irónicamente, nunca será suficiente para dejar de trabajar del todo – Independencia Financiera contando con un jefe o empleador no es parte del acuerdo con el cual una persona entra a trabajar a una empresa. (Una compañía le da a un empleado lo suficiente para pagar sus cuentas: alimento, vehículo/transportación, renta, gastos familiares, ropa, lavandería, medicina, electricidad... pero no demasiado que le pueda permitir independizarse y no regresar a trabajar el lunes).

Además, un ser humano tiene un límite de horas diarias (y productivas) disponibles. Nadie puede "fabricar" horas adicionales. Lo que quiere decir que Federico siempre tendrá un "tope", "un límite máximo" a sus ingresos y de lo que es capaz de producir, ya que después de diez horas de labor, es poca la energía y productividad que pueda ser extraída, no importa cuánto lo intente. Sin contar que estas horas son robadas a su familia, su salud, sus horas de descanso, su relaciones personales... su vida.

Volviendo a Federico y Ricardo, ¿podemos entonces en este contexto explicarnos a qué se debe la diferencia de percepción, y todas las consecuencias y resultados que esto conlleva, de cómo Ricardo y Federico ven y experimentan sus alrededores?

Todo reside en la percepción de Federico sobre su **Propia Realidad** (la cual él cree firmemente que es la realidad de todos a su alrededor). Federico no ha expandido su mente a considerar todas las posibilidades y opciones de su vida; pura y sencillamente no puede ver lo que está frente a él por los límites en su percepción impuestos por su incompleta **Realidad.**

¿Alguna vez has visto un modelo de auto en particular que te gustaría comprar? Vamos a imaginarnos un Honda Accord Coupe de dos puertas, del año 2012, color plateado y el interior blanco. Has visto el carro en fotos de revistas y un conocido compró uno y te encantó, y te pusiste a ahorrar con la meta de adquirir uno igual. ¿Sabes lo que va a pasar? En lo que sueñas con ese modelo de auto y la posibilidad de adquirir uno, te vas a sorprender con la cantidad de estos carros que circulan por las calles, lo cual tú no habías notado antes. Te toparás con uno al doblar cada esquina. Te dirás: yo no sabía que había tantos carros como éste. Tus ojos actuarán por sí mismos y verán carros como éste antes que tú estés consciente de ellos. ¿Cómo tú explicas esto? Simple: tú integraste la posibilidad de un Honda Accord Coupe del 2012 plateado de dos puertas a Tu Realidad – hiciste el Honda Accord parte de ésta. Lo integraste a tu percepción, y empezaste a ver por primera vez lo que siempre había estado frente a ti.

Todo esto sucede porque integraste una nueva variable a Tu Realidad; de hecho, lo que estás haciendo es expandiendo tu realidad, como una masa movible, a cubrir áreas, ideas y percepciones que hasta ese momento eran ajenas, desconocidas o/e "inexistentes". Abrir la mente a nuevas experiencias y nuevos conceptos, y sobre todo: a nuevas posibilidades, hace visible lo "invisible".

Después de todo, tú no ves ni encuentras lo que no buscas.

Sólo ejercitando y expandiendo la mente a considerar nuevas variables, nuevos elementos, nuevos ángulos y nuevas premisas puede ésta "ver", "captar" y "entender" ideas y conceptos que hasta ese momento eran virtualmente invisibles/inexistentes para la persona. En otras palabras, como indicamos más arriba, la "Realidad" no es externa, como la puede experimentar una persona de escasos recursos y todo aquel que acepta pasivamente sus circunstancias y sigue un patrón que considera pre-determinado.

El concepto de una Realidad <u>Interna</u> puede que sea un poco abstracto pues, después de todo: ¿no caminamos todos por las mismas calles, respiramos el mismo aire; no nos sentamos en mesas adjuntas en el mismo restaurante, no nos empaquetamos todos en el mismo autobús? ¿No vivimos todos en la misma realidad? Pero, ¿qué es **Realidad** sino Percepción? Si te pido que describas la realidad me dirás que es todo lo que tocamos, vemos, sentimos, olemos, y oímos. O sea, que los sentidos son los filtros con que interpretamos la realidad que nos rodea.

¿Y cuál es la función de un filtro? Piensa en el filtro de agua de tu casa, o el filtro de aceite de tu vehículo, o el filtro de la cafetera. Es permitir pasar unos elementos predeterminados mientras se mantienen otros afuera. Entonces, llevemos esta premisa a un paso más lejos: ¿tendrán las personas diferentes filtros (los sentidos calibrados para permitir la entrada a diferentes percepciones) con los cuales experimentan diferentes grados y alcance de ver **La Realidad**? ¿No hacen estos filtros que cada persona "individualice" su realidad a su capacidad, experiencia, valores aprendidos, educación, y las percepciones y creencias que le fueron alimentadas durante toda su vida? Y más importante, ¿pueden los filtros ser cambiados?

¿Puede el rol de Federico -- con la educación apropiada y el estímulo y la información pertinente -- ser intercambiado por el rol de Ricardo? ¿Puede Federico llegar a ver lo que ve Ricardo? ¡Absolutamente!

Fíjate que al describir cómo una persona reacciona a "su realidad", hablé de **Patrones**, **Valores** y **Percepciones**, y estos elementos son todos subjetivos, moldeables y cambiables – si no fuera así, la educación, la escuela, el crecimiento intelectual y la evolución personal no existieran. Con la información y entrenamiento adecuado, y una substitución de los valores y percepciones que empañan la visión de Federico, éste podrá ver las oportunidades que le rodean, su imaginación le dará alcance a oportunidades y logros que parecerán no tener límite. Su Realidad será expandida a cubrir más que lo obvio y lo inmediato para crear en su mente todo lo que es posible – hacer "visible" lo "invisible" - y <u>todo lo que es posible</u> tampoco tendrá límite.

Y hablando de límites, como la película "El Niño de la Burbuja", Federico lleva "su pecera" (la visión que tiene de su realidad) a su alrededor - ¿recuerdas el ejemplo del pez en su pecera mencionado anteriormente?. La porta como una burbuja de cristal que lo separa de todo. Él camina en su medio ambiente con esta barrera invisible, ligado solamente a sus percepciones, creencias y valores, los cuales son validados y reforzados por sus experiencias dentro del círculo social y la comunidad donde se mueve. Y es en este contexto donde él crea "<u>Su</u> Realidad", con todas las limitaciones, frenos y carencias que le fueron integradas - pasiva e inconscientemente – a su forma de ver las cosas. Integrado va más allá de decir "aceptado" por sí mismo, pues él nunca consideró - ni le fueron ofrecidas - opciones ni alternativas a esta realidad. Sencillamente esta **ES** ¡y ya!

Quizás ahora te preguntes: ¿Y? ¿Cuál es la solución para Federico? ¿Romper la "burbuja de cristal"?

¡Exacto!

Federico trabaja todo el día vendiendo muebles en la tienda. Ya tiene nueve años haciendo esto y se considera uno de los mejores vendedores. Sus comisiones siempre están dentro del tope 5% de todo el personal de venta. Tiene su esposa y dos niños para los cuales provee manutención y logra satisfacer todas las necesidades básicas de la casa. Los niños tienen 8 y 5 años respectivamente y ya están poniendo presión en el presupuesto de Federico. Ellos están creciendo muy rápido y la ropa que les compra solamente la pueden usar por meses. Los dos ya asisten a la escuela y esto ha abierto una nueva línea de gastos al presupuesto, que combinado con el imparable aumento de los costos de la vida, ha hecho que Federico reconozca que la situación actual es insostenible a largo plazo; y a plazo corto ya ha tenido que empezar a hacer muchos sacrificios.

Federico paró a repasar y evaluar sus alrededores y los recursos que él podría usar para aliviar su situación. Cuando su salario podía cubrir el mínimo de los gastos de la casa, Federico trabajaba y se conducía sin ninguna urgencia, satisfecho con la rutina y los módicos ingresos que le producía su empleo, con la **conformidad total que le daba su ignorancia.** Ninguna energía era invertida en buscar otra alternativa a lo que él tenía porque lo que tenía era suficiente para satisfacer sus necesidades y atender su presente.

Pero el ácido corrosivo de la inflación, el crecimiento de la familia, las crecientes necesidades de la casa lo están llevando inexorablemente a un descalabro económico que lo ha despertado del letargo y conformidad de su Pobreza Funcional. Reconoció que su vida financiera era como un tren descarrilado que se apresuraba rápidamente al precipicio, a un abismo que ya él empezaba a ver desde donde se encontraba. No importaba cuántas horas se quedaba en su trabajo, qué tan duro trabajaba, cuánto limitaba sus gastos, ya el cheque de su salario no alcanzaba.

La piedrecita en el zapato ya empezaba a molestarle.

"Tiene que haber otra alternativa", Federico se decía, cuando hasta ese momento nunca había pensado que otras opciones existían para él. Desde su "pecera" veía el éxito de otros pero nunca lo aplicaba a él. Descansando en su Pobreza Funcional, no existía para él la motivación, ni curiosidad ni iniciativa para alcanzar – o tomar los pasos hacia - el próximo nivel económico. Sus circunstancias finalmente lo empujaron, o más bien lo forzaron a dar de choque con "su realidad". Y "su realidad" ya no era ahora ni viable, ni tolerable ni aceptable.

"Tiene que haber algo más," empezó a preguntarse. Federico finalmente empezó a despertar de su "mentira". Reconoció que lo que él **"sabe"** no era suficiente, pues los resultados estaban crudamente frente a él.

Al preguntarse qué es lo que él **NO SABE** para mejorar su situación, el velo que empañaba su percepción de lo que es posible empezó a levantarse. La neblina en la que se había estado moviendo por tantos años no era más que un cristal opaco que lo envolvía y obstruía su vista a lo que era posible. Era la pecera que él se había creado y definía su limitada realidad. Al levantar la vista del suelo que robóticamente recorría mientras trabajaba en la mueblería, su mente se hizo fértil para recibir la información que podía cambiar su vida. Lo "invisible" finalmente empezaba a tomar forma frente a él, primero de forma difusa y algo confusa, pero definitivamente diferente a lo que conocía y entendía; y mientras más información recibía, más clara se hacía su percepción.

Federico había conversado en varias ocasiones con el chofer de uno de los camiones que hacía entrega de los nuevos muebles que eran puestos en exhibición en la mueblería. Después de saludos superficiales, este chofer, de nombre José Enrique, le había platicado en varias ocasiones de cómo él corría su negocio de distribución de muebles, y en verdad era el dueño de la compañía, no solamente el chofer. Federico estaba tan conforme con su situación en su empleo como vendedor que sólo escuchaba por cortesía, pero no relacionaba nada de lo que decía José Enrique a él. Federico sí recordaba ahora el entusiasmo y la satisfacción que José Enrique había expresado de su empresa, de lo bien que le iba y el potencial de crecimiento que tenía. Al Federico ser uno de los mejores vendedores, José Enrique aparentemente lo había estado observando y había visto potencial en él. Federico recordaba vagamente las ocasiones que José Enrique lo había convidado a explorar su negocio y las posibilidades de unirse a él.

José Enrique hacía las entregas de los nuevos muebles el último viernes de cada mes. En apenas cuatro días, Federico sabía que tendría la oportunidad de conversar con José Enrique y explorar aunque sea brevemente el sistema de distribución de muebles que José Enrique operaba. Así es que cuando llegó ese viernes, Federico separó unos minutos, con el permiso del manager de la tienda, y salió a conversar con José Enrique después de éste completar la descarga del camión. Sentados cómodamente en la cabina del camión, José Enrique empezó a explicar detalladamente en qué consistía su sistema de distribución.

"*Me alegro mucho de tu interés, Federico*", empezó José Enrique. "*Estás mostrando interés por lo que hago en el momento más crucial*".

Con una amplia sonrisa, José Enrique levantó y abrió un

delgado maletín que se encontraba entre Federico y él, *"Tengo una compañía de distribución de muebles y tengo una flotilla de cuatro camiones operando en toda la ciudad. Este lo manejo yo porque estoy abriendo esta nueva ruta. Pero ya está establecida y necesito soltársela a un nuevo chofer".*

José Enrique tomó un volante del maletín y lo pasó a Federico. "DISTRIBUIDORA PREMIUM DE MUEBLES IMPORTADOS" decía el volante en grandes letras rojas, y seguía con una descripción de la compañía, dirección y contactos, y fotos de muestras de elegantes muebles. *"Te he visto trabajar, he observado cómo te desenvuelves. Yo creo que tú ocuparías una posición crítica en mi compañía".* José Enrique esperó un momento con aire de concentración por la reacción de Federico.

Federico sólo asentía, emitiendo un bajo *"mmmm…"*, digiriendo lo que le decía José Enrique.

José Enrique continuó: *"Mi socio y yo tenemos varios viajes pendientes a Italia y Brasil para abrir nuevas cuentas con varios fabricantes. Estamos expandiendo la distribución a otras ciudades y tenemos que aumentar nuestro inventario…"*

A Federico le tomó de sorpresa darse cuenta que él nunca había considerado de dónde venía y cómo era distribuida la mercancía que él vendía en la tienda. Eso era cosa de los dueños de la tienda. Él sólo estaba satisfecho de hacer las ventas y recibir su comisión. Ahora empezaba a preguntarse que papel quería José Enrique que él jugara en su empresa.

José Enrique pareció leer su pensamiento cuando le dijo: *"Nuestro crecimiento ha sido más rápido de lo que esperábamos… Necesitamos un jefe de operación en esta región; mi socio y yo estamos en proceso de abrir redes de distribución en dos ciudades más. Quiero que tomes esta ruta por seis meses para empezar tu entrenamiento y después queremos explorar la posibilidad que tú dirijas la operación en esta zona. Tú tienes la experiencia y ya sabemos tu historial…"*

Federico se sentía anonadado, absorbiendo todo lo que explicaba José Enrique. Todo iba muy rápido y sentía una mezcla de confusión, intriga y entusiasmo ante las posibilidades.

"Hay mucho que explicar y enseñarte", continuó José Enrique, *"Dime que estás interesado y del resto nos encargamos nosotros. ¿Qué crees?,"* le preguntó José Enrique, extendiendo la palma de su mano en dirección a Federico.

Con una sonrisa, Federico estrechó la mano de José Enrique, y le dijo, *"Creo que este es el momento…"*

José Enrique sacó una tarjeta y un panfleto del maletín y lo pasó a Federico.

"Hablaré con mi socio cuando llegue a la oficina, y te esperaremos este sábado cuando termines de trabajar en la tienda; no quiero que nuestro encuentro interfiera con tu trabajo por ahora… Ahí está la dirección y el teléfono… No te arrepentirás".

Federico no se había dado cuenta en ese momento de que había dado un paso transformativo en su vida. Cuando finalmente levantó la cabeza para mirar a su alrededor y ver los recursos, posibilidades y potenciales soluciones que le rodeaban; cuando empezó a expandir su realidad y aprender qué era lo que él NO SABÍA (cuando poco a poco se dio cuenta que la "seguridad" e "incuestionable certitud" con que había hecho las cosas hasta ahora eran falsas y lo estaban llevando al precipicio de un desastre económico), entonces en ese momento comprendió que había mucho que aprender. Que su salida estaba no en la seguridad de lo que él sabía, sino en la incertidumbre y terreno desconocido de lo que él NO SABÍA.

Después de la reunión con José Enrique y su socio en la oficina de éstos, las cosas se movieron vertiginosamente para Federico. Se mantuvo trabajando en la tienda de muebles y sus dos días de descanso en la semana se los pasaba en conferencia y entrenamiento, ultimando todos los detalles de su transición y aprendiendo cómo operaba una red de distribución de muebles: desde los contratos de importación, negociaciones con fabricantes, con las navieras encargadas de la transportación a los puertos locales, registro de inventario, procesos administrativos como contabilidad, nómina de pago, y el resto de las logísticas de operación.

Después de seis semanas de este proceso, Federico dio aviso a la tienda donde trabajaba que iba a renunciar en dos semanas. Y tal como José Enrique le había prometido, él tomó la ruta que éste había empezado para la distribución de muebles (incluyendo la tienda de la cual había renunciado). En este proceso, Federico estaba encargado de trece tiendas, las cuales visitaba por lo menos una vez al mes para, con la asistencia de dos ayudantes, descargar los pedidos. Federico hizo esto por seis meses, bajo la dirección de José Enrique, y ahí logró establecer contacto con varios dueños de tiendas, y pudo apreciar la actitud, mentalidad y percepción de los dueños y comparar con la actitud y mentalidad de los empleados. Y notó algo curioso, ¡había una gran diferencia!. Finalmente entendió la visión y prioridades del uno y del otro. Llegó a ver por primera vez lo que había estado frente a él durante todo el tiempo que trabajó como vendedor. Ahora entendía que la "verdad" y "realidad" que él había conocido como empleado de la tienda, no eran ni lo uno ni lo otro.

En el tiempo que no corría la ruta de distribución, Federico continuaba su entrenamiento bajo la tutela de José Enrique y su socio. La empresa *Distribuidora Premium de Muebles Importados* definitivamente estaba pasando por un explosivo crecimiento. Ésta había conseguido contratos de distribución exclusiva con algunos de los más grandes fabricantes de muebles en Italia y Brasil. Los muebles que la compañía distribuía eran exquisitos y tenían una gran demanda. La exclusividad de distribución le garantizaba un fuerte amarre del mercado. La empresa había aumentado su flotilla de cuatro a diez camiones, y la red de distribución se había extendido a dos ciudades aledañas donde ya tenían 23 tiendas como clientes.

Federico se encontraba en medio de este emocionante período. Él veía como José Enrique y su socio, más el personal de apoyo que habían integrado, apenas daban abasto para las órdenes. El movimiento era tan intenso que José Enrique y su socio organizaron una reunión urgente con Federico. Cada socio necesitaba ocupar una posición en cada una de las dos ciudades donde habían abierto puntos de distribución, por lo que ofrecieron a Federico correr la operación donde se encontraban ahora. Ya habían pasado seis meses y Federico hacía poco había entregado la ruta en la que como chofer se había iniciado en la compañía.

"Llegó la hora cero, Federico," le dijo José Enrique con una sonrisa. *"Tu entrenamiento será ahora más acelerado. Tenemos una serie de cursos, seminarios y programas de entrenamiento que necesitamos que tomes. La compañía correrá con todos los gastos…"*

Fue así como Federico se encontró asistiendo a cursos y seminarios ofrecidos por una universidad local sobre tópicos como: mercadeo, contabilidad, informática, especialmente los programas y "software" usados usualmente en la operación de una empresa (Federico había estado muy ocupado en su empleo como vendedor para aprender cómo manejar la computadora). En su tiempo en estas clases, caminando por los pasillos de la escuela, llegó a leer en la pizarra de boletines sobre seminarios motivacionales y de crecimiento personal gratis y en los cuales él participaba con entusiasmo. Al reconocer todo lo que él no sabía; y la falsedad de su antigua creencia de que él sabía lo que estaba haciendo y esto era suficiente, lo convirtió en un ávido lector y estudiante. Prácticamente devoraba todo lo que tenía que ver con negocio, crecimiento personal y finanzas.

A este punto los ingresos de Federico se habían duplicado. Su familia gozaba ahora del fruto de sus decisiones y sacrificios, y el futuro de todos estaba prácticamente asegurado. Ya había tomado control de la red de distribución de la *Distribuidora Premium de Muebles Importados* en la zona que José Enrique le había asignado. Él le había depositado toda su confianza y Federico se aseguró de no defraudarlo. Una noche llegó bastante temprano al auditorio de la universidad y era el único en la pequeña sala. Bajo la tenue luz y en el silencio del tranquilo espacio, estiró las piernas, echó la cabeza atrás y la descansó en el respaldo del asiento. Federico respiró profundo y cerró los ojos por un momento en la penumbra de la sala. Los últimos siete meses se sentían como un confuso torbellino, como un caleidoscopio de imágenes y colores que cambiaban rápidamente. Aprovechó el momento de paz para meditar.

Nunca se imaginó que a su edad iba a regresar a la escuela, y aunque no era un estudiante a tiempo completo, ya que sólo participaba en cortos cursos y seminarios que duraban apenas horas, aún así se sentía parte del ambiente académico de la universidad. La energía, creatividad y flujo intelectual que le rodeaba habían servido como una gran motivación y un gran empuje para Federico seguir aprendiendo más allá de lo requerido por José Enrique y su socio. Ahora, en este momento de silencio, y reflexionando sobre los dramáticos cambios de los últimos meses, se dio cuenta que la seguridad que creía tener en su trabajo como vendedor en la tienda era falsa. Era un espejismo en el cual había creído y había vivido por casi toda su vida de labor. El yunque de la responsabilidad de cumplir un horario fijo a cambio de un salario que únicamente le permitía cumplir con las necesidades más básicas del hogar, le había mantenido la cabeza baja, mirando hacia el piso, ajeno a todas las experiencias que ahora estaba viviendo.

Cuando finalmente decidió abrir su mente a lo desconocido y renunciar a lo que "sabía" y salir de "su realidad" - y extender su vista a áreas hasta ese momento desconocidas por él - Federico notó que, como una fila de fichas de dominó cayendo una tras otra, todo lo preconcebido por él iba desapareciendo y era suplantado por una serie de conceptos y percepciones que se construían uno sobre el otro, alterando dramáticamente lo que él hasta ese momento conocía como "su realidad".

Federico despertó de su profunda meditación al sentir los pasos y oir las voces de varios estudiantes que entraban a la sala de conferencia y empezaban a acomodarse en sus asientos. Notó que el moderador se acercaba al podio. La charla sobre *"El Nuevo Formato de Organización Empresarial en la Era del Internet"* iba a empezar.

Al terminar los programas de entrenamiento que José Enrique le había sugerido, Federico asumió casi todas las responsabilidades de la operación de la Distribuidora Premium en la ciudad mientras José Enrique y su socio establecían las otras dos sucursales. En ese momento ya Federico estaba a cargo de catorce empleados con una flotilla de cinco camiones para cubrir su zona. Al final del décimo mes, José Enrique le anunció que estuviera listo para una reunión con la Cámara de Comercio que servía de enlace entre la oficina del alcalde y la comunidad empresarial de la ciudad. Eran unas reuniones que el alcalde conducía regularmente con la participación de líderes comunitarios y propietarios de negocios para discutir estrategias fiscales, de impuestos, de seguridad, incentivos para aumentar la tasa de empleo, y otros temas pertinentes a la clase empresarial.

"¡Ponte tu mejor traje, queremos impresionar!..." le había propuesto José Enrique cuando le dijo la fecha y lugar de la reunión. Y efectivamente, en la fecha y lugar acordado, ahí se encontró Federico con José Enrique y su socio, juntos a más de una docena de hombres y mujeres de negocio, dueños de empresas y líderes comunitarios y legislativos, aparte de tres miembros de la oficina de la alcaldía. Éstos representaban al alcalde y estaban a cargo de conducir la reunión. José Enrique, vestido impecablemente en un caro traje gris, camisa blanca y una corbata dorada, le sonrió y levantó el dedo pulgar en aprobación de la forma elegante en que Federico estaba vestido. En el tipo de negocio que ellos operaban (moviendo mercancías y muebles de un lugar a otro) no eran frecuentes las oportunidades de vestir con traje y corbata.

Para Federico, la reunión fue una experiencia abrumadora y reveladora a la vez. Ahí se discutieron las pólizas y estrategias que el alcalde pensaba implementar para subsidiar los empleos de jóvenes estudiantes que iban a estar libres en el verano. El alcalde proponía incentivos como la reducción de los impuestos para aquellos negocios que crearan empleos para estos jóvenes, y subsidios para aquellos negocios que abrían sucursales en áreas de la ciudad económicamente deprimidas. Después del encuentro en la Cámara de Comercio, Federico, José Enrique y su socio se fueron a un bar a poca distancia de donde la reunión tomó lugar.

"¿Y? ¿Qué te pareció?", le preguntó José Enrique tirando un brazo alrededor de los hombros de Federico.

"Creo que me estás tirando para lo hondo", respondió Federico, *"las situaciones en que me estás poniendo nunca habían sido parte de mi medio ambiente... Tengo que acostumbrarme; todo es nuevo para mi..."*

"¡Acostúmbrate!", lo emplazó José Enrique, *"ahora estás donde debías haber estado hace tiempo".*

"Si no les importa, los dejaré aquí y me iré a la casa... Déjenme absorber toda esta información y nos reuniremos mañana en la oficina".

"¡Hasta mañana!", respondieron José Enrique y su socio uno tras otro, mientras se despedían de Federico con un estrechón de mano.

Federico se aflojó la corbata y empezó a caminar; su apartamento estaba apenas a 15 minutos del bar. Sentía que necesitaba caminar para pensar sin distracción sobre todo lo que estaba sucediendo. Ya pronto iba a cumplir un año de estar trabajando en la Distribuidora de Muebles Premium y por el nivel de aprendizaje que había acompañado este proyecto parecía más bien una década. Sonrió y sacudió la cabeza ligeramente cuando pensó en los cambios que sucedían unos tras otros en tan corto tiempo. Su situación económica estaba segura y ya tenía los fondos para el depósito inicial para comprar su primera casa. Pensaba darle la noticia a su esposa cuando la llevara a cenar este fin de semana. Él había trabajado muy duro estos últimos meses y su esposa había mostrado una paciencia ejemplar. Sintió su corazón latir un poco más rápido cuando se imaginó la sonrisa de felicidad reflejada en la cara de su esposa cuando le diera la noticia.

En su caminar distraído se dio cuenta que estaba pasando por la iglesia donde tiempo atrás había notado un solar al lado que le había llamado la atención por el abandono, la basura y porque parecía un gran nido de ratas. Desde que dejó el trabajo en la mueblería para irse a trabajar en la compañía de José Enrique no había pasado por este lugar. Paró sorprendido cuando pudo observar que el solar estaba ahora ocupado por un moderno parqueadero de vehículos con una área pavimentada y nítidamente dividida con líneas amarillas. Una nueva verja y una caseta para empleado le daban al espacio un aire moderno y limpio. *"¡Uao!"*, se dijo, *"Perfecto... ¿Cómo no se me ocurrió...?"* Dejó sus palabras disiparse en el aire.

Repasó por unos minutos el espacio y vio al asistente encargado de parquear los vehículos trabajar diligentemente moviendo carros de un espacio a otro. Llegó a calcular un total de 62 carros ocupando espacios rectangulares asignados. Estimó que había espacio para por lo menos 90 vehículos, especialmente por unas plataformas en forma de grúas hidráulicas que se levantan sobre el espacio de algunos parqueos, añadiendo parqueos adicionales en el aire. Un listado de precios adornaba el lado de la caseta de empleado con las diferentes tarifas para planes de parqueo diario, semanal, mensual y anual.

"Uao...", se repitió y siguió ensimismado en sus pensamientos. Después de haber pasado la iglesia y el parqueo, siguió caminando por la línea de locales comerciales que completaban el resto de la cuadra.

Con las manos en los bolsillos del pantalón, apresuró sus pasos. En su mente todavía trataba de descifrar, entender y poner en perspectiva todo lo que se dijo en la reunión de la Cámara de Comercio, y lo que los representantes del alcalde habían propuesto. Se sentía tan motivado como intrigado ante las posibilidades. Era un mundo nuevo que se había abierto frente a él y necesitaba tiempo para integrarlo a su consciencia.

En esos momentos estaba pasando por una boutique elegante que anunciaba trajes de mujer y accesorios. Hizo una nota mental para traer a su esposa aquí para que elija el traje con que pensaba llevarla a cenar. Próximo a la boutique estaba una farmacia y más adelante notó un local comercial al cual habían removido el letrero con el nombre de la tienda y lucía ahora vacío. Mientras se acercaba, vio que el espacio estaba desierto y un letrero adornaba el cristal de la vitrina anunciando que se rentaba. Federico se detuvo frente al local. Era un espacio de aproximadamente 600 pies cuadrado y parecía divido en cuatro cubículos al fondo; al frente se extendía un largo mostrador.

Algo estaba inquietando a Federico por algún tiempo, algunas ideas difusas que él no podía identificar claramente. En los últimos meses había pasado por un veloz período de aprendizaje que le había abierto la mente a perspectivas hasta ese momento desconocidas por él. Había abierto su mente a lo que NO SABÍA, y este nuevo conocimiento era como una avalancha de información que le había saturado sus sentidos y el tiempo había quedado corto para organizar todas sus ideas. Ahora, parado frente al local vacío frente a él, justo después de la reunión en la Cámara de Comercio, sus inquietudes estaban repentinamente tomando forma, y su respiración se aceleró ligeramente cuando se dio cuenta de lo que tenía que hacer.

La oportunidad que José Enrique le había puesto en sus manos había servido de trampolín para cambiar su vida financiera. Sabía que iba a estar agradecido por vida por la confianza que José Enrique había depositado en él. Por haber visto en él - mientras trabajaba como vendedor - lo que Federico no había visto en sí mismo. Pero más que la mejorada situación financiera que ahora vivía, Federico había empezado a valorar algo mucho más importante: el conocimiento adquirido que había transformado su visión y discernimiento, y de hecho había expandido su realidad de una forma dramática. Ahora estaba frente a este local comercial y una estampida de ideas, de inquietudes que consciente e inconscientemente se habían estado acumulando en su mente en los pasados meses, se estaba desbordando de una forma que casi lo mareaba.

La operación de la Distribuidora de Muebles Premium consistía de un complicado y elaborado sistema de compra, transportación, almacenamiento, distribución, inventario, servicio al cliente, contabilidad, personal y nómina; no obstante ésta funcionaba y crecía con admirable eficacia.

Excepto por una área.

Al estar envuelto en la operación día a día y estar en contacto directo con los clientes, Federico había tenido que enfrentar las quejas y comentarios de los clientes que recibían muebles con roturas, piezas perdidas, y muebles que había que reemplazar. El rápido crecimiento de la compañía no había dado oportunidad a contratar y preparar el equipo que llenara este vacío en el servicio. En estas circunstancias, Federico había tenido que dedicar cada vez más tiempo a contratar ebanistas, técnicos y carpinteros independientes para que hicieran el trabajo. Federico había visto que los costos de este servicio independiente eran exorbitantes, y estos gastos seguían creciendo.

También había recibido muchos pedidos para el ensamblaje de los delicados muebles, ya que muchas tiendas no contaban con el personal para dar este servicio. Todos estos asuntos le ocupaban cada día más tiempo de actividad laboral en la compañía de José Enrique. *¿Pero, qué tal si era él quien preparaba el equipo que se encargara de llenar este vacío en la operación...?* Todos estos pensamientos se cruzaban fugazmente por su mente mientras miraba detenidamente, con la nariz pegada al cristal de la vitrina, el espacio vacío. Rápidamente sacó un lapicero y un papel en blanco y escribió el nombre y número de teléfono de la compañía administradora que rentaba el espacio. Puso el papel en su bolsillo y con una sonrisa que trataba inútilmente de suprimir caminó rápidamente hacia su casa.

Al otro día, su entusiasmo era tal que José Enrique tenía que interrumpirlo frecuentemente para que organizara sus ideas y las pudiera explicar más claramente. La noche anterior, Federico había tenido dificultad para dormir pues su mente estaba acelerada, dándole forma al proyecto que parecía configurarse por sí mismo frente a sus ojos. Al final de su trepidada presentación frente a José enrique y su socio, éstos sólo atinaron a exclamar: ¡fantástico!

Esto fue lo que Federico propuso y al final logró:

Federico rentó el espacio comercial y reunió un equipo de ebanistas y artesanos con experiencia en la reparación de muebles, algunos que conocía de su tiempo como vendedor, y organizó un taller que le iba a dar servicio directo a la Distribuidora de Muebles Premium. Al estar organizado con salarios fijos y beneficios, los gastos de mantener su pequeño equipo eran más reducidos que contratar muchos contratistas independientes, donde cada orden de trabajo era un contrato diferente – y caro. José Enrique pudo apreciar los ahorros que significaba sub-contratar este servicio y afiliarlo al proyecto de Federico, aparte de los beneficios que recibiría por la consistencia del servicio, rapidez y accesibilidad, lo cual mejoraría el servicio de Premium.

Después de la ocasión en que participó en la reunión con la Cámara de Comercio, a Federico se le había quedado en la mente una propuesta que el asistente del alcalde había puesto en la mesa. Ésta consistía en subsidios gubernamentales en la forma de reducidos impuestos, asesoría y aporte económico, para aquellos negocios que designaban un número de posiciones en sus empresas a personas con discapacidades físicas o mentales pero que estaban aptos para unirse a la fuerza laboral.

Julián, de 22 años, era el hermano menor de su esposa y era autista, y asistía a una organización que proveía servicios a personas como él y otros con varios niveles de discapacidad. Federico sabía que Julián era una de las personas más creativas que él conocía y tenía una gran capacidad de concentración en cualquier tarea específica que se le asignaba; de hecho, éste era un síntoma de su condición. Federico lo había conocido lo suficiente para saber sus habilidades y capacidad - y sus limitaciones. Él sabía que podía lograr sacar mucho provecho de Julián, y al mismo tiempo lograría que éste se sintiera productivo. Cuando compartió la noticia con su esposa, ésta no podía reprimir su alegría. Federico contactó la Cámara de Comercio para la solicitud y documentación requerida.

Así fue como Federico se encontró con Julián y varios otros individuos con varias discapacidades trabajando para él; incluyendo a Lucía, una joven no-vidente y de gran inteligencia que con su dulce voz y empatía servía como la voz de su empresa en su posición a cargo del servicio al cliente. Y tal como prometía el programa de subsidio de la alcaldía, aproximadamente 50% de los gastos de personal relacionados a los individuos en este programa era cubierto por la subvención provista por la oficina del alcalde. Ésta era una situación donde todos ganaban, especialmente Federico que empezaba su nueva empresa con una reducción en sus gastos de operación y un dedicado y eficiente personal que prometía estar con él por largo tiempo.

El proyecto de Federico iba a operar independientemente de Premium e iba a servir de apoyo a éste en su crecimiento y expansión. Así es que Federico tenía dos formas de crecer su nueva empresa: **Vertical**, creciendo paralelamente con Premium. Incluso, en cada ciudad donde Premium operaba una sucursal, Federico tuvo que apresurarse y abrir un taller de apoyo; y **Horizontal**, dándole servicios a otras empresas con las mismas necesidades de Premium, llenando un nicho en el mercado que pocos habían identificado hasta ahora. Él fue afortunado en haber participado en la reunión en la Cámara de Comercio y haber aprendido de las oportunidades y ventajas provistas por la oficina de la alcaldía. Desde el comienzo, 30% de su personal en cada sucursal consistía de personas con varias discapacidades pero de muchas habilidades, integridad y dedicación. Los ahorros que esto significaba - por los subsidios y apoyo del programa - le daban una gran ventaja a Federico.

Aparte de correr un taller de reparación en cada local comercial, Federico pudo identificar bien temprano que la clientela de Premium era un público de gusto exquisito que quería complementar sus compras con accesorios y adornos como lámparas, cortinas, floreros, cuadros, y alfombras. Así es que con los talleres al fondo, el frente de las tiendas servía como centro de exhibición y de expendio de estos complementos decorativos. Y desde su posición en Premium, Federico podía hacer el mercadeo directo a los clientes que habían comprado muebles, proveyéndoles el catálogo que listaba los productos que su empresa vendía. Con todos estos detalles como base, Federico tenía el futuro de su nuevo negocio asegurado.

Federico había recordado uno de los seminarios que había tomado en la universidad - por su propia iniciativa - sobre mercadeo en el Internet. Durante el tiempo que trabajó como vendedor en la mueblería, nunca había habido tiempo (ni interés ni motivación) en la computadora para aprender sobre el poder y potencial del Internet. Pero cuando su mundo empezó a expandirse con todas las nuevas experiencias que empezó a vivir trabajando con José Enrique en Premium, él se aseguró de empaparse por completo en esta área de promoción y venta. Ahora se dio cuenta que era el momento de aplicarlo a su nueva empresa y de ésta forma puso su compañía y su catálogo en el Internet, creando un llamativo sitio en la red que le aseguraba que sus productos y servicios llegaran al público a nivel nacional - y global - moviéndose más allá del mercado local.

El resultado fue explosivo.

En menos de tres años Federico cedió la dirección de la franquicia regional de Premium de vuelta a José Enrique para hacerse cargo y manejar directamente las varias sucursales que había abierto de talleres y tiendas de complementos y adornos para la casa. Ya él era dueño de su propio destino. Más allá de Independencia Financiera, Federico llegó a amasar una gran fortuna en poco tiempo. Su potencial de crecimiento parecía no tener límites.

Su vida cambió para siempre….

***

Toma ahora este momento para pensar en la trayectoria de Federico desde que pasó por el solar desolado (lleno de basura y ratas como él lo describió), mientras caminaba a su casa de su trabajo como vendedor en la mueblería, y su realización que los problemas económicos que enfrentaba no tenían solución con lo que sabía o había hecho hasta ahora. Al darse cuenta que la solución estaba en lo que no sabía, reconociendo que hasta ese momento había estado viviendo una falsa e incompleta realidad, y que su vida financiera se le estaba haciendo intolerable e inaceptable, fue en ese momento cuando empezó la evolución de Federico. Ahí comenzó la expansión de su percepción y la transformación de su realidad. Fue cuando vio por primera vez lo que siempre había estado frente a él.

Y ahora llegamos al punto perfecto para el próximo capítulo.

Capítulo 5

ERES POBRE POR LAS COSAS QUE NO SABES, NO POR LAS QUE SABES

"Tus conocimientos dirigen tus decisiones, y tus decisiones deciden tu destino"

Sólo puedes tomar decisiones basándote en las cosas que sabes, no en las cosas que desconoces; consecuentemente, tus decisiones tenderán a hacerte más pobre (o quedarte estancado en un estatus TCM) pues ese es tu único punto de referencia. Y tomarás todas esas decisiones con una seguridad absoluta de que cada una es tu mejor decisión y la que te conviene porque no tienes conocimiento o punto de referencia de otras mejores opciones. El origen de la decisión viene desde una base de desconocimiento de cómo lograr Independencia Financiera; por lo tanto seguirás haciendo sólo lo que sabes hacer, lo único que conoces: vivir con las limitaciones de un Trabajador Clase Media (TCM)… o ser pobre.

¿Por qué digo esto con tanta seguridad? Porque si tu fortuna estuviese en lo que sabes, ya fueras rico, ¿no?

Existen cuatro niveles de consciencia y discernimiento que conectan nuestras decisiones y acciones – decisiones que están basadas en lo que "sabes". Hay sutiles y abstractas diferencias entre uno y otro que pueden terminar siendo un poquito difícil de conceptualizar. Trata de seguirme en mi ilustración y leerlo más de una vez si es necesario. Hice las ilustraciones bastante detalladas y extensas – léelo pacientemente - porque creo en la importancia de esta información y quiero asegurarme de que entiendas con seguridad las sutiles diferencias entre uno y otro.

Éstas son:

Tú sabes qué es lo que sabes

Tú sabes qué es lo que no sabes

Tú no sabes qué es lo que no sabes

Y tú no sabes qué es lo que sabes

Tú sabes (estás consciente que posees el conocimiento de) las cosas que TÚ SABES.

También sabes (tienes conocimiento de todas las cosas) que tú NO SABES. Sabes que tienes una idea de algo que existe pero no sabes nada más de esto; o sea que TÚ SABES qué es lo que NO SABES.

Tú NO SABES qué es lo que NO SABES; o sea, que los conceptos e información son ajenos e inexistentes para ti, por lo tanto estas ideas y nociones no son parte de tu percepción o realidad. Por ser este conocimiento "invisible" para ti, TÚ NO SABES qué es lo que NO SABES.

Tú NO SABES que TÚ SABES. Integraste la información tan profundamente al inconsciente que no usas tu mente consciente para pensar, y decidir - las cosas.

1.- La primera y más básica es que **Tú sabes qué es lo que sabes**. En otras palabras, tú estás consciente del conocimiento acumulado por tus experiencias y educación de todo lo que tú sabes y entiendes.

Si tomaste clases de manejo de automóvil para sacar tu licencia de conducir, adquiriste los conocimientos para manejar un carro. Ya sabes las reglas del camino, cuándo ceder el paso, cuándo parar, el funcionamiento del carro – los pedales, guía, entendimiento general de la maquinaria, etc.

Al comienzo manejarás el vehículo con mucho cuidado, pensando todo el tiempo en lo que "Ya Sabes" sobre cómo hacer mover el carro, cuáles cambios poner, cómo y cuándo frenar y cómo transitar las calles y seguir las regulaciones. En este punto estarás todo el tiempo consciente de lo que estás haciendo, de lo que **sabes**. Si alguien te pregunta si eres chofer   si sabes manejar - con mucha autoridad y confianza dirás que sí, que **Tú Sabes** manejar un carro.

2.- Tú sabes cuáles son las cosas que NO SABES. Tú ya tienes consciencia de que sabes manejar un carro pero también sabes que NO SABES manejar un camión de carga, una grúa, o un tractor, o pilotear un avión. Es claro y fácil reconocer las cosas que sabemos. De la misma forma también estamos conscientes de todas aquellas cosas **QUE NO SABEMOS.** Nos comunicamos bien en español – lo aprendimos desde la niñez y es lo que SABEMOS. La mayoría de nosotros quizás no sabe comunicarse en alemán. Y lo más probable es que una mayoría todavía más grande no sabe comunicarse en Ibo, Yoruba o Gandingo (idiomas africanos).

Así es que en el primer nivel y en el segundo, ya sabemos qué es lo que **SABEMOS** y qué es lo que **NO SABEMOS**.

(Una distinción del nivel anterior es que la persona tiene consciencia de aquellas cosas que sabe que existen – pero NO SABE nada más que su existencia. Sabe que hay personas que hablan árabe, pero no sabe hablar ese idioma, aunque tiene el entendimiento que este idioma existe. Tú puedes entender cuando un médico tiene que removerte el apéndice, pero tú no tienes ningún conocimiento de medicina para repetir el procedimiento con un amigo con el mismo problema. En otras palabras, tú sabes que NO SABES cómo hacer cirugía para remover el apéndice.)

Ahora viene el nivel que merece una cuidadosa atención.

3.- Tú NO SABES cuáles son las cosas QUE NO SABES. A este nivel la persona carece de información y datos – y no sabe qué es lo que le falta - para tomar una decisión informada. No solamente eso, sino que ni siquiera puede hacer conjeturas o especular sobre opciones, ni considerar posibles soluciones a algún problema porque no tiene punto de referencia ni datos de comparación para analizar. Pura y sencillamente, los datos son inexistentes. La información que le falta nunca ha sido parte de su realidad ni ha estado en la esfera de su consciencia. La persona no sabe QUÉ es lo que NO SABE.

Existen tribus recién descubiertas en el Amazonas que viven una vida básica, consumiendo lo que su restringido medio ambiente les brinda y hasta recientemente no han tenido contacto con la "civilización". La electricidad, objetos mecánicos y eléctricos son totalmente desconocidos para éstos. ¿Puede un miembro de esta tribu conceptualizar aparatos como el fax, el microondas, el teléfono, o la comunicación por el Internet?

Evidentemente que los miembros de esta aislada tribu están totalmente ajenos a estos desarrollos modernos. Curiosamente, al no tener consciencia de éstos, no les hacen falta, no los conocen, no saben que existen. La existencia de estos aparatos no toca la realidad de los miembros de esta tribu. Están, de hecho, en dos dimensiones diferentes y nunca habrá contacto entre uno y otro a menos que fuerzas mayores forjen este contacto.

¿Te imaginas tú permanentemente sin electricidad; sin una nevera donde guardar tus alimentos, sin tu celular, sin Internet, sin transportación, sin estufa y tener que encender tu propio fuego con ramas secas…? Me imagino que puedes visualizar los contratiempos que tendrías.

Pero algo curioso sucedería sin nunca en tu vida hubieses tenido o visto estos enseres y aparatos. Si nunca los has usado para tu conveniencia. Si no supieras de su existencia. Si siempre has creado tu propio fuego con ramas secas, y llamas a voz alta a tu vecino porque nunca has conocido lo que es un teléfono celular. En este caso, vivirás en la **completa conformidad que te da tu ignorancia**. Nunca te hará falta, ni buscarás, lo que nunca has conocido. Tu vida y todo lo que decidas girará alrededor de lo que conoces, LO QUE SABES. Y claro como LO QUE SABES es tan limitado, así serán tus decisiones.

¿Suena esto familiar?...

4.- Y hay cosas que tú no sabes que sabes. Hay cosas que se aprenden una vez y tras repetido uso se integran a la subconsciencia del individuo a un punto que ejecutan estas funciones, o toman estas decisiones, a un nivel subconsciente. Estarás en tu trabajo y por más que lo pienses nunca te acordarás en que momento te cepillaste los dientes después de despertar, aunque sabes que lo hiciste. Llegarás a la casa manejando en tu vehículo y mientras te sientas en tu sillón reclinable tratarás de pensar cómo llegaste a tu casa, pues mientras manejabas estabas pensando en tantas cosas que en verdad no recuerdas el trayecto que recorriste en tu carro. He conocido personas que estando borrachos y totalmente ajenos a la realidad, y con el juicio totalmente incapacitado, de alguna forma llegan a sus casas desde varios kilómetros de distancia – sin por suerte tener un accidente – y definitivamente éstos hicieron el viaje en ”piloto automático”.

(*Mientras estaba en la universidad tomé clases de francés por varios semestres. Recuerdo que mis lecciones se limitaban al ambiente académico de la universidad, y fuera de éste no había podido poner en práctica lo que había aprendido. Hasta el momento sólo practicaba en las clases y disfrutaba las películas en francés que la maestra nos mostraba de vez en cuando. En ese tiempo estaba trabajando a tiempo parcial como cajero de banco. Recuerdo que la sucursal del banco donde trabajaba estaba cerca de la sede de las Naciones Unidas en Manhattan. En una ocasión, una persona miembro de una delegación africana visitó el banco y para suerte mía fue a mi ventanilla. Esta persona sólo se comunicaba en francés.*

Después del pánico inmediato de cómo iba a darle servicio a esta persona en estas circunstancias, al escucharle hacerme varias preguntas sencillas que yo podía fácilmente entender pude responderle. Y para mi sorpresa, en la presión del momento, no sé de dónde rayos pude recuperar (de qué rincón escondido de mi mente) conocimiento y un vocabulario que hasta ese momento yo NO SABÍA que yo SABÍA. Hasta el día de hoy vivo con la sorpresa del grado de comunicación que logré con este individuo (él se fue satisfecho con su asunto bancario resuelto) y más el choque de la realización de la tanta información y conocimiento que había acumulado del idioma francés sin yo saberlo – yo no sabía lo tanto que sabía).

Entendiendo los cuatro niveles de entendimiento hará más claro los puntos que quiero hacer sobre la base y condiciones en que tomas tus decisiones, especialmente las decisiones financieras que te mantienen pobre, o sobreviviendo en un estatus de Trabajador Clase Media (TCM).

Para empezar, vamos a repasar los cuatros niveles poniéndolos en el contexto de tus finanzas:

Tú sabes qué es lo que sabes

Como hemos indicado anteriormente, tú eres el producto de todas tus experiencias, educación, acondicionamiento producto de tu medio ambiente, más la guía y el modelo provisto por tus padres, familia y la comunidad donde te criaste. Con este específico y claramente delineado banco de información, dirigirás tu vida y tomarás decisiones solamente dentro de ese contexto; y tomarás tus decisiones con mucha seguridad porque "Tú Sabes".

Haciendo lo que sabes te ha llevado exactamente a la posición en que estás ahora. Piénsalo de esta forma: tú eres el resultado final de todas las decisiones (financieras y en todas las otras áreas de tu vida) que has tomado hasta el día de hoy. No puedes argumentar lo contrario. Sólo tú decides lo que vas o no vas a hacer basado en lo que "sabes". Si tú eres el producto de todas tus decisiones, y tus decisiones están basadas en lo que "sabes". Entonces esto te hace 100% responsable del resultado final; sea este resultado el logro de Independencia Financiera o estancamiento en una clase económica llena de limitaciones y sin salida aparente.

Tú sabes qué es lo que no sabes

En este renglón, la persona está muy clara de sus limitaciones y hasta dónde llega su entendimiento en cualquier área. La persona ya ha visto un piano, sabe como suena y le encanta el sonido, ha visto maestros que tocan una hermosa partitura que casi le trae lágrimas a los ojos. Puede quizás entender la mecánica del instrumento cuando abre la portada al tope y ve los martillitos tocar las cuerdas metálicas. Sabiendo todo esto también entiende otra cosa y es que él *No Sabe* tocar el piano, aunque pueda apreciar y admirar a otros que lo hacen con destreza.

Entre esta categoría y la anterior existen marcas que delinean claramente los perímetros de una y la otra: *tengo consciencia de las cosas que sé y también de aquellas cosas que no sé*. Aplicando esto a tu situación financiera podrás ver que las soluciones para salir de tu pobreza – si todo lo que has hecho hasta ahora con lo que "sabes" es hacerte pobre – están en lo que **No Sabes**.

Como ya Sabes Qué es lo que No Sabes, entonces ya sabes en término general qué es lo que te falta y dónde buscar las soluciones y la información de que careces para conseguir resultados diferentes, resultados que mejoren tu economía. Esto abre la puerta a la educación, leer, analizar opciones, coger cursos, asistir a seminarios y talleres, buscar orientación, indagar y buscar recursos que tengan que ver con la expansión de tus conocimientos en finanza. En el proceso de mejoría a tu situación económica y lograr Independencia Financiera, este es el segundo paso en la escala descrita arriba. Primero actúas con lo que SABES – con las limitaciones inherentes en tu limitado conocimiento - ahora empiezas a integrar al proceso LO QUE NO SABES, conocimientos ahí afuera que reconoces que te faltan. Esto claramente empezará a llevarte poco a poco a otros planos de entendimiento ya que la educación financiera es incremental y exponencial. (Esta fue la trayectoria de la historia de Federico, el vendedor de muebles, en el capítulo cuatro).

El proceso educacional es incremental en el sentido que los conocimientos (como una fila de dominós) se van conectando uno con otro. La información va creando una plataforma que empieza a servir de trampolín para mejores y más efectivas decisiones ya que serán **decisiones informadas** con muchas más opciones, datos de referencia y perspectivas. La información que se recibe aumenta el entendimiento y hace la información subsiguiente más fácil de entender, lo que hará todas las decisiones subsiguientes más completas y con una base de datos más sólida y extensa. En otras palabras, tomarás mejores decisiones y tendrás más éxito de acuerdo aumente tu banco de información.

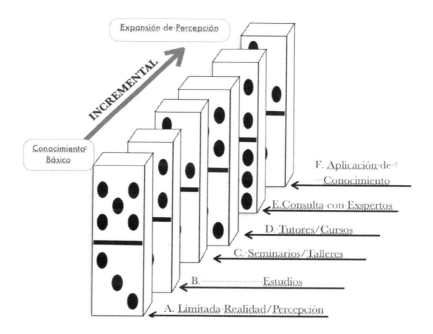

Y es también exponencial. O sea que los datos e información se construyen uno sobre otro, aumentando de valor, donde la información anterior le da más valor a la información subsiguiente. Esto crea una fuente de datos e información, todos interrelacionados, donde el total es más grande que la suma de las partes – como una pirámide invertida. (El pastel al final es más grande y de más valor que la harina, los huevos, la leche, la mantequilla, y el azúcar que lo componen). El conocimiento de hoy abre la puerta y crea la base para expandir y entender más el conocimiento de mañana, creciendo exponencialmente mientras sigas añadiendo más y más información.

Como hemos descrito anteriormente, tu realidad – como una masa movible – empezará a cubrir nuevas percepciones mientras más se extiende el alcance de tu entendimiento y más le alimentas los datos y recursos que previo al proceso eran desconocidos por ti.

Por ejemplo, el éxito financiero requiere unos conocimientos y un vocabulario que la persona pobre por lo general no tiene. Ese es de hecho uno de los síntomas de la pobreza. Y no me refiero a educación académica, ¿cuántos profesionales y personas altamente educadas se han ido a la bancarrota? ¿No has visto acaso una persona del campo, con una educación académica limitada alcanzar grandes fortunas? He sabido de personas ricas que apenas saben escribir su nombre, pero han dominado el lenguaje de las finanzas a un punto que ha sido todo lo que necesitan para alcanzar la fortuna.

He aquí como ilustración unos ejemplos de las áreas que una persona debe conocer como parte de un plan para alcanzar la Independencia Financiera. (Aquí la persona identifica *Qué es lo que No Sabe* y las áreas en que debe educarse). Sólo son pequeños ejemplos desconectados para darte a entender mi punto - y definitivamente las áreas de educación son más extensas que las que tengo aquí listadas, considera éstos como simples muestras. Quizás sepas la respuesta a una o varias, o a todas las preguntas; por ahora ese no es el punto. Sólo entiende que tu éxito está en lo que No Sabes, y reconociendo *Qué es lo que No Sabes* puedes planear el camino – bajo una educación intensa de lo que sabes que necesitas - para alcanzar el éxito financiero.

¿Acaso entiendes el proceso de Intereses Compuestos – una forma segura y probada de crear fortuna a largo plazo?

En este proceso una cuenta de ahorro se autoalimenta los

intereses que gana haciendo que los intereses subsiguientes sean calculados y sumados al capital, el cual es ahora más alto por los mismos intereses que recibió en el período anterior. Al sumarle los intereses actuales, el capital será todavía más alto el período siguiente, creando un crecimiento exponencial.

¿Acaso entiendes el proceso de cálcular los intereses de tarjetas de crédito y los términos y condiciones que rigen su uso?

¿Sabías que si tienes un balance en una tarjeta de crédito de $10,000 dólares a un interés de 19% (algo común en la industria del crédito), y decides pagar el mínimo cada mes de $200, te tomará 8 años y 5 meses pagar el balance? ¿Sabes que al final habrás pagado la cantidad de $20,189 por el balance original ya que $10,189 serán para los intereses? Lee con cuidado los términos de cuándo los intereses empiezan a contar y las penalidades por mora. Asegúrate de estar sentado cuando leas las letras chiquititas al reverso del acuerdo (hay una buena razón de por qué están al reverso y escrito en letras minúsculas para las cuales necesitas una lupa para leer – y aunque no puedas leer estas condiciones, ya eres responsable tan pronto firmes el acuerdo). Por ejemplo, ¿sabías que los intereses en una compra con tarjeta de crédito empiezan a contar desde el primer día de la compra si tú todavía traías un balance del mes anterior?

¿Sabes calcular el Retorno a la Inversión en el análisis de una propiedad de bienes raíces?

El uso del dinero del banco como palanca en forma de una hipoteca depende del estudio del Retorno a la Inversión. Para que tal inversión sea efectiva, los expendios de la propiedad deben ser menor que los ingresos y la propiedad debe llenar las condiciones que garanticen estos resultados. Debes conocer los elementos que se usan para estos cálculos.

¿Sabes leer diagramas y descifrar análisis para identificar el historial de las acciones en la bolsa de valores? ¿Entiendes lo

que es - y puedes leer - un prospectus de una compañía? ¿Sabes la diferencia entre acciones, fondos mutuos, opciones, y otros instrumentos de inversión exóticos en la bolsa de valores?

Una parte de la Independencia Financiera es diversificar las inversiones y una parte de la diversificación es la bolsa de valores. Comprar acciones de una compañía es ser dueño de una pequeñita parte de la compañía. Compras las acciones a un precio, y el flujo del mercado - y el desarrollo y actuación de la compañía en ese mercado - determina la demanda que las acciones puedan tener con otros inversionistas. Mientras más grande la demanda, más será el aumento de su valor y las podrás vender más caras que al precio que las compraste. Para inversionistas con poco dinero que no pueden comprar acciones individuales, existen los fondos mutuos. Éstos son grupos de inversionistas que acumulan sus ahorros en un "pool" y se le asigna un administrador que con el capital acumulado por los contribuyentes, éste compra conjuntos de acciones a nombre del grupo completo.

¿Sabes cómo redactar un Plan de Viabilidad de Negocio para una nueva empresa que quieras crear?

La mayoría de las personas que sienten inquietudes y tienen la motivación para abrir un nuevo negocio generalmente rentan el espacio, obtienen las llaves, pintan, ponen los tramos y mostradores, le ponen el letrero, organizan la mercancía, conectan la caja registradora y se sientan a esperar que la multitud se desborde por la puerta, tirándole el dinero como confeti para comprar sus productos.

Por lo general, la mayoría de los pequeños negocios fracasan en los primeros 5 años.

Lo que muchos de los pequeños empresarios no entienden es que en general las reglas de la formación de una compañía multinacional con 2,800 empleados y un servicio global son similares a las reglas necesarias para abrir un pequeño restaurante, salón de belleza, agencia de viaje, ferretería, etc., sólo que a una escala mucho más pequeña. Por ejemplo, un Plan de Viabilidad de Negocio incluye:

Proyección de crecimiento a 5, 10, 20 años

Estudios de mercado y demografía (a quien está dirigido tu servicio/producto)

Análisis de la competencia y estudio comparativo para identificar debilidades y puntos fuertes en tus estrategias para conquistar un segmento del mercado existente

Análisis de los medios publicitarios más efectivos – cualquier campaña publicitaria está cercanamente enlazada al entendimiento del mercado

"Branding" o Establecimiento de Marca. ¿Puede tu plan de crecimiento convertir tu negocio en una franquicia? La solidez e impacto positivo de la marca garantiza tu éxito

Análisis de la contabilidad con proyección al crecimiento del negocio. ¿Cuáles fondos necesitarás para tu crecimiento? ¿De dónde vendrán estos fondos?

Definición de las logísticas para la operación del negocio

Misión de la compañía (increíble la diferencia que hace saber La Misión - el porqué - de la formación de tu negocio, algo que muy pocos de los nuevos pequeños empresarios pueden explicar claramente)

Mientras más aprendas a buscarle respuestas a *lo que No Sabes,* más pronto empezarás a expandir tus conocimientos, y más importante todavía, empezarás a expandir tu percepción. Y no te preocupes por el hecho de que mientras más aprendes, más preguntas surgirán. Eso es parte del proceso. Incluso, si no sucede así, entonces algo está mal. Reconociendo qué es lo *Que No Sabes,* y estudiando, abriendo tu mente e indagando para llenar ese vacío en tus conocimientos es uno de los pasos más importantes para lograr tu Independencia Financiera.

Al final de este libro te proporciono muchos recursos e información para lograr tus metas. También, espera el volumen II de esta serie donde tocaremos temas relacionados a los medios y estrategias tradicionales (y no tan tradicionales) para crear fortuna. Las tácticas y herramientas para superar tu limitada economía vendrán después de lograr hacerte entender los orígenes de la pobreza. Por ahora, sigamos trabajando en las raíces de tu limitada percepción y falsas suposiciones, haciendo tu mente fértil para la información que necesitarás.

Como Tú sabes qué es lo que no sabes, ya estás consciente de las áreas donde careces de la información que te permita tomar una decisión informada. Si no sabes invertir en la bolsa de valores, desarrollar una idea y mercadearla, invertir en bienes raíces, iniciar un negocio de importación y exportación, o iniciar un negocio de servicios, ya sabes por adelantado y en general las áreas donde debes educarte y los recursos y bancos de información a los que debes recurrir.

Tú no sabes qué es lo que no sabes

Esta categoría es quizás la más difícil de conceptualizar y la más importante. Esto tiene que ver con la idea – de doble negativo – "NO sé qué es lo que NO sé". Te preguntarás, "cómo diablos esperas que yo sepa qué es lo que no sé... si no tengo ninguna consciencia de qué es lo que yo no sé... y qué es lo que me falta". En este caso estamos hablando de conceptos desconocidos e invisibles. ¿Recuerdas el ejemplo anterior de la tribu perdida del Amazonas? ¿Aquellos que nunca han visto un microondas, un televisor o un teléfono celular? El concepto de estos aparatos – de la electricidad en general – es desconocido para estos seres humanos. De hecho, estos aparatos y el concepto de la electricidad son inconcebibles, inexistentes e invisibles a la realidad de estos individuos. Ellos viven ajenos a estas conveniencias modernas, nunca las han conocido por lo tanto no les hacen falta – ni pueden imaginarse su existencia. Ellos NO SABEN que no saben nada de electricidad, (ni de los enseres que dependen de ésta: radio, televisor, lámpara, microondas, nevera) porque nunca la han experimentado o vivido la experiencia de ser testigos de su existencia.

Vamos ahora a aplicar este concepto a ti.

A nivel de tus finanzas, eres pobre (o TCM) porque, como te expliqué anteriormente, has trabajado con que lo sabes y lo que sabes está limitado por tu crianza, educación y el medio ambiente donde creciste, y los valores y percepciones que le fueron integrados a tu realidad. Y obviamente tomarás todas tus decisiones basado en lo que sabes sin estar consciente de las limitaciones que acompañan tus decisiones porque **no tienes consciencia de qué es lo que no sabes.** En la dimensión de tu existencia, los contactos que tienes diariamente, la información que has acumulado hasta ahora y el alcance de tu entendimiento, estás propenso a decidir el camino a tomar con una seguridad absoluta de que es el camino correcto porque TÚ SABES. Pero…

- o La sección de negocio y análisis financieros de tu periódico local son como jeroglíficos, y por igual un presupuesto personal, hoja de balance y un plan de inversión son conceptos foráneos para ti.

- o No has pagado por cursos y talleres detallando el proceso para invertir en la Bolsa de Valores y recibir instrucciones en la lectura de diagramas y análisis del flujo de acciones y movimiento del mercado.

- o Como consumidor no sabes el proceso de manufactura, empaquetamiento, publicidad, distribución, mercadeo de los productos en tu nevera.

- o No sabes el proceso para registrar una idea o invento, conseguir la patente, manufacturar un prototipo, mercadearlo para distribución nacional.

- o No sabes negociar en el intercambio monetario internacional usando las fluctuaciones en el mercado del dólar, el yuan, el euro, para recibir ganancias con el cambio de valor de las denominaciones.

- o No tienes conocimiento de las leyes y regulaciones sobre importación y exportación y no sabrías cómo abrir el mercado internacional a tus productos – si acaso conduces un negocio de venta de algún producto en particular.

- o No tienes experiencia sobre las regulaciones, sistema de operación, y requisitos de franquicias – cómo comprar una franquicia (*McDonald's, Pizza Hut, Burger King, Dunkin Donut*) o cómo crear una franquicia nueva con un nuevo concepto...

¿Acaso ves alguna similitud entre las cosas arriba listadas que quizás no sepas ni hayas oído hablar de ellas, y el indígena de la tribu del Amazonas que nunca ha visto un microondas, y si lo viera quedaría intrigado pero no tendría ni una idea de qué es lo que hace?

Si acaso alguien transporta un carro por helicóptero y lo suelta en un claro de la jungla en el Amazonas, quizás lo primero que haría un indígena al verlo por primera vez es dispararle dardos y flechas para "matarlo y comérselo". En las áreas arriba mencionadas que quizás no conoces, ¿acaso no harías tú lo mismo – metafóricamente hablando?

¿Son acaso algunas de las áreas mencionadas arriba totalmente ajenas a ti y nunca se te había ocurrido indagar más sobre ellas, pues de hecho no eran parte de tu consciencia y eran más bien piezas inexistentes en tu banco de conocimiento? ¿Puedes identificar las áreas que *Tú No Sabías que No Sabías* (nunca te habían pasado por la mente ni sabía de su existencia)?

Así es que volviendo a las cosas que tú NO sabes que NO SABES a nivel de tus finanzas y tu crecimiento económico, quiero que entiendas que esta es la parte más importante del proceso de tú lograr Independencia Financiera. Pero para llegar a este renglón, primero tienes que pasar por las dos categorías anteriores: Tú Sabes Qué Es Lo Que Sabes y Tú Sabes Qué Es Lo Que No Sabes. Entonces ahora estarías listo para reconocer que más allá de las cosas que *tú sabes que no sabes* existe una dimensión de información y recursos de los cuales tú no sabías la existencia. Pura y sencillamente *No Sabías que Tú No Sabías*.

Como en el segundo renglón puedes identificar las cosas que tú sabes que no sabes, y empiezas a educarte en esas área (de hecho haciendo que las cosas que no SABÍAS sean ahora conocidas), ya puedes ir abriendo tu mente, expandiendo tu curiosidad, indagando, e investigando esas áreas que son prácticamente invisibles para ti; ideas y conceptos que empiezan a intrigarte por ser algo nuevo que tú no conocías ni sabías que existían. Éstas te llegarán mientras expandas tus experiencias sobre las cosas que no sabías.

Y en esta última categoría es donde está el verdadero éxito económico. Por eso es tan importante que la entiendas.

Como ilustración, considera los siguientes ejemplos:

Imagínate que has descubierto un nicho en el mercado (un segmento de consumidores que no está siendo servido) y crees que puedes llenar ese vacío con un nuevo servicio que puede ser muy efectivo y exitoso.

Resulta que tu esposa dio a luz un hermoso bebé y después que fue dada de alta, ésta regresó del hospital con el nuevo miembro de la familia, y después de las visitas y admiración por parte de los amigos y familiares en los primeros días, te encontraste solo y sin ningún apoyo. Ahora recuerdas que fueron días difíciles para ti y tu esposa pues tu trabajo no te daba tiempo para ayudarla con el bebé y los quehaceres de la casa, y llevar los otros niños a la escuela. Deseaste muchas veces tener algún tipo de apoyo que los ayudara a llevar el peso de la responsabilidad. Una amiga de tu esposa que ella conoció en el hospital cuando dio a luz también se quejó de lo mismo y tu cuñada pasó por la misma experiencia dos años atrás.

El trabajo de tu esposa es como nutricionista para un spa y centro de salud; tu hermana menor trabaja ofreciendo servicio de limpieza de residencias y negocios junto a dos amigas más, y también recordaste que la mejor amiga de tu esposa, Susana, es enfermera. Tú sumaste dos y dos y se te encendió el bombillito para una nueva empresa. ¿Qué tal (te preguntaste) si yo organizo un negocio que dé este servicio a mujeres que fueron dadas de alta después de dar a luz y se encuentran ahora en el hogar con la necesidad de servicio de limpieza, preparación de alimento, apoyo con el bebé, seguimiento con la medicina, compra de los productos necesarios para la casa, organizar y servir de escolta para las visitas con el médico, llevar los niños mayores a la escuela?

Tú empiezas a visualizar una compañía, a la que piensas llamar *Querubín Incorporado,* que estará encargada de ofrecer estos servicios bajo contratos diarios, semanales o mensuales. El nicho del mercado que tú piensas conquistar son esas mujeres que están recluidas en el hospital a punto de dar a luz. Tu plan de mercadeo y promoción se enfocará en las pizarras de boletines de los hospitales, y en tiendas de ropas y productos dirigidos a mujeres embarazadas, más algunas publicaciones enfocadas a este mercado. Ya hablaste con tu esposa quien se encargará de la nutrición y preparación de comida; reclutaste a tu hermana y sus amigas que se encargarán de la limpieza, y ya Susana, la enfermera amiga de tu esposa, está de acuerdo en proveer servicio de enfermería para las nuevas madres y sus bebés. Después de tener tu reunión con el equipo de trabajo y acordar salarios/compensaciones y dividir responsabilidades, empiezas a darle forma a la compañía con la información que sabes:

LAS COSAS QUE SABES (estás seguro) QUE TÚ SABES

Ya sabes el tipo de negocio que quieres iniciar y conoces el nicho en el mercado: familias donde una madre recién parida necesita ayuda en los primeros 30 días de ser dada de alta; incluyendo servicios de apoyo las 24 horas.

Sabes que necesitas papelería, incluyendo tarjetas de presentación, material publicitario, volantes, recibos, contratos. Necesitas computadora y lugar de operación (que en estos momentos será tu casa). Por igual, necesitas registrar la compañía, buscar un contable para la nómina e impuestos; una cuenta de banco comercial, calcular gastos de operación, pagos y margen de ganancia. Estos cálculos ayudarán a establecer los precios a cobrar.

Después de esta fase inicial, reconoces ahora la existencia de algunas cosas y acciones, pero no sabes más nada de estas cosas o cómo ejecutar estas acciones.

LAS COSAS QUE SABES QUE NO SABES

Tienes idea en general de las siguientes faenas, pero careces del conocimiento de cómo ejecutarlas por tu cuenta: Cómo estructurar y registrar la compañía, cómo iniciar una campaña publicitaria, los pasos para mercadear el servicio (sólo sabes en forma general que el servicio está dirigido a mujeres que están al borde de dar a luz). Cómo crear un efectivo y llamativo sitio en la red, qué incluir en él. Cómo hacer publicidad en el Internet. Qué tipo de records tienes que mantener. Qué leyes y beneficios te amparan al establecer tu compañía en la casa. Qué tipo de seguro necesitas, si alguno. La jerarquía de la sociedad que acabas de formar, ¿serán los miembros de tu equipo socios o contratistas independientes?

Para estas preguntas que SABES que NO SABES tienes los recursos de la educación y expertos en las diferentes áreas que te darán las respuestas. Por lo general cuando sabes **qué es lo que no sabes** siempre tienes una idea en dónde buscar las repuestas – pues claro, tienes consciencia de lo que no sabes y el vacio de la información ya está definido para ti.

El contable podrá prepararte los libros y records que tienes que llevar y te va a recomendar "software" que puedes utilizar para mantener tu negocio organizado en la computadora. Lo más probable es que también esté al día sobre las licencias y seguros necesarios para el tipo de negocio que piensas establecer. Y cuando no sabe, sabe a dónde referirte.

Un diseñador gráfico podrá diseñarte el logo de la compañía y un llamativo sitio en la red donde los interesados pueden conseguir información, hacer preguntas, e incluso registrarse en uno de los planes de servicio. También te podrá suplir de herramientas de mercadeo para llegarle al público específico en necesidad de tus servicios. Lo más probable es que esta persona ya tiene relaciones con una imprenta y te podrá referir a dónde hacer la papelería de *Querubín Incorporado* – tarjetas de presentación, contratos, volantes, membrete de cartas, recibos, etc.

Al abrir una cuenta comercial en un banco, recibirás asesoría de oficiales del banco expertos en pequeños negocios, pues tu éxito le garantiza al banco una relación larga y exitosa contigo. A todo esto, existen bastantes publicaciones, libros y revistas sobre negocios y pequeñas empresas que sirven para llenar cualquier vacío en tus conocimientos. Una librería en tu área te proveería de buenos recursos e información para empezar un nuevo negocio. Y recuerda que el Internet es la fuente de información más grande del mundo.

Después de atender a esas cosas que SABES que NO SABES y aprender para convertirlas en cosas que ya conoces, a este punto tu compañía empezará a tomar forma y estarás listo para despegar. Ya tienes la compañía formada, la papelería hecha, el espacio de trabajo en tu casa, y una cuenta de banco abierta con los fondos para invertir en el negocio. Tienes tu reunión con los miembros del equipo para definir responsabilidades y plan de trabajo, y ya hay varios anuncios en varias publicaciones ofreciendo tus servicios. Ya recibiste seis llamadas de clientes - ¡y ya tienes dos contratos! Tu esposa se ha quedado en la casa para recibir llamadas y ya están entrando un promedio de 10 llamadas al día, lo cual muestra un buen comienzo.

Tu hermana sugirió ir a la casa previo a la madre llegar, limpiar y organizar, preparar el espacio del bebé, y recibir a la madre con un ramillete de flores, bocadillos para la familia y amigos visitantes y un letrero de bienvenida a nombre de *Querubín Incorporado.* El impacto a nivel de relaciones públicas es poderoso (todos los visitantes son potenciales clientes). Con la relación que estableciste en el hospital donde dio a luz tu esposa, pudiste poner anuncios de tu compañía en las pizarras de boletines que se encuentran por todas las paredes del piso y salas de espera, y las enfermeras que trabajaron con tu esposa saben del servicio que ofreces y ya te están refiriendo clientas.

Con los dos contratos que acabas de firmar (uno por 15 días y otro por 30 días), ya acaban de entrar los primeros fondos a la compañía ¡y se siente requete-bien! (Incluso, hiciste copia del primer cheque y lo tienes en un marquito en la pared de tu "oficina"). Por sugerencia del diseñador gráfico, decidiste ponerle uniforme a tu personal con el logo e información de la compañía, para cuando el equipo salga a visitar un cliente sea arma de promoción de la empresa. El uniforme consiste de camisones de rayón color crema con grandes bolsillos al frente, y con letras a la espalda azules y amarillas con el logo debajo de un querubín sonriente. El uniforme incluye una gorra de beisbol del mismo color y con el mismo logo. Ya la gente en la calle está preguntando de qué se trata el servicio y han tomado algunas tarjetas de presentación.

El servicio ofrecido a la primera cliente transcurrió así: el Sr. Machado llamó a la compañía cuando vio un anuncio en la sala de espera del obstetra que atendía a su esposa Julia. Ella iba a dar a luz su segundo bebé. Él trabajaba largas horas como chofer de camión, y con otro niño de seis años en la casa y poco apoyo familiar sabía que iba a tener dificultades cuando su esposa llegara del hospital con el bebé. Él llamó a *Querubín Incorporado* e hizo un contrato por 30 días. Para él fue una bendición encontrar este servicio.

El día que Julia estaba programada para regresar a la casa con el bebé, tu hermana coordinó con el Sr. Machado para preparar la casa. Ella fue con otra muchacha de limpieza e hicieron una renovación y organización total de la casa. Como acordaron en el plan de relaciones públicas, prepararon un gran ramillete de flores y pusieron una ancha cinta rosada (había nacido una niña) en la pared, dándole la bienvenida. Tu esposa preparó un ligero almuerzo y unos bocadillos para la recepción que se esperaba con varios familiares y amigos visitando la casa. Susana, la enfermera, repasó con Julia las recomendaciones del pediatra y las necesidades de Julia en su recuperación.

Durante los siguientes 30 días, tu hermana y su equipo de limpieza se turnaban para mantener la casa limpia, llevar y recoger al niño de 6 años de la escuela y hacer las compras de comestibles y cosas que se necesitaban. Esto se llevaba algunas horas diarias y el plan de operación requería que el equipo de limpieza atendiese a varios clientes cada día. Tres veces a la semana, tu esposa prepara comida que deja envasada en la nevera para consumo en el resto de la semana, aparte de dejar la lista de los productos que iba a necesitar para la semana siguiente. Susana, la enfermera, visita a la clienta una vez a la semana para atender las necesidades médicas de madre y bebé. El Sr. Machado llegaba a la casa y encontraba todo listo, comida preparada, casa limpia y la familia satisfecha.

En la recepción que se preparó para recibir a la Sra. Machado, varios de los invitados tomaron tarjetas de presentación del personal de *Querubín Incorporado*, y después de la recomendación del Sr. Machado, ya tres personas habían mostrado interés por el servicio. Las llamadas a la oficina están incrementando y ya tienes 7 contratos firmados. La publicidad y las relaciones públicas están funcionando de maravilla. Mientras transcurre el tiempo, vas corrigiendo errores y algunas funciones imprácticas, y vas añadiendo pasos que son más efectivos. Los ajustes y correcciones son parte del crecimiento y estás satisfecho con el camino que estás tomando.

Definitivamente que *Querubín, Incorporado* iba a ser un éxito.

LAS COSAS QUE NO SABES QUE NO SABES (Desconoces la existencia de éstas)

Las cosas que has hecho hasta ahora con *Querubín Incorporado* te han llevado al punto de tener tu empresa en operación y con buen empezar. Has hecho Lo Que Sabes, has aprendido las respuestas y descifrado las soluciones de las cosas que Sabes Que No Sabes, y esta combinación te ha dado la base para un exitoso comienzo. Pero en donde está el verdadero éxito y tu fortuna son en las cosas que No Sabes (no están en tu consciencia o tu percepción) Que No Sabes. En este renglón es donde puedes llevar tus ideas a otra dimensión y es donde residen grandes y millonarios negocios. Es donde están Steve Jobs (de Apple), Bill Gates (de Microsoft), Mark Zuckerberg (Facebook), Ray Kroft (la cadena McDonald's), Dave Thomas (de la cadena Wendy's), Donald Trump (en bienes raíces), Michael Bloomberg (Tecnología), Ted Turner (Comunicación), entre otros que han acumulado grandes fortunas.

¿Cómo se aplica este renglón a tu negocio *Querubín Incorporado*? Mientras haces los ajustes a tu negocio y planeas su crecimiento, vas a entrar en áreas que hasta entonces eran desconocidas por ti. Incluso, desde tu comienzo en cualquier proyecto, tu éxito dependerá casi en su totalidad de tu curiosidad, diligencia, creatividad y la actitud de que no sabes nada y tienes que aprenderlo todo. La mente completamente abierta es lo que te permitirá llenarla con información, datos y conocimiento que hasta ese entonces eran desconocidos por ti. Datos que darán origen a tu gran éxito y te harán lograr tu mayor fortuna.

Para empezar, Tú No Sabías que Tú No Sabías (desconocías

la existencia) de las redes sociales en el Internet como medio de promoción y mercadeo. Con la ayuda de un experto en mercadeo en línea, tú descubres que en Facebook, Linkedin, Tweeter, etc., puedes abrir una página para *Querubín Incorporado* y promover tus servicios. ¿Te imaginas las listas de "amigos" conectados a más "amigos" y más "amigos", en una red que no parece tener fin? Cada vez que una "amiga" en la larga cadena anuncie un embarazo, ahí mismo recibirá una felicitación y un testimonio de *Querubín Incorporado* y la oferta de servicio. ¿Qué tal un video en Youtube donde tú mismo haces una grabación simpática y divertida (con música y todo) de los servicios de *Querubín Incorporado?* El costo de producción puede ser mínimo donde tú mismo haces la grabación con una cámara de video de $300 dólares. Tener tu propio canal de transmisión en Youtube es gratis.

¿Y qué de los *"chatrooms"*, sitios en la red donde grupos de personas conversan sobre intereses comunes? ¿Por ejemplo, un grupo de mujeres embarazadas que se conectan a discutir cómo manejar la situación con el nuevo bebé? Ahí estará *Querubín Incorporado* para salvar la situación.

Y si tu negocio está en un país en Centro o Suramérica que cuenta con una gran emigración a Estados Unidos, ¿qué tal si se promueve en los estados de la unión con mayor número de emigrantes hispanos, donde un padre trabajando en el exterior puede pagar un plan de apoyo y así tiene la tranquilidad que su esposa y nuevo bebé están recibiendo el mejor cuidado? Existen bastantes medios de publicidad para el mercado latino en los Estados Unidos – cada país está representado con sus publicaciones, programas de televisión y radio, más centros de llamadas y agencias de envíos de remesas a esos países. Éstos sirven como excelentes puntos de promoción.

Y como otro ejemplo de las cosas que No Sabes Que No Sabes, ¿has pensado que puedes extender el nicho de tu clientela a otro mercado que no está siendo servido? ¿Seguro que a este punto no se te ha ocurrido que los servicios que se les dan a mujeres recién paridas y sus bebés también se pueden aplicar a personas de edad avanzada con la condición de

Parkinson o Alzheimer? Piénsalo. Éstos pacientes también necesitan limpieza de la casa, preparación de comida, escolta a citas, seguimiento con los medicamentos, compañía, atención. ¿Puedes ya ver el potencial de crecimiento de *Querubín Incorporado* con este mercado...?

Si tú logras crear sistemas de operación (donde todo el personal sabe qué hacer sin tú tener que impartir instrucciones diarias), y estos sistemas hacen que tu negocio funcione independiente y automáticamente sin tu intervención diaria, ¿no crees que puedes repetir los mismos sistemas para abrir sucursales de *Querubín Incorporado* en otras áreas de tu región? Imagínate que te está yendo tan bien que ya estás listo para expandir la operación más allá de los vecindarios en el radio de operación que estás cubriendo. Sólo tienes que organizar una nueva oficina, conseguir el personal que ya sabes que vas a necesitar, preparar la operación con un buen administrador y repetir el proceso de tu primer negocio. Para entonces habrás hecho los ajustes y correciones, e identificado todas las cosas que funcionan, y así establecer los sistemas de operación automatizados que te permitan activar el negocio a distancia, y que opere independiente de ti.

¿Y qué sabes de *"branding"*? Esto es establecer una marca. O sea, crear la mística y reacción positiva alrededor del nombre, logo y concepto de tu negocio. Piensa en la *M* en forma de arcos dorados de McDonald's; o el "signo de paz" del logo de la Mercedes Benz; o las letras de Gucci, Oscar de la Renta, o BMW. Cada vez que ves uno de estos logos y marcas (*"brands"*) lo identificas inmediatamente con calidad, lujo, eficiencia, buen gusto (o buen sabor), etc.

Un buen *"branding"* es como una introducción positiva y eficaz donde tu empresa es identificada inmediatamente con aquellas cualidades que garantizan su pronta aceptación sin tú tener que invertir más nada o hacer ningún esfuerzo adicional. Llegar a este punto requiere tiempo, atención a los detalles, una intensa campaña de promoción, una efectiva e intensa estrategia de publicidad donde constantemente se resaltan aquellas cualidades con las que quieres que tu compañía sea identificada.

En el caso de *Querubín Incorporado,* tu meta es lograr que la gente responda emocionalmente y con agrado a la empresa, identificando el apoyo que las mujeres reciben al dar a luz (o la clientela de personas mayores que sufren de Parkinson o Alzheimer). La gente ve el logo del pequeño angelito y las letras azules y amarillas de la compañía y piensa: *"Cuando dé a luz (o mi esposa dé a luz) los voy a necesitar porque sé que harán mi vida más suave y con menos estrés..."* Si haces el trabajo de publicidad y *"branding"* bien, ésta será una reacción emocional inmediata que no necesita explicación de tu parte. (Acaso no has visto niñitos de 1 ½ o 2 años que se alborotan y empiezan a balbucear y a señalar los arcos dorados de McDonald's – como el experimento de acondicionamiento por el sicólogo Pavlov, donde el perro salivaba con anticipación al sólo oír una campanita, identificando el sonido con el alimento que recibiría después - ¡y estos niños ni siquiera saben leer!).

Y otra cosa que No Sabes Que No Sabes: si los sistemas de operación que tú creas para abrir nuevas oficinas de *Querubín Incorporado* en otras áreas con otro personal los une al *"branding"* de tu marca, ya estarás listo para dar licencias a operadores independientes de *Querubín Incorporado*. Bajo este sistema, tú les das los derechos y licencia a operadores independientes (y suples manuales de operación, uniformes, papelería y te encargas de la publicidad) para que establezcan sucursales de *Querubín Incorporado* a cambio de una cuota de los ingresos. En otras palabras, estarás vendiendo ¡franquicias de *Querubín Incorporado*!

¿Puedes ya ver cómo lo QUE SABES te permite comenzar cualquier proyecto y darle forma a cualquier idea que tengas, y después empezar a aprender sobre aquellas cosas que entiendes QUE NO SABES y empezar tu educación? Y más importante todavía, después que aprendes sobre lo que tú reconoces que NO SABES, ya estarás listo para abrir tu mente y descubrir y aceptar las cosas que NO SABES que TÚ NO SABES (hasta ese momento eran inexistentes para ti). Y ahí es donde se abren nuevos horizontes y estará tu mayor éxito. Y como te mostré con los ejemplos anteriores, ¡éstos prácticamente no tienen límites!

LAS COSAS QUE TÚ NO SABES QUE SABES

Llega un punto después de iniciar cualquier proyecto donde los procesos son automatizados y ya no tienes ni que pensar para repetir las técnicas que se usan para crecer y expandir cualquier empresa. Sólo tienes que repetir lo que funciona, y para entonces ya has aprendido de, y descartado todas aquellas cosas que no funcionan. Los sistemas se activarán y la empresa crecerá prácticamente en piloto automático. Tu educación se habrá extendido y expandido a un punto en que tomarás decisiones informadas casi sin pensarlo.

Las cosas nuevas e inconcebibles que tú no sabías que no sabías, agregadas a aquellas cosas que ya sabías, y aquellas que aprendiste cuando sabias que no las sabías, te harán crecer y llegar al renglón de Las Cosas Que No Sabes Que Sabes. En lo que sigues indagando sobre nuevas experiencias que no conoces ni sabes que existen, aquellas que ya aprendiste serán integradas a tu nueva realidad y serán parte de ti, y esto sucederá sin pensarlo. Todas tus decisiones serán informadas y tu banco de información será tan extenso que tomarás decisiones efectivas casi inconscientemente.

Y a entender, nunca llegará el momento que ya lo sabes todo. De ahora en adelante siempre tendrás consciencia de que existe un espacio en blanco, un área que tú no sabes que no sabes, y con este entendimiento harás tu continua curiosidad parte de tu continuo éxito.

***

Quizás ahora me estés diciendo (aunque creas que no pueda escucharte); "*pero yo no sé nada de limpieza de casas, ni bebés, ni viejitos con Alzheimer...*" Todos los ejemplos que te he presentado hasta ahora son para ilustrar que las áreas desconocidas para ti es donde reside tu éxito, no importa el proyecto. Los cuatro niveles de discernimiento debe ser el formato que guíe todas tus decisiones, con especial cuidado y atención a la idea de que *tú no sabes qué es lo que no sabes.*

Los renglones:

Tú sabes qué es lo que sabes

Tú sabes qué es lo que no sabes

Tú no sabes qué es lo que no sabes

Y tú no sabes qué es lo que sabes

Componen la fórmula que rige ese éxito.

Esta fórmula se aplica a cualquier empresa y proyecto (incluso es de igual efectiva en tu vida personal y te prevendrá de tomar decisiones impulsivas, sin fundamento sólido y bajo falsas premisas). Quizás me digas: *"yo sólo soy mecánico de automóviles y corro un pequeño taller donde arreglo transmisiones, cambio aceite y hago 'tune-ups', ¿cómo se aplica esto a mí?"*

Los vehículos requieren un "tune-up", o "puesta a punto" incluyendo cambio de aceite anual, ¿no? También sabes de las frustraciones y los descuidos de los dueños de vehículos que encuentran tediosas estas tareas; en especial las mujeres que prefieren delegar el mantenimiento del carro a otros. ¿No te das cuenta que con este conocimiento ya tienes un nicho en el mercado? ¿Y que tal si unes esta premisa a la premisa de cómo funciona un seguro (de accidente, de salud, de fuego, etc.)? ¿Y que tal si designas y promocionas tu propio "SEGURO" donde le garantizas a los choferes que tú atenderás sus vehículos bajo un contrato anual de mantenimiento – que incluirá un "tune-up"/cambio de aceite anual lo que le garantizará más larga vida a sus vehículos por una pequeña cuota mensual?

Tu nuevo proyecto funcionaría algo así:

Lanzarías una nueva empresa: *Seguro de Servicio Automotriz Apolo* - recuerda, lo que vale es el concepto. No pienses que necesitas un edificio, departamento de contabilidad, vendedores, empleados, etc., todo lo puedes empezar desde tu pequeño taller. El servicio estará dirigido a todos los choferes de vehículos de tu área de cobertura, quizás un par de millas a la redonda para empezar. ¡Y estos son muchos potenciales clientes, quizás en los miles!

LO QUE SABES QUE SABES

El contrato anual de servicio ofrecerá "tune-up"/cambio de aceite anual, rotación de llantas, chequeo general de condición del vehículo, frenos, filtros, líquidos de enfriamiento y lubricación, suspensión, etc., más 20% de descuento en los costos de labor cuando alguna reparación sea necesaria. Ya ahí mismo el cliente se cubre el costo del plan de seguro. (Recuerda que estamos hablando de volumen; no todos los miembros del plan van a necesitar reparación al mismo tiempo, ¡pero sí todos tienen que pagar sus membrecías para todo el año!).

Para hacerlo más atractivo te vas a afiliar a una compañía de remolques. Tú controlarás el grupo de clientes que tienen contrato de seguro de mantenimiento contigo y tú harías este grupo accesible a la compañía de remolque, por lo que la tarifa que recibirás de ellos será más baja y te dejará un margen de ganancia, y les pasarás esta reducción en costos a tus clientes. Y al mismo tiempo esto haría más atractivo el seguro que tú ofreces, especialmente a las mujeres, ya que como parte del contrato de seguro tendrán servicio de remolque de emergencia las 24 horas, ofreciéndoles seguridad y paz mental.

LO QUE SABES QUE NO SABES

Tú negocio es arreglar carros, no vender seguros, y reconoces que no sabes con detalles específicos cómo funciona un seguro. Con todas las compañías de seguro, el secreto está en el volumen, todos los miembros pagan pero sólo algunos necesitarán el servicio en el transcurso del año. (Todos pagamos seguro de fuego de nuestras casas todos los años, pero sólo un minúsculo grupo necesita que le reparen la casa después de un incendio).

Bajo esta premisa, de acuerdo a la cantidad de miembros del seguro automotriz, así serán tus ganancias – y más importante, ¡este es un servicio PRE-PAGADO! Lo que quiere decir que tú cobras por adelantado todos los servicios que ofrecerás en el transcurso del año. Estas ganancias te permitirán pasar los ahorros que tienes como mecánico al comprar piezas de vehículo (algo común en la industria) a los miembros de tu plan de seguro automotriz. Este es otro atractivo punto de mercadeo.

Vas a dirigir tu campaña de publicidad a grupos de mujeres quienes son generalmente las más necesitadas de este servicio – este es el nicho en el mercado que tú quieres conquistar. Tú venderás paz mental, seguridad y comodidad, y harás promoción en los medios dirigidos a las mujeres. Ahora necesitas conectar con compañías publicitarias para alcanzar ese mercado.

LO QUE NO SABES QUE NO SABES

Quizás la conexión entre reparación de carros y un sistema de seguro es el concepto que no te dabas cuenta que no sabías; y por igual, no se te ocurre nada de cómo darle forma a esta empresa. Como ejemplo de las Cosas Que No Sabes Que No Sabes, ¿qué tal un sitio en la red donde aprendes a hacerle un "link" (un enlace) a otros sitios de negocio en el Internet que venden piezas de carro? Esto te garantizará acceso a un público que está en necesidad de los servicios de tu seguro. ¿ Por qué no considerar un "blog", o panel de discusión, dirigido a las mujeres, donde das consejos sobre asuntos de vehículos, y puedas responder a sus preguntas sobre problemas con sus automóviles?

Pondrás anuncios en publicaciones dirigidas a tu público – mujeres que manejan. Puedes imprimir y distribuir cupones para capturar un segmento del mercado temprano y empezar a regar la palabra de tu servicio y nuevo seguro. Puedes empezar con tus clientes actuales, y como te conocen, ya tú tienes ese público cautivo. Podrás iniciar campañas de promoción los días de San Valentín y día de las madres (como también el día de las maestras y las secretarias, de cumpleaños, etc.)? Bajo esta promoción, los hombres en las vidas de estas mujeres le regalarán algo práctico y que muestra amor y preocupación por su comodidad y seguridad.

Y como otra idea de las Cosas Que No Sabes Que No Sabes, ¿qué tal de ofrecerle este servicio a concesionarios que venden carros nuevos y usados? ¿Te imaginas el impacto que este "Valor Agregado" tendría con los clientes que compran carros?: (*Valor Agregado* se le llama cuando se ofrece un beneficio extra y complementario a la clientela de una empresa). "... *Y Señora, como incentivo adicional le vamos a incluir un seguro donde recibirá mantenimiento anual de su vehículo, descuento en la reparación y piezas, más servicio de remolque de emergencia las 24 horas...*" Tú llegarías a un acuerdo con el concesionario de carros sobre el costo que tu empresa cobraría por estos planes, pero estoy seguro que te dejaría jugosas ganancias.

***

Tal vez lo que haces es pintar casas y apartamentos y cobras por cada habitación que pintas, ¿cómo se pueden aplicar los principios de este capítulo a ti? Seguro que estás acostumbrado a darle un estimado a tu cliente de lo que le costaría pintar las paredes de cada habitación, llegan a un acuerdo, tú haces el trabajo, cobras y ahí termina todo.

Pero, ¿por qué tiene que terminar todo ahí?

LO QUE NO SABES QUE NO SABES

Las habitaciones tienen paredes y pisos y ambos están directamente relacionados. Por lo general, la gran mayoría de las veces la pintura y renovación de uno demanda la renovación del otro. ¿Por qué no afiliar tu compañía de pintura a una compañía de arreglo de pisos? Puedes sub-contratar el servicio con una compañía de pisos ya establecida; y cuando hagas el mercadeo de tu servicio, puedes venderle la idea al cliente (bajo tu marca) de la renovación total de la habitación. Al tú traerle más negocio a la compañía de piso (y éstos trabajar bajo sub-contrato contigo), sé que ya puedes visualizar el potencial.

¿Por qué no diseñar tu estrategia de mercadeo para captar clientes de un nivel económico más alto ofreciendo un servicio Premium con la inclusión de un Muralista a tu personal? De nuevo, los servicios de un buen Artista/Muralista pueden ser sub-contratados y tú los ofreces como parte del servicio de tu empresa. Los clientes en las zonas exclusivas de tu región seguro que apreciarían este servicio y estarían dispuestos a pagar caramente por decorar sus salas con bellas obras artísticas. Para ello necesitarás un catálogo/portafolio – bajo el nombre de tu compañía de pintura - con muestras de diferentes obras de arte que se verían fantásticas como murales en los apartamentos de lujo de tus adinerados clientes.

Cuando revisas las paredes que vas a pintar, ¿qué notas? ¿Qué hay en las paredes que dan a la calle? ¡Exactamente! ¡Ventanas! ¿Por qué las ignoras cuando das servicio de pintura a las paredes? Prepara un catálogo (de nuevo bajo tu marca) con persianas y cortinas que hagan juego con los colores que eligen los clientes para pintar las paredes – dale a tus clientes atractivas opciones y podrás contar con la compra por impulso de estos productos. Existen docenas de complementos y accesorios para ventanas; hazlo parte de tu catálogo y tu servicio. Mira el trabajo de pintura en su totalidad y verás todo el potencial que Tú No Sabías Que No Sabías.

***

O tú eres propietaria de un salón de belleza en tu barrio. Alquilaste ese pequeño espacio comercial hace dos años y te la pasas todo el día poniendo rolos, cortando pelo y aplicando colores y desrizados. Los clientes por lo general vienen a ti y mayormente sólo estás bastante ocupada los fines de semana, y el resto de la semana sólo haces unos cuantos clientes. ¿Qué puedes hacer con lo que no sabes que no sabes para mejorar tu negocio?

LO QUE NO SABES QUE NO SABES

¿Qué tal si le pones cuatro ruedas a tu espacio comercial y lo haces móvil?

Supongo que en estos momentos estás con la boca abierta tratando de imaginarte cómo ponerle cuatro ruedas a tu salón de belleza, y cómo empujarlo para que se mueva. Pues cierra la boca y déjame explicarte.

Un problema con los pequeños negocios establecidos en locales comerciales alquilados es que dependen en su totalidad del tráfico de transeúntes frente a sus puertas y referencias de sus clientes. Alguna campaña promocional puede atraer algunos clientes nuevos, pero por lo general estos nuevos clientes son del mismo barrio donde está localizado el negocio. Muy pocos clientes tienen la motivación para recorrer largas distancias para visitar un salón, una cafetería, una farmacia, una ferretería. Por lo general ya tienen estos comercios cerca de sus casas. Así es que cuando abres un nuevo negocio, tu clientela estará limitada a un cerrado círculo geográfico por lo que en general tendrás un tope en tu crecimiento.

(Y de nuevo, esa es en parte una de las razones por la cual la mayoría de los pequeños negocios en Estados Unidos cierran sus puertas a los 5 años de operación).

Así es que volvamos a la idea de ponerle llantas a tu negocio. Específicamente te propongo el concepto de unidades móviles bajo tu marca con las cuales podrás tener más amplio margen de alcance. Básicamente, puedes ofrecer a domicilio, con estilistas y peluqueros visitantes, los mismos servicios que ofreces en un salón ubicado en un local comercial inmóvil.

Piénsalo.

Si la montaña no va a Mahoma, Mahoma va a la montaña.

Empezarías a crear una marca, vamos a llamarle *Belleza Móvil Venus de Milo*, y haces la publicidad ofreciendo a la clientela la comodidad y beneficio de recibir los servicios que un cliente recibiría en un salón, pero en su casa. Prepararías un equipo de trabajo donde los peluqueros y estilistas se desplazan en sus vehículos a visitar los clientes, quienes coordinan citas por medio del Internet o por una línea directa de teléfono.

Uno de tus principales medios de mercadeo sería el Internet y las redes sociales. Imagínatelo de esta forma: ahora tu clientela estaría no solamente en tu barrio, sino en todas las comunidades y barrios aledaños, en toda la ciudad, en todo el estado... Y ¡piensa en grande!, puede ser todo el país, y con una buena franquicia y un buen modelo de negocio podrías hacerlo ¡por todo el mundo! (¿Acaso no están ya comiendo hamburguesas de McDonald's y pollo frito de *Kentucky Fried Chicken* en la China, la India y Arabia Saudita?

Entre las cosas que No Sabes Que No Sabes, considera lo siguiente: en vez de pasivamente esperar a que los clientes se acerquen a tu salón, tú creas los mecanismos para alcanzar los clientes donde sea que éstos se encuentren. Visualiza unos vehículos con unos coloridos letreros magnéticos (3 pies por 3 pies) pegados a las puertas, identificando tu negocio, *Belleza Móvil Venus de Milo*, resaltando los servicios que ofrece más los teléfonos. Los empleados sólo usarían estos letreros durante las visitas de trabajo, como son magnéticos se pueden remover fácilmente de las puertas de los vehículos. Los peluqueros y maquillistas llegan a las casas de los clientes con todo el equipo de trabajo y dan el servicio. El cliente no tiene que esperar, leyendo revistas viejas, a ser servido en un ruidoso salón, perdiendo gran parte de su tiempo. También sé que los clientes podrán apreciar el trato personal que recibirán con un servicio directo, sin interrupciones, sin ruidos, y sin pérdida de tiempo, en sus propias casas.

Podrías buscar un nicho en las bodas y fiestas quinceañeras, ofreciendo el servicio completo a todas las participantes de estos eventos. Y de nuevo, estos grupos apreciarían que tú vas donde ellos a dar servicio a todos juntos en un solo lugar, en vez de cada miembro buscar servicio de belleza por su cuenta. Y de la misma forma, puedes afiliar *Belleza Móvil Venus de Milo, Inc.* a negocios que venden y rentan equipos de fiestas – que hacen bizcochos, venden capias, rentan sillas y mesas, etc. También puedes afiliarte a fotógrafos profesionales que ofrecen sus servicios a bodas y eventos sociales, como también con sitios que rentan trajes de boda y limosinas. Con estos negocios podrías llegar a un acuerdo de que ellos ofrezcan tus servicios como parte del paquete que ellos ofrecen a sus clientes. Y como tú eres móvil, no hay límites con todos los negocios con que puedes hacer acuerdo de afiliación. ¡La ciudad, el estado y hasta el país pueden ser tu mercado!

¿Y que tipo de acuerdo formarías con el personal que da el servicio – los peluqueros y estilistas independientes?Después de todo, tú no quieres que los estilistas se queden con tus clientes o hagan sus negociaciones aparte. Cuando los clientes ponen sus órdenes por teléfono o el Internet, éstos harán sus pagos por *Paypal*, o tarjeta de crédito o débito contigo directamente, o por tu sitio en la red – tú tendrás las herramientas y el control para ejecutar estas transacciones. Después le pagarás a tus peluqueros al final de cada semana, extrayendo tus ganancias de los pagos. Establece un acuerdo con los peluqueros como contratistas independientes, y durante el mercadeo tú controlarás el pago, la comunicación y la promoción directa con el cliente.

Cada cliente tendrá la oportunidad de someter en línea una opinión o comentario de la experiencia y así podrás monitorear el servicio que dan los estilistas. Podrías ofrecer uniformes atractivos y elegantes (¿kimonos, delantales?) al personal para así dejar establecida la marca y diferenciarte de cualquier otro servicio de belleza. Aparte de que esto sería un poderoso medio de promoción. Debido a que te encargarás de promover la marca intensamente, cada peluquero en tu empresa recibirá mejor compensación trabajando contigo por el volumen y extensa área de alcance que si lo hiciese independientemente por su cuenta, un cliente a la vez. Aparte de eso, al mantener la información de cada cliente (dirección, correo electrónico, teléfono), podrás mantener el pulso en el negocion y una relación estrecha con el cliente, mandándole felicitaciones en ocasiones especiales como los cumpleaños y aniversarios, más cupones de descuento e incentivos para que refieran familiares y conocidos.

¿Ya ves el incentivo de cada miembro de tu personal quedarse trabajando contigo? Tú puedes hacer la relación más atractiva todavía ofreciendo planes médicos, vacaciones pagas, bonificaciones por volumen, o el que más referencias positivas reciba de los clientes. Tus ingresos serán tan altos en estas condiciones que compartiéndolos con tus empleados no es sólo justo y una buena idea sino también una buena estrategia de negocio.

Y hablando de ingresos, ¿puedes apreciar los ahorros que tienes con este sistema móvil de servicio de belleza a domicilio? A diferencia de un local fijo, al ponerle "ruedas a tu negocio", no tienes que pagar renta (uno de los gastos más altos de todo negocio), no tienes que pagar utilidades (electricidad, agua, gas/calefacción - ¡eso lo paga el cliente en su casa!), seguro, impuestos, recogida de basura, mantenimiento de la planta física, inventario/equipo, etc. Tú puedes pasarles estos ahorros a tus clientes, lo que haría tu servicio más atractivo todavía. Añadiendo estos beneficios a la ventaja de tener un ilimitado alcance geográfico y una más extensa clientela, hace la idea de *Belleza Móvil Venus de Milo* superior a esperar que la limitada cantidad de clientes que pasan frente a tu local comercial fijo se motive a entrar.

Y en la misma línea de Cosas Que No Sabes Que No Sabes, ¿qué tal si introduces una exclusiva línea de productos de belleza bajo la marca *Venus de Milo*? Tu empresa ya tiene su línea de distribución con los clientes que usan tus servicios, por lo tanto es muy fácil introducir estos productos. (Los peluqueros independientes recibirán comisión por los productos que vendan a los clientes de *Belleza Móvil Venus de Milo*). Envasar productos de belleza para la piel y el pelo con tu propia etiqueta es un sistema fácil de hacer; el Internet te dará todos los recursos: las compañías que producen las mezclas de ingredientes para "rinse", champú, acondicionador, etc. más las etiquetas y envases. Ésta sería un línea de ingresos segura y consistente.

¿Y qué tal un plan de "Usuarios Frecuentes", donde los clientes reciben puntos/créditos por cada ocasión que usen el servicio, y después redimen estos puntos por servicios y productos? Esto ha sido probado como una estrategia de mercadeo muy efectiva en varias industrias.

De nuevo, el éxito está en lo que No Sabes Que No Sabes…

***

Podemos seguir haciendo estos ejercicios hasta el infinito para cada idea, proyecto o empresa pero en ese caso este libro se convertiría en una enciclopedia. La información y ejemplos que te he dado hasta ahora es para que sirvan de ejercicios mentales para un cambio de actitud, una extensión de tu visión y una apertura de tu percepción más allá de lo que sabes y conoces.

Nada más te quiero dejar con la idea que lo que tú no sabes (y especialmente lo que **No Sabes Que No Sabes**) es lo que te hará rico.

Capítulo 6

TU POBREZA ES UNA MENTIRA

*"Llegar a ser rico es fácil; lo difícil son las dudas,
los temores y la ignorancia"*

Yo digo que la vida de limitaciones económicas en que vives es una mentira.

Esta es la parte donde tú quizás lances el libro contra la pared en frustración é incredulidad. *"¿Así es que las dificultades económicas con que vivo están en mi imaginación?"*, te preguntas. Quizás ha habido un cambio en tus circunstancias que ha reducido tus ingresos significativamente, con todas las consecuencias que esto conlleva. Quizás has vivido toda tu vida con limitaciones y no esperas ver ningún cambio en el futuro cercano que mejore tu situación.

Tal vez pagaste sólo parte de la cuenta de este mes de tu celular o tu tarjeta de crédito, o quizás sea un pago parcial a la cuenta de electricidad. Todavía queda un balance que se sumará a la cuenta del próximo mes, la cual vendrá todavía más alta. Tus deudas van en aumento y todo está cada día más caro. El salario apenas te alcanza y parece que todos los caminos se están cerrando. Por más que tratas, nunca logras librarte de las deudas que arrastras como una cadena. Si todo esto es real para ti, entonces te preguntas por qué tengo la desfachatez de llamarle mentira a tus dificultades económicas.

Antes que tires el libro contra la pared, dame la oportunidad de explicarte por qué considero que tu pobreza es una mentira. Y aquí volveremos a repasar algunos temas ya explorados pero que vale la pena repetir. Es como usar la misma información para presentarte un ángulo diferente, como mirar la foto de la habitación con una toma desde el techo, y mirar ahora con una toma desde la puerta principal. Es la misma habitación pero tendrás dos perspectivas totalmente diferentes de ver las cosas.

Retornemos al concepto de la realidad que estás viviendo, una realidad basada en todo lo que conoces y entiendes. En verdad estás viviendo tu realidad basado en toda la información que has acumulado en tu vida, y esta información es la que te da la base para tomar todas tus decisiones: de lo que haces y dejas de hacer, usando como punto de referencia lo conocido, lo que "sabes". La información puede haberte llegado por medio de tu crianza (a través de tu familia y seres queridos), por la escuela, por tu medio ambiente y la comunidad donde creciste. Básicamente, lo que conoces y sabes está fundamentado en la clase socio-económica donde te criaste y los valores que te fueron transmitidos, directamente o por observación. Esto es obvio si piensas que no cambiarás la dieta de tu casa al estilo de cocina de Finlandia, si no eres de Finlandia, no conoces qué se come tradicionalmente en Finlandia, nunca has visitado (ni se te ha ocurrido hacerlo) Finlandia, ni conoces o has visitado a nadie de ese país.

Tus experiencias harán poco probable que salgas de tu vecindario a visitar una comunidad de ciudadanos de Finlandia (si existiera una en tu ciudad) donde haya tiendas con productos de ese país. Considero remotísimas las posibilidades de que esto ocurra, a menos que por coincidencia viviste una experiencia con las personas, productos y dieta de ese país que estimuló tus sentidos y curiosidad y expandió tus conocimientos de la cocina de Finlandia.

Ausente esa experiencia y ese nuevo conocimiento, no tomarás ninguna decisión de probar esta nueva cocina; y voy más lejos, la idea será inconcebible para ti. No hay razón por la cual pensar que esa experiencia con la comida de Finlandia sería parte de tu realidad y tu consciencia; más bien ésta será ajena, invisible e inexistente a lo que "tú sabes". Lo más probable es que hasta que lo mencioné, la idea de probar platos de Finlandia jamás se te hubiese ocurrido.

Así es que podemos dejar por establecido que todas las decisiones que tomas en tu vida están basadas en lo que sabes, entiendes y conoces. Incluso, la seguridad y confianza con que tomas tus decisiones se basa en el hecho de que lo contrario (tratar de tomar una decisión basado en algo desconocido, en información incompleta o totalmente ausente) causa ansiedad, incertidumbre e incomodidad. Nadie se lanza al vacío sin saber lo que le espera. Bajas las escaleras de tu casa a oscuras porque ya lo has hecho muchas veces antes, conoces muy bien el camino y cada peldaño de la escalera, y sabes lo que hay al fondo. Nadie te hará bajar por primera vez a un sótano profundo, completamente a oscuras – en un lugar totalmente desconocido, sin saber qué tan larga es la escalera, dónde termina, y cuando a ciegas llegues al final no se sabe lo que encontrarás. Tendrás un altísimo nivel de ansiedad al tratar de hacerlo, no importan las promesas de que te aguantes al pasamanos y tomes un paso a la vez y todo estará bien. Lo más probable es que no tomes ni siquiera el primer paso.

Sólo basarás tus decisiones en lo que "sabes".

Y aquí es donde viene la mentira de tu pobreza.

Sabes trabajar duro, seguir las reglas que te fueron impuestas por tus empleadores, y ajustarte al estilo de vida del medio ambiente que te rodea y lo que tu economía te permite. Con la experiencia y educación que tienes, sabes dónde buscar trabajo, qué tipo de trabajo y un promedio de lo que esperas ganar. De alguna forma u otra, sabes lo que tus ingresos te permiten gastar y cuáles cuentas cubrir.

Sabes que tus ingresos determinan dónde vives, cómo vistes, la calidad del cuidado médico que recibirás, la calidad de los alimentos que consumes, tener tu propio vehiculo o usar transportación pública, la calidad de educación que recibirán tus hijos, las amenidades que puedes tener en tu hogar, la calidad de tu retiro futuro, la calidad del medio ambiente en que vives.

Esas son las cosas que Sabes, y a pesar que has estado manejando tus cosas con lo que Sabes, se ha hecho obvio que ésto no es suficiente porque tu lucha es continua y hasta ahora sólo conoces dificultades financieras, carencia y limitaciones. Y con lo que Sabes no se perfila esperanza de un cambio, una mejoría en el futuro cercano.

Los expertos han descrito como ejemplo de síntoma de locura repetir exactamente la misma secuencia de acciones una y otra vez esperando resultados diferentes. Una persona con inestabilidad mental quiere hacer hielo. Él toma agua, la hecha en un envase de aluminio, lo pone en el fuego de la estufa y espera unos minutos... Al evaporarse el agua en vez de convertirse en hielo, toma otro poco de agua, lo hecha en el mismo envase, lo pone sobre la estufa y espera que se congele... Al desaparecer el agua del envase en vez de convertirse en hielo, éste toma más agua en el mismo envase, lo pone sobre el fuego, espera unos minutos... etc.

Con lo ridículo que suena este ejemplo, ¿hay alguna diferencia con la situación que has estado viviendo por los últimos 10 (o dieciocho o 28) años, en el mismo trabajo, reportándote tempranito a las ocho (o nueve) de la mañana, haciendo exactamente lo mismo, día tras día tras día, recibiendo tu cheque para pagar tus cuentas y cubrir todos tus gastos, y siempre te quedas corto?

O quizás es buscando trabajo constantemente, haciendo trabajos ocasionales y viviendo bajo la incertidumbre de dónde vendrá tu próximo cheque. O al otro extremo, trabajando incansablemente en una profesión relativamente bien remunerada pero forzado a mantener un nivel de vida más caro que lo que tu nivel de ingresos – tan alto como éste pueda ser – puede soportar. En estas condiciones, estás forzado a largas horas de trabajo y siempre corriendo detrás de metas que nunca podrás lograr; como el burro con una vara amarrada a su cabeza y una zanahoria al final – correrás detrás de la zanahoria pero no te das cuenta que nunca la podrás alcanzar.

En todos estos ejemplos, hay un denominador común: y es que las personas están haciendo lo que Saben, repitiendo acciones basadas en lo que entienden y consideran lo correcto dentro de la realidad que están viviendo - ¡y siempre con el mismo infructuoso resultado! Como explicamos anteriormente, ¿por qué tendría que ser diferente si nadie da un paso al vacío basado en información que desconoce?

El problema es que lo que <u>Saben</u> es: ¡mentira!

Sí, así como lo dije: mentira. Has aceptado tu condición como una verdad y tomas decisiones erróneas e incompletas basado solamente en lo que sabes; y como en el diagnóstico de insalubridad mental, sigues haciendo lo mismo hasta con pruebas contundentes frente a tu cara que no está funcionando. Te reportarás obedientemente a tu trabajo el primer día del mes aún sabiendo que al final de los treinta días, los ingresos que recibirás no te alcanzarán, o por lo menos tendrás que privarte de cosas que quieres y/o necesitas, te limitarás en lo que gastarás y harás juegos malabares con las cuentas de la casa para ver a quién le pagarás primero. Y dócilmente empezarás en tu trabajo al principio del próximo mes, y repetirás el mismo proceso, con las mismas quejas y limitaciones, porque es lo único que <u>sabes</u> hacer. Y ésta es tu realidad... "tu verdad".

Y de nuevo esto es ¡mentira! Y es mentira porque la solución está en lo que NO SABES. Entonces, si la solución está en lo que no sabes, en lo desconocido, en información que no te ha llegado, en otra realidad que no conoces, ¿qué hace esto a lo que tú "sabes"? Dilo, conmigo: ¡MENTIRA! Pues cuando sueltas todas las cosas que "tú <u>sabes</u> que son correctas" – y valga decir no te han servido de nada para mejorar tu vida y solucionar tus problemas económicos, entonces aquellas cosas que no conoces, soluciones que tienes que encontrar fuera de lo que "tú sabes", es donde está la elusiva verdad.

¡UN PROBLEMA <u>NO</u> PUEDE SER RESUELTO DESDE EL MISMO PUNTO DE CONSCIENCIA EN QUE FUE CREADO!

Y voy más lejos. La solución está en información y datos que tú NO SABES que NO SABES... Como te mostré en el capítulo anterior.

Y, para cerrar con la explicación del título de este capítulo, **tu**

pobreza es una mentira porque la "realidad" que la causa es mentira. Esa "realidad" es exclusiva a ti. No es la realidad de una persona con una realidad rica, o de alguien que trabaja para lograr la Independencia Financiera. Tu dices que tus limitaciones económicas son reales porque es lo que estás viviendo. Pero yo voy más lejos, éstas son "reales" solamente para ti basado en conocimientos incompletos y falsa realidad. Son "reales" para ti, internamente, en tu percepción de tu realidad, pero son falsas para el resto del mundo.

Como te mostré en este capítulo, si tu realidad es una mentira, así indiscutiblemente será tu pobreza. Así es que tendrás que cambiar tu percepción y tu realidad (falsa y/o incompleta) para poder cambiar tu estatus económico. Sólo podrás cambiar lo segundo después de cambiar lo primero. No hay otra forma.

Capítulo 7

LA POBREZA FUNCIONAL

> "Los hábitos forman al hombre: el pobre tiene hábitos que lo hacen más pobre, el rico tiene hábitos que lo hacen más rico"

El título de Pobreza Funcional para este capítulo se me ocurrió al ver a mi familia y amigos cercanos vivir sus vidas en aceptación total y completa del limbo económico en que se encuentran. Todos, en una felicidad relativa, viven en sus peceras, conformes y "satisfechos" que ya tienen "*lo que se merecen*", "*lo que necesitan*", el logro de la meta inmediata que se les inculcó desde niños de que "hay que trabajar duro para cumplir con la familia, la sociedad y uno mismo". Durante todo esto, escucho las quejas de que "*las cosas están malas*"; "*el dinero no alcanza para nada*"; y muy frecuente siento en la forma de hablar el temor y la inseguridad de que su flujo de ingresos por salario pueda ser interrumpido repentinamente. Esto es frecuentemente un potencial desastre del cual ni se habla. El resultado es muy aterrorizante para mencionarlo.

Pero durante todo este tiempo, estos mismos familiares y amigos viven en relativa satisfacción y estabilidad, aportando regularmente sus horas productivas a sus empleadores a cambio del salario semanal, bi-mensual o mensual que le permitirá continuar con el mismo nivel de limitada satisfacción y estabilidad en la que están viviendo. Siempre y cuando la cena esté lista cuando lleguen a la casa, el televisor (como la electricidad y el teléfono/Internet) todavía funcione, siempre y cuando el dinero alcanzó para llenar la nevera con lo básico y echarle combustible al carro, todo está bien en el mundo. ¿Recuerdas el comienzo de Federico, el vendedor de muebles del capítulo cuatro? Mientras su Pobreza Funcional le permitía satisfacer sus más básicas necesidades, todo estaba bien en el mundo.

A este punto me imagino que puedes estar pensando: ¿y qué hay de malo con esto?

Exacto.

Por eso es que es funcional. Lo FUNCIONAL es un compromiso medio. El carro es viejo y destartalado, pero por lo menos corre. Su prometida puede ser fea, bruta y gorda pero viene de buena familia y es buena persona. No tengo con qué comprar un exquisito vino, pero éste que viene en una caja cumplirá el cometido…

La Pobreza Funcional es peor que la Pobreza Absoluta porque te roba del más preciado tesoro de tu vida: Tu Tiempo. (La Pobreza Absoluta por lo menos fuerza al individuo a luchar incansablemente a salir de ella).

En la Pobreza Funcional te sientes logrado porque puedes "proveerte" a ti y a tu familia y "satisfacer tus necesidades". ¿Qué más se puede pedir? El trabajo te da lo suficiente para que tengas dónde dormir, dónde y qué comer, dónde enganchar tu ropa, y con qué lavar y planchar la camisa o blusa con la que vas a regresar a trabajar al otro día. Y fíjate que tu empleador te da lo suficiente con qué comprar, lavar y planchar la camisa o blusa que vas a usar para ir a trabajar, pero no demasiado dinero que no regreses al otro día laboral.

Lo más probable es que en este momento estés confuso. ¿No es un buen trabajo que cubra nuestros gastos básicos la meta principal en nuestras vidas? ¿No es por eso que vamos a la escuela? ¿No es lo que hace todo el mundo?

Exacto.

Es lo que hace más del 90% de la población. Es lo que vemos a nuestros padres, los padres de nuestros amigos y nuestros vecinos hacer. Es lo que los maestros de la escuela nos inculcan por años en nuestros tiernos cerebros en desarrollo. Lo inculcan de tal modo que lo convierten en la única realidad que conocemos. Y no es para menos, pues, ¿te puedes imaginar doce años o más con el mismo mensaje, reforzado en la casa, en la iglesia y en nuestro vecindario?... (¿Puedes ver ahora de dónde viene el ejemplo del pez en su pecera?).

En defensa de los maestros, ellos nada más pueden enseñarnos lo que ellos saben, lo que ellos creen, la versión que ellos tienen de la realidad. Y como empleados del sistema educativo, ellos sólo comparten con nosotros la "realidad genérica" que la economía necesita empleados que sean reemplazables en cada generación. Y los maestros aceptan esta realidad con absolutismo, por eso la pueden enseñar con tanta efectividad y convencimiento; nunca se consideran dos alternativas para enseñar. La realidad que nos enseñan es exclusiva, única y sin punto de referencia ni comparación. Solamente ES.

Por eso es que la riqueza de cada nación está en manos de menos del 10% de la población. El resto (90% o más) vive en varios grados de pobreza: desde la Funcional de una clase media o media baja; o de Subsistencia de un trabajador/obrero, hasta la Absoluta de un desamparado, y todos los otros puntos en el medio.

El convencimiento de que "lo que es, es" ("...que será, será...") es palpable en la familia de aquel que no tiene vivienda propia (pero tiene con que pagarle la hipoteca al dueño de la casa donde renta). Vacaciones con la familia a Disney World o Europa, o un crucero por el Mediterráneo, son impensables, ni siquiera es parte de su realidad hablar del tema porque estos :lujos" no caben en el presupuesto. El único punto de alivio es que este mes los ingresos alcanzaron para cubrir los gastos necesarios, y hubo que hacer poco sacrificio (la niña usará el mismo abrigo este invierno, el hijo no podrá seguir en la escuela de Karate). Y conforme, empezará el primer día laboral del próximo mes con la misma dedicación, diligencia y responsabilidad que le permita llegar a **la meta** del próximo mes, donde de nuevo podrá cubrir los gastos básicos de ese subsecuente mes.

La palabra **meta** en el párrafo anterior fue escrita en letras negritas por una importante razón: para enfatizar que esa meta es el único destino que rige las vidas de la mayoría de los trabajadores que viven en una Pobreza Funcional. El blanco al cual le tiramos los dardos de nuestros esfuerzos es el cheque que nos cubra nuestras necesidades inmediatas. Y nos consideramos exitosos cuando "felizmente" salimos airosos y el cheque en nuestras manos, producto del intercambio de nuestras horas productivas por un salario, sirve para cubrir el presupuesto inmediato.

Al enfocarnos tan intensamente en esta **META,** y dedicarle la mayor parte de nuestras vidas y nuestra atención - a veces quedándonos horas extras en el trabajo para alcanzarla - no nos queda tiempo ni energía para mirar más allá de ésta. El tiro al blanco que se extiende frente a toda nuestra visión es todo lo que podemos ver y palpar. Lo que no nos habían dicho es que detrás del telón donde está ese blanco al cual dedicamos nuestras vidas tirándole (*laborar arduo en un trabajo que nos dé con qué pagar nuestras cuentas*), se abre un universo de oportunidades y otra realidad donde no hay límites a tus éxitos económicos. Donde las personas ricas, aquellos que han obtenido Independencia Financiera, se rigen por un conjunto de reglas totalmente diferentes a las que nos han enseñado todas nuestras vidas.

La "Realidad" que nos han puesto al frente, el tiro al blanco que nos han señalado como nuestra única meta, es opuesto totalmente a la "Realidad" que está detrás del telón; es contraria a esa otra "Realidad" desconocida que nunca fue parte de nuestra educación y nuestras experiencias. Como no sabemos "qué es lo que no sabemos", o sea, que la información y educación que necesitaríamos para tomar las decisiones que cambien nuestras vidas financieras son inexistentes para nosotros, no tenemos ningún "agarre", ningún punto de referencia que nos permita visualizar opciones, alternativas, o diferentes caminos a seguir. Sólo hacemos lo que sabemos, y sólo sabemos ser pobres.

Así es que el primer paso para cambiar tu vida económica y alcanzar Independencia Financiera es abrir tus ojos y tu mente a lo que está "detrás del telón" del blanco que fue puesto frente a ti como tu única meta. No importa de donde fue que vino esta mentira: de tu familia, tu medio ambiente, tu comunidad, la escuela, tus amigos. La única forma de cambiar tu vida, es cambiando tu "Realidad".

Pero, ¿cómo se cambia una realidad por otra?

Tomando "la pastilla roja", que en este caso significa un cambio radical en la forma de ver las cosas. Significa un desmantelamiento de todo "lo que sabes", de todo lo que crees de las cosas como "deben ser"; significa romper con ímpetu y determinación las paredes de cristal que te dejan ver a través un mundo de oportunidades y riqueza pero te previenen de llegar a éstas. Paredes que a la fuerza te llevan a aceptar pasivamente que lo que puedes ver a través del "cristal" no te pertenece ni es algo que puedes hacer tuyo.

Pero eso son ellos... Yo sólo soy un pez...

Significa despertar emociones, visiones y percepciones que no te "pertenecían". Te enseñaron toda tu vida a no atreverte a aspirar o desear mucho más abundancia que la que tú y tu familia han conocido hasta ahora; y lo que es aun peor, que es de necio tener un plan para hacer realidad esas metas y sueños. Después de todo, ¿qué es lo que te crees? El Pobre Funcional tiene todo lo que necesita, ¿por qué buscar más?

Tus metas fueron siempre cortas: un trabajo que te permita sobrevivir, cualquier cosa más allá de esto es impensable. Pero, ¿por qué es impensable? Pura y sencillamente porque para tus limitadas metas no hay punto de referencia que te indique que tan cortas son. Por lo tanto, tú ni siquiera sabes que tan cortas son las metas que ciega e inconscientemente has adoptado – o tu medio ambiente y tu educación (académica y de tu familia) te han hecho adoptar. Tú de verdad creíste que llegaste al tope cuando con júbilo recibiste la noticia que fuiste aceptado para el empleo para el cual te habías entrevistado tres días atrás. ¡Por fin, conseguí el trabajo! te dijiste con gran alivio y alegría. ¡Ya empezaré el lunes a intercambiar mis horas de actividad productiva por unos ingresos fijos de dinero por cada una de esas horas! Ya podré mandarle dinero a mi casero, las compañías de teléfono y electricidad, el supermercado, la lavandería, la tienda de ropa, las compañías de cable y teléfono celular, la compañía de seguro, etc., para que me sigan dando servicios cada mes. Y cada mes trabajaré duro para producir el dinero para cubrirles a éstos los gastos del mes siguiente… y del mes después…

Sin punto de referencia, consideras estas metas como el tope, como el mayor logro, donde ya no hay más nada después de esto. Como te indiqué anteriormente, sin un punto de referencia nunca sabrás que tan cortas son estas metas. En una línea de números secuenciales sabes que el número 8 está más cerca del número 10 que del número 2. Pero necesitas ver todos los números en línea para saber la distancia y la relación de un número a otro. Todos los números sueltos en una cubeta no te permitirá discernir la distancia física de un número a otro.

Sabes que tus padres viven a 6 millas de ti, pero tu hermana vive más cerca a sólo 2.5 millas. Tus padres viven más lejos comparado con la distancia para llegar a la casa de tu hermana. Sin punto de referencia – la casa de tu hermana - no podrás decir que tus padres viven lejos. Pues, ¡lejos de qué!

Tu meta - y de nuevo, sin punto de referencia - es conseguir un empleo que te ayude a ti y a tu familia a sobrevivir; pagar las cuentas y con suerte retirarte en tu vejez con una pensión que prolongue tu sobrevivencia y dure hasta el final de tus días. Es el único punto que trabajas para alcanzar sin ninguna consciencia de que existe algo antes o después de ello. Sólo conoces el camino del Punto A al Punto B, y ni siquiera sabes que existe un Punto F, o L, o P, S, V… ¡y hasta Z! Has formado tu realidad alrededor de la simple y limitada meta de llegar del Punto A al Punto B. Al no tener consciencia de otras opciones (otros puntos que pueden ser convertidos en metas más allá del punto B), has hecho esta meta la única realidad que dirige tu destino Y sólo te queda la queja e inconformidad de que el dinero nunca te alcanza y estás limitado a carencia y restricciones sin entender el porqué, sólo que es "la realidad" que te ha tocado vivir. Y tu lucha es sólo lograr satisfacer esta limitada meta, y cualquier otra opción es ¡impensable!

Espero que ya empieces a ver las sutiles diferencias entre "las realidades", y cómo "tu realidad", la que tú te has creado y tu medio ambiente/familia/escuela han validado con continua repetición - y provisto como único ejemplo – han armado todo el andamiaje de las metas a alcanzar y el destino que te espera: una vida de conformidad en una Pobreza Funcional. Pero eso es lo único que conoces, es lo único que sabes y basas tus decisiones en eso que tú "sabes." Has aprendido muy bien a ser pobre, y hasta ahora lo has hecho ¡a la perfección!

Pero, retornemos a la pregunta: ¿cómo se cambia una realidad por otra?

Si aceptas que "las realidades" son personales e individuales, como te he mostrado hasta ahora, y siempre basadas en nuestra crianza, nuestra educación, nuestro medio ambiente y aquello que ha sido alimentado a nuestros cerebros por nuestros maestros, padres, y modelos a seguir, entonces podemos entender que todo es programación. La computadora sólo puede proveer resultados basados en la data e información que le son sometida.

¿Cómo se cambia la programación? Introduciéndole a tu cerebro la información y la data, dentro de los parámetros que quieres, para que arrojen resultados diferentes, resultados que se ajusten y concuerden con esos parámetros que estableciste. Como puedes imaginarte, está en tu control determinar cuáles son estos parámetros; y de la misma forma, podrás deducir que para estos parámetros no hay límites, excepto aquellos que tú les pongas.

Si la meta es lograr Independencia Financiera, lo lograrás cuando esta sea tu misión y enfoque, y le alimentes a tu cerebro la información, datos, y percepción – y adoptes la determinación - que establezcan el patrón de conducta, hábitos y visión que te dirijan a esa meta.

Por otro lado, la meta de una Pobreza Funcional es lo que luchas por lograr porque esos son los parámetros que le has alimentado a tu mente desde que eras pequeño, parámetros que han sido continuamente reforzados por todos aquellos que te han servido de modelo a tu alrededor, los cuales te validan estas creencias y estos valores con los ejemplos que te han dado y con las decisiones que ellos han tomado en sus vidas. Y después de todo, tu padre – con un mayúsculo esfuerzo – logró "echar la familia adelante". Él pudo poner un techo sobre las cabezas de la familia y comida en la mesa. Todos ustedes en tu familia sobrevivieron intactos, ¿no? Eso fue lo que viste toda tu vida, y fue lo que te enseñaron en la escuela, y viste a tus amigos vivir la misma experiencia. Y si esto es suficiente para todos ellos, y todos salieron ilesos de la experiencia, ¿qué más se puede pedir?

Exacto.

¿Qué *más* se puede pedir?

Ese **MÁS** es eliminado muy sutilmente de tu realidad, de tu consciencia, de lo que es posible en tu vida. De forma silente, tácita y por un largo período de tiempo, recibirás este mensaje indirectamente, con ejemplos, palabras, actitudes y valores. En efecto, ese **MÁS** lo has convertido en algo más que imposible; lo has hecho **inconcebible**, irreal, totalmente desligado de Tu Realidad. Un **MÁS** que no se merece la más mínima consideración pues es algo totalmente ausente de cualquiera que sea la meta que te propongas en tu vida. Por eso, cuando te preguntas retóricamente: ¿qué **más** se puede pedir? Ya ahí dejaste establecida tu meta y lo que es posible en Tu Realidad, y ésta no incluye un **MÁS** que le añada a tu vida más allá de lo que hasta ahora has conocido; que sea **MÁS** que una Pobreza Funcional. Y este **MÁS:** abundancia, lo extra, lo adicional, el próximo nivel económico para ti y tu familia, se ha removido efectivamente de esta meta, y Tu Realidad girará alrededor de una Pobreza Funcional que regirá tu vida, y en tu vida de carencia y limitaciones tendrás consciencia de tus necesidades pero no entenderás El Porqué.

Y tal vez más allá de entender el porqué, lo que es más triste todavía, ni siquiera te harás la pregunta.

En el compromiso que has hecho inconscientemente a vivir una Pobreza Funcional con todas las limitaciones y carencia que consideras "normal" y "natural" porque lo que logras te provee lo básico para vivir, espero que aprecies que tú haces esto no como una opción, sino como un estado natural para ti que es incuestionable. Sencillamente estás haciendo lo que "sabes". Es lo que todos hacemos, ¿no?, tomar decisiones y ejecutar acciones con los puntos de referencia de lo que conocemos y "sabemos".

Sabes cómo pagar tus cuentas y deudas con una cuenta de cheque, pero quizás no has aprendido a hacerlo en línea por el Internet, sin tener que salir de la casa. Así es que seguirás escribiendo cheques, poniéndolos en los sobres, pegándoles las estampillas y llevándolos al buzón (o caminando o tomando el bus para hacer la fila y pagarlo frente a la ventanilla). Y con esto no hay ningún problema pues esto te ha funcionado bien por los últimos 18 años y nunca has tenido dificultad alguna. El hecho de que este proceso se está haciendo prácticamente obsoleto e impráctico es inconsecuente para ti. Es lo que sabes hacer, y lo has estado haciendo por tanto años que ya no tienes que pararte a pensar en el proceso. Has automatizado los pasos de pagar tus cuentas en tu mente al punto que ya lo has integrado a tu inconsciencia y ejecutas esta acción casi sin ningún esfuerzo mental. En este punto es fácil suponer que cero energía es invertida en considerar cualquier otra opción, no importa que tan práctica ésta sea, pues has llegado a un punto de complacencia e inercia que no será cambiado a menos que algo dramático y transformativo te provoque una reconsideración de lo que has estado haciendo.

Una Pobreza Funcional te permite vivir con lo básico. Tu salario/ingresos te permiten crear un presupuesto para satisfacer todas, o gran parte de tus necesidades. Y quiero enfatizar la palabra NECESIDADES, no hablo de un plan o proceso para lograr la Independencia Financiera o fortuna por medio de un trabajo/salario. Esta nunca ha sido la intención de ningún empleador ni es parte de su modelo de negocio, excepto para los dueños de la empresa. ¿No es acaso la definición de un empleo: intercambiar tus esfuerzos por un costo fijo por hora/por día - a cambio de un salario que sirve para satisfacer las necesidades de sobrevivencia tuyas y de tu familia? Esto es lo que sabes hacer, y lo harás por toda tu vida a menos que, como dije anteriormente, un evento transformativo y dramático te desvíe de ese camino. Si tal evento nunca sucede, repetirás el patrón de la clase económica donde te criaste y conoces, con aquellos valores y percepciones que aprendiste de niño; valores y percepciones que fueron exclusivas a tu crianza y tu medio ambiente. Lo que quiere decir que nunca hubo alternativas, opciones ni otras formas de ver las cosas; y por lo tanto, seguirás haciendo solamente lo que "**sabes**": satisfacer necesidades con los ingresos que derivas de tus esfuerzos, no lograr Independencia Financiera, no pasar a otro plano económico.

Temprano el lunes en la mañana, dejarás marcada por el reloj tu tarjeta de empleado indicando tu hora de llegada. Al final de la tarde introducirás la tarjeta por la ranura del mismo reloj para que quede marcada la hora de salida y las cantidades de horas que estuviste laborando. Cada dos semanas, el departamento de nómina y contabilidad de la empresa contará estas horas y te mandará un cheque que conformemente y sin ningún cuestionamiento cambiarás para cubrir todos tus gastos de vida.

Y harás esto por el resto de tu vida productiva

Harás esto inconscientemente y conforme, y prácticamente en "piloto automático", mientras todo el tiempo luchas por pagar tus cuentas y alargar los dólares/pesos lo más que pueda; y prácticamente "con un baldecito irás vaciando el bote del agua que se cuela para que no se hunda". Y curiosamente, te preguntarás: ¿por qué el dinero no te alcanza para nada, por qué vivir con tantas limitaciones?, pero después de esto nunca te harás la próxima pregunta obligada y necesaria, una que a pocos se les ocurre: "¿qué puedo hacer/qué puedo cambiar" para transformar ese estatus y lograr Independencia Financiera? Las probabilidades son altísimas que este escenario que presenté se aplique a ti. ¿Por qué no podría ser así, si así vive el 90% de la población? Al "tomar la pastilla roja" y haber continuado leyendo este libro, lo más probable es que tú pertenezca a este grupo.

Y este es el momento ideal para introducir nuestro próximo capítulo.

Capítulo 8

¡LA POBREZA ES UNA OPCION!

" El punto máximo de tu desarrollo determina el nivel tope de tu fortuna…
ni más ni menos; si no aumentas el primero nunca aumentarás el segundo"

Este es otro capítulo donde tendrás el impulso de tirar el libro contra la pared. Quizás te sientas indignado y enojado el que yo plantee que las limitaciones económicas con las que has vivido en tu vida sean una opción que elegiste de varias; como si fuera una decisión que tú elegiste el ser pobre, o TCM en una lucha eterna de sobrevivencia. Como si hubieses tenido varias alternativas y tú decidiste que ser pobre (o TCM) era la mejor. No te culpo si quieres tirarme el puño a la cara por proponer tan descarada tesis.

¿Así es que yo soy pobre porque quiero?, te preguntas.

Entendería perfectamente tu reacción, si es así como te sientes. Pero dame la oportunidad de mostrarte el porqué de mi atrevimiento de llamarle a tu vida de carencia y supervivencia económica una opción – lo que implica que habían varias alternativas al resultado final. Y por consiguiente - tú deduces que estoy implicando - tú elegiste el ser pobre. Vamos a tomar el argumento al revés.

Si la pobreza **no** es una opción, ¿qué quiere decir esto? ¿No piensas que si no es una opción es porque no es cambiable y es más bien fija y predeterminada? Piensa en el concepto de no-opción. Esto quiere decir que no está en tu poder lograr resultados diferentes pues la eliminación de las alternativas remueve cualquier herramienta, método o recurso de tus manos para cambiar el resultado final. Si la pobreza no es una opción tienes que aceptarla como algo permanente, impuesto desde fuera y aceptado pasivamente por ti. Después de todo, cuando no tenemos opciones, el poder de decisión es efectivamente removido de nuestras manos.

Sé que si tu situación es de carencia y limitados ingresos, y no ves salida inmediata a tu dificultosa situación económica, te encontrarás convenciéndote a ti mismo que lo que enfrentas no tiene opciones, sencillamente es. Al aceptar esta percepción estás de hecho removiendo cualquier responsabilidad sobre ti mismo de tu situación. Es como decirte a ti mismo: *"si no tengo opciones, y por consiguiente no tengo poder de decisión sobre mi situación, entonces no tengo control y sólo me queda aceptación de mi estatus de limitaciones económicas"*.

Esto no se oye muy promisorio. Y más desalentador todavía, esto mata toda iniciativa y motivación a buscar soluciones. ¿Para qué buscar salida si, como tú quizás argumentes, la pobreza no es una opción?

Así es que básicamente las "opciones" que quizás consideres se enfocan en la decisión de aceptar una de dos cosas: o la Pobreza Es Una Opción, como yo propongo, o tu rechazo a esta premisa, convenciéndote a ti mismo que la Pobreza **No** Es Una Opción, pues es lo que has vivido, conoces y lo que se perfila en tu futuro inmediato. La base de tu argumento, yo especulo, es que si hubiese sido una opción – una alternativa de varias – ya hubieses elegido un camino más económicamente exitoso. Al no haber encontrado ese camino, entonces (luce obvio para ti), tal opción no existe.

Y claro, ¡esto es totalmente falso! Si analizas la premisa: como no he encontrado un camino diferente que me saque de mi situación de precariedad económica entonces tal camino no existe, ¡por lo tanto la opción no existe! ¿A qué te acuerda esta idea? Recuerda que a través de las discusiones contenidas en este libro corre un elemento común: las realidades y cómo éstas son percibidas por cada individuo – y la segunda categoría: tu éxito está en lo que No Sabes.

Quizás a este punto te habrás fijado que el hilo invisible que sirve de costura al contenido de este libro, y une todos los capítulos, es el concepto de las realidades, y por consiguiente: las opciones. Moverse de una realidad a otra abre las puertas a alternativas que hasta ese momento eran inexistentes e invisibles para ti. Por ende mi decisión de darle al libro como título principal el nombre de este capítulo.

Cuando escuchas mi declaración de que: La Pobreza Es Una Opción, tú inmediatamente conecta ésta a tu situación. *¿Cómo diablo es una opción? Como si en verdad yo elegí esta vida de escasez y limitaciones económicas.* Por eso es natural que tu primer impulso sea rechazar esta aserción. Pero debes entender que este rechazo es una reacción a una impresión superficial de lo que escuchas. Si vas algo más profundo a la frase descubrirás que en tu rechazo a mi declaración (La Pobreza Es Una Opción) estás negando las realidades que te rodean. ¿Ha habido sujetos que han salido de la pobreza y han llegado a amasar grandes fortunas? ¿Conoces individuos en tu círculo cercano que han sido exitosos en llegar a la Independencia Financiera? ¿Has escuchado o leído las historias y biografías de exitosos empresarios que empezaron de la nada? ¿Cuál es el motivo de empezar cualquier proyecto o negocio?

¿Por qué tuvieron ellos opciones (pobre/rico), y tú no?

Al suprimir la reacción emocional al título de este capítulo, "*¿Una opción… ¡Estás loco!?*", descubrirás que tu mente se abre a las posibilidades cuando aceptas que la pobreza es en verdad una opción. Piénsalo de esta forma: si rechazas el concepto de la opción estás de hecho cerrando todos los caminos a las posibilidades. *Mi pobreza no es una opción, por lo tanto no hay nada que decidir, y por consiguiente no tengo control.* Esto es básicamente lo que sucede cuando aceptas tu premisa.

Considera ahora lo siguiente: La Pobreza Es Una Opción de varios caminos a seguir. Es una opción basada en las decisiones que tomes. Como opción, el poder de decisión está en tus manos.

Pero recuerda que las opciones inmediatas que enfrentas – y por consiguiente las decisiones que tomes - están limitadas a lo que conoces y entiendes. Mientras menos conoces, mientras menos datos e información, y menos consciencia de los recursos disponibles tienes, menos opciones tienes. En otras palabras, mientras menos sabes menos control tienes, y como no tienes control crees que no tienes opciones. Cuando le agregas a tu limitado banco de conocimiento nueva información y nuevos datos e integras éstos a tu percepción, estás de hecho cambiando tu realidad. Esto te hará mover a otro estado de consciencia donde en verdad verás todas las alternativas que tienes.

Y esto es exponencial. Imagínate la luz de una linterna la cual empieza desde un punto y se expande, abriéndose en forma de triángulo donde los bordes extremos se separan incrementalmente hasta el infinito. De esta forma tus conocimientos se construirán uno sobre otro, y así como la luz de la linterna se abre y se expande, así se expandirán tus conocimientos, consecuentemente tus opciones, y ultimadamente tus decisiones.

Así es que en vez de clamar que la pobreza no es una opción, debes de identificar correctamente el problema: **No Sé Cómo Romper El Círculo De Pobreza** porque carezco de la información, experiencia y educación adecuada que me lleve a la meta deseada. Como no sé, no puedo ver opciones. Y como no tengo la información, no tengo el poder de decisión y por lo tanto no tengo control.

Un importante ejercicio que te pido que hagas es que escribas en una página 8 ½" por 11" en gruesas letras negras: **LA POBREZA ES UNA OPCIÓN** y lo enmarques y lo pongas próximo a la puerta de salida de tu casa o apartamento. Al tocar el manubrio todas las mañanas para salir a trabajar, para salir a buscar soluciones y recursos, este cuadrito con este mensaje debe ser lo último que veas al salir de tu casa. Ese es el estado mental con que debes enfrentar el mundo al empezar tu día. Tu mente debe retomar el control de tu poder de decisión y abrirte a la curiosidad e inquietud de que la solución está ahí afuera y es tu responsabilidad encontrarla.

Tú vas a ejercer tu opción de dejar de ser pobre porque al

aceptar mi premisa de que la pobreza es una opción, finalmente tomarás el control. ¿Qué es lo que te falta para aumentar tu control? Información, iniciativa, búsqueda de recursos, soluciones, educación. Como te ilustré muy detalladamente en el capítulo sobre los cuatro niveles de consciencia, tu éxito descansa (y depende) en LO QUE NO SABES, y más específicamente en LO QUE NO SABES QUE NO SABES.

Tú meta está en convertir todo esto en lo QUE SABES. Y ahí radica tu fortuna; porque al ya "saber" verás mucho más claras tus opciones.

Te lo prometo.

Capítulo 9

LOS VALORES Y ACTITUDES DE LAS CLASES ECÓNOMICAS SON COMPARTIDOS Y PERPETUADOS ENTRE SÍ - EL POBRE VIVE EN SU POBREZA, EL RICO EN SU RIQUEZA

*"El mundo te espera para que seas rico;
sólo tus dudas y temores te aguantan"*

Cuando niño, mis amigos, mis vecinos, mi familia y conocidos vivíamos todos en el mismo tipo de vivienda; todos consumíamos la misma dieta—procurada en el mismo mercado, tienda y supermercado, los cuales sólo llevaban en sus inventarios los productos que todos los vecinos demandábamos. Nuestras madres disfrutaban las mismas telenovelas; los padres, juntos a los otros vecinos, discutían los mismos temas políticos y de deporte. Y nosotros imitábamos a nuestros amigos del barrio y de la escuela en nuestra forma de vestir y hablar. En resumen, todos aprendíamos a compartir los mismos valores y forma de percibir nuestra realidad.

Nuestro futuro éxito en esas circunstancias estaba determinado, o más bien circunscrito a sólo las cosas que ya conocíamos, que nuestros padres conocían y esperaban de nosotros. Básicamente consistía sólo en perpetuar el modelo que por generaciones ellos, y nuestros abuelos y todos a nuestro alrededor, y parte de nuestro círculo social y familiar, habían dejado establecido.

Si nuestros padres conseguían pagar la renta para proveernos de un techo, más ropa, los básicos platos de comida, una educación pública que nos alfabetizara y un módico estatus de felicidad dentro de las circunstancias que conocíamos—aunque sólo fuese una felicidad esporádica—ya las metas se habían logrados. Y esto es lo que se esperaba de la nueva generación. Es como si ya el camino estaba hecho, trazado y pavimentado y era nuestro deber emprender la marcha tomando los pasos que ya fueron marcados con antelación para nosotros.

En aquellos casos donde los padres se esforzaban en inculcarle a los hijos la importancia de una educación superior y ambiciones más allá de la vida que hasta entonces conocían, por los valores y actitudes que tan profundamente fueron inculcados en éstos, frecuentemente el ciclo de pobreza se repetía - aunque quizás en posiciones económicas y sociales un poco más holgadas pero siguiendo el mismo patrón de carencia y necesidades, pues en estas circunstancias el consumo y los gastos siempre iban al frente (y más allá) de los ingresos. Esta vez la causa tiende a ser por las típicas medidas y decisiones que usualmente acompañan la realidad y percepción de una persona que ha crecido con limitaciones económicas – y consecuente falta de educación financiera y experiencias más allá de la pobreza. Es difícil dejar de hacer, actuar y tomar decisiones basado en lo que "ya sabes". Y por lo general, después que existe una línea de ingresos regular y constante, la persona pobre tiende a comprometer estos ingresos (más el acceso al crédito que acompaña esta línea regular de ingresos) y regresa prontamente a un estatus donde "el dinero no alcanza para nada".

Es muy fácil sobre-compensar - después de una vida de carencia y poca experiencia en economía personal - con gastos extraordinarios, mal manejo financiero, y mal uso del crédito. Las estadísticas son muy abrumadoras, y estoy seguro que lo has visto a tu alrededor, de personas trabajadoras y con cómodos ingresos que están al borde de la bancarrota. Quizás tú mismo arrastra una deuda extensa en tu(s) tarjeta(s) de crédito sin tener nada en tu posesión o mejoría en tu vida que justifique la pesada deuda.

(Estadísticas de bancarrota: De acuerdo a un artículo en el periódico Daily News de la ciudad de Nueva York escrito por Elizabeth Lazarowitz en el 2011, el número de graduados de la universidad que se ha visto forzado a irse a la bancarrota había aumentado más 20% en los últimos 6 años. Su artículo disputaba la teoría de que si recibías un grado universitario, tu vida financiera iba a estar estable. En el año 2010, los casos de bancarrota personal aumentaron a 1.5 millones. La mayoría de estos casos (más del 70%) citaban el haberse extendido en el uso del crédito como la razón de irse a la bancarrota. Por otro lado, de acuerdo a estudios de marzo del 2012 conducidos por el Center on Budget and Policy Priorities ("Centro de Presupuesto y Prioridades de Pólizas"), el número de familias en pobreza extrema (viviendo con sólo $2 al día por persona) en los Estados Unidos se duplicó desde 1996 a 2011. El número de niños en hogares con pobreza extrema creció de 1.4 millones a 2.8 millones. Un resultado interesante del estudio es el hecho de que los indicadores presentan una correlación entre la pobreza en la infancia y la niñez y cómo esta pobreza puede reducir el potencial de ingresos en la adultez de estos niños. Al lado opuesto de esta ecuación, una familia con niños de menos de 6 años y con ingresos más bajo de $25,000 al año, al recibir una ayuda suplementaria de $3,000 al año llegan a ganar 17% más en la adultez que aquellas familias que no recibían el estipendio – indicio que mientras más profunda la pobreza, más difícil es salir de ella).

Según las estadísticas, luciría que la pobreza crea una cultura más allá de la falta de dinero. Ésta se convierte en un estilo de vida que es aceptado como permanente e incuestionable, y en la cual la única señal de éxito es la sobrevivencia: si logro satisfacer mis más básicas y elementales necesidades, ya logré mi meta y mi cometido. Medir el éxito bajo este limitado estándar es una de las principales características de la mente de una persona pobre. En otras palabras, como hemos argumentado en este libro, la aceptación de los valores y percepción que se originan en este estatus de pobreza (recuerda la definición de pobreza al comienzo del libro) "moldea" una "realidad" que es única para ese individuo. Y algo curioso, la persona no se considera "pobre" en el sentido de un estatus "no-deseable", algo que quiera rechazar/corregir/cambiar por intolerable. Sencillamente la vida transcurre en un incuestionable modo de sobrevivencia. El ser humano tiene una admirable capacidad de adaptación a cualquier conjunto de circunstancias; de hecho esta ha sido la principal característica de sobrevivencia de la especie, (léete la obra de Charles Darwin "Origen de la Especie", y ahí se haría más claro el concepto de adaptación que permite a un ser humano existir y acomodarse a cualquier medio ambiente). Así es que el pobre transcurre su vida entre risa, celebraciones, lamentaciones, estrés, satisfacciones, privaciones, y crea una "normalidad" en su vida con todos estos elementos, siempre y cuando sus necesidades más básicas y elementales sean satisfechas. Una "normalidad" que es incuestionable y aceptada como su única "realidad" y ésta es in-cambiable; o por lo menos esa es su percepción.

Vamos a hacer este concepto más específico. En la edición del New York Times No. 55,487, Volumen CLX, del año 2011, en un artículo escrito por Michael Barbaro y Fernanda Santos, los autores describen un ambicioso programa originado por el Alcalde Michael Bloomberg en la ciudad de Nueva York que tenía por meta rescatar a jóvenes (solamente masculinos) negros y latinos del ciclo de pobreza y descuido (social, intelectual, educacional) que afecta a esta población. El programa reconocía crudamente cómo estos jóvenes habían sido aislados de la vida cívica, educacional y económica de la ciudad, y el plan invertiría $130 millones de dólares para impactar esta población e intervenir y cambiar ese estatus de pobreza. Y el artículo hacía notar claramente que la pobreza era más que económica. Cabe mencionar que el Alcalde Bloomberg invertiría una cuarta parte del costo del programa de su propia fortuna personal. Otro multimillonario, George Soro, amigo personal del Alcalde, invertiría otro $30 millones. La fundación caritativa del Alcalde invertiría otros $30 millones.

Aunque las estadísticas sobre el crimen habían bajados significativamente en la última década en la ciudad y los promedios de graduación de escuela superior habían ido en aumento, los jóvenes negros y latinos, especialmente entre las edades de 16 a 24 años, se mantenían en crisis en todas las categorías y parámetros, incluyendo número de arrestos, suspensión en la escuela y pobreza. Por eso era que el problema era considerado intratable y las causas tenían profundas raíces. Y era exactamente la intención del programa ir a esta raíces.

El plan presentaba creativas medidas para tener acceso a esta población. Una medida era establecer centros de reclutamiento para empleo en los residenciales públicos y de bajos ingresos, re-entrenar oficiales de Probatoria y establecerlos en oficinas satélites en los vecindarios con los más altos índices de criminalidad para disminuir el efecto de "puerta giratoria" del sistema criminal, donde estos jóvenes retornaban a la cárcel prontamente después de ser dejado en libertad. También incluye en los planes dar clases de responsabilidad de paternidad con mira a romper el ciclo generacional de pobreza al preservar la integridad familiar, como también monitorear el progreso en las escuelas de estos muchachos negros y latinos.

Al plan del Alcalde Bloomnerg identificó correctamente que la pobreza no es exclusivamente sólo falta de dinero, Para enfrentarla más eficazmente había que enfrentar la cultura, tradición, medio ambiente e historial alrededor de la pobreza (económica, como educacional y social) que afectaba esta población. En la "realidad" en que viven y los valores que guían sus vidas, ellos viven ajenos al futuro que les espera. La percepción de estos individuos está regida por el limitado medio ambiente en que viven y por los únicos patrones que conocen, aquellos que tienden a perpetuar la pobreza que los acompaña.

Si como indicamos al comienzo de este capítulo, todos somos el producto del medio ambiente donde crecimos y los valores que nos rodean, ya puedes ver cómo un joven criado en los barrios marginados de Cali, o las favelas de Rio de Janeiro, los "ghettos" del sur de Brooklyn, los caseríos de Bayamón, Puerto Rico, las calles de la zona roja de Tijuana, los barrios pobres improvisados al borde del rio de la ciudad de Santo Domingo, y otros similares entornos, produciría un individuo con la mentalidad sólidamente arraigada en una "realidad" única y exclusiva a él, y aceptada libre de juicio o consideración de cualquier otra alternativa.

Pero creo que ya está bueno de generalidades y es tiempo de aplicar esta tesis a ti personalmente y retornar a las causas y respuestas que aplican al título del libro "La Pobreza Es Una Opción", y el subtítulo sugerido: "¿Por qué soy pobre?" Y claro, tú no vienes de un barrio marginado, y actualmente tienes a tu familia estable y tienes un trabajo que te cubre todas tus necesidades. Te criaste en una buena familia con unos amorosos padres, asististe regularmente a la iglesia, te casaste con tu pareja ideal y aunque no eres rico, no te consideras "pobre". (Estoy adivinando que esta es tu situación basado en las estadísticas y el hecho que has continuado la lectura de este libro hasta este punto). La última frase de la oración anterior es bien significativa: "...*y aunque no soy rico, no me considero pobre...*". Por lo prevalente de esta frase en la clase media trabajadora – la mayoría de la población - voy a suponer que es una frase que tú te dirías a ti mismo. Aunque no estemos cara a cara, vamos a suponer que acabas de decirme esto.

Vamos a hacer este ejercicio. Por favor no te desvíes de las instrucciones que te voy a dar. Te pido que tomes la primera parte de la frase: "...*y aunque no soy rico*..." y quiero que la digas a voz alta dos veces. Vamos, hazlo. Ahora sigue estos pasos, quiero que marques esta página – con un papel, un lápiz o tu dedo - y cierres el libro después de decir en voz mucho más alta la frase una tercera vez; piensa por un momento en la frase... medítala... y entonces abrirás el libro de nuevo donde lo dejaste marcado, y dándole vuelta a la próxima página proseguirás a leer mi pregunta. No te adelantes, sigue los pasos como te lo pido. Vamos, al contar hasta tres, di la frase, cierra el libro, medita y re-abre el libro donde lo cerraste. Y después ve a la pregunta en la página siguiente.

Vamos a empezar el conteo antes de abrir la próxima página: ¡Medita en la frase por cinco segundos, dila en voz alta y cierra el libro!... Empecemos, **uno...dos...y tres**...

"...*y aunque no soy rico...*"

¿Y POR QUÉ NO?

¿Acaso tienes respuesta a esta pregunta? ¿Por qué no eres rico? Si eres como la mayoría de las personas, te quedarás anonadado y sin respuesta, con la vista levantada al techo. Sé que no tienes respuesta porque si la tuvieras ya fueras rico, ¿no? Pero, ¿por qué no tienes respuesta? Porque tu realidad fue limitada a tu medio ambiente, tus valores y tu percepción, y esta no incluía <u>Ser Rico</u>. Vamos a tomar este punto desde el comienzo pues es importante entender el origen de "tu realidad".

La infancia es un período de desarrollo cerebral rápido e intenso proceso de aprendizaje; y claro, este aprendizaje está moldeado por la influencia de los "maestros" y modelos alrededor del ambiente en el cual el niño se desarrolla. Y quieran o no - pues el niño capta todo por observación - estos "maestros" son los padres, familiares cercanos, amigos, vecinos y profesores de la escuela. Todas las opciones que enfrentan y las decisiones que éstos toman establecen el patrón que el niño usará para tomar las mismas decisiones cuando enfrente las mismas opciones después que llegue a la adultez.

Por lo general el conocimiento se construye uno sobre otro. Después que aprendes el abecedario, aprendes a formar palabras. Después de montar bicicleta por un tiempo con la tercera ruedita a un lado, cogerás confianza y se la quitarás y aprenderás finalmente a montar en dos ruedas. Después de entender aritmética básica podrás captar divisiones largas, fracciones, fórmulas y ecuaciones. El problema de los valores y percepciones de pobreza aprendidos en la infancia es que no se puede construir sobre ellos - y basar el conocimiento subsiguiente en lo que sabes con anterioridad – cuando la meta es alcanzar

Independencia Financiera.

Si sólo sabes ser pobre, construirás tus conocimientos y tomarás decisiones basado en sólo eso que sabes. Primero debes reconocer que tiene que haber un desligue, un rompimiento con los puntos de referencia con que fuiste entrenado y acondicionado en tu infancia y con la educación limitante sobre finanzas con que creciste. Debes soltar lo que "sabes", y - con una curiosidad proactiva y fuerte motivación - abrirte a nuevas percepciones y expandir tu entendimiento a datos, información y conocimiento que no han sido parte de tu vida hasta ahora. ¿Por qué deberían de serlo si nunca fueron parte de tu medio ambiente mientras crecías? Como no fueron parte de ti, es ahora tu responsabilidad (si tu meta es lograr Independencia Financiera) convertirlos en nuevos valores que ayuden a forjar una nueva realidad.

Lograr esto conlleva una inversión de tiempo y un imparable y enfocado proceso de auto-análisis, observación, educación y continua búsqueda de soluciones. Soluciones y nuevas percepciones que servirán para darte un nuevo conjunto de valores; valores que son vitales y servirán como trampolín para lograr Independencia Financiera.

Si no se sigue un modelo basado en estos nuevos valores, la persona que ha vivido gran parte de su infancia en la pobreza tiende a hacer – excepto en contadas excepciones - la transición directa de un nivel de educación tope a sobrevivencia, arrastrando el modelo de vida y siguiendo el único patrón de conducta que conoce. De nuevo, volvemos al concepto de educación - empleo - cubrir necesidades y sobrevivencia. ¿Por qué crees que la mayoría de la población, incluyendo a aquellos empleados con ingresos fijos regulares, todavía vive en carencia y limitaciones económicas? ¿No es eso lo que te ha rodeado toda tu vida cuando creciste y ahora lo ves en el círculo social en que te mueves?

Exceptuando quizás a los incapacitados y enajenados mentales, la mayoría de la población - pobres y TCM's (Clase Media Trabajadora) - tiene un trabajo como fuente regular de ingresos… incluyéndote a ti. Pero, a pesar de esta fuente regular y consistente de ingresos, y mucho tiempo, esfuerzo, dedicación y energía en las labores que desempeñan, **¡siguen siendo pobre!** ¿no? Nunca han llenado todo el potencial para lograr Independencia Financiera; ésta ni siquiera es una meta.

Para tú romper este círculo vicioso debe haber primeramente un intercambio de valores, por eso es que recalco con énfasis la idea de renunciar a todo "lo que sabes" y abrazar el concepto de "tu ignorancia" en lo que a tus finanzas se refiere. Aceptar "tu ignorancia" significa que tu mente será un envase vacío listo para recibir los datos y la información apropiada para más efectivas decisiones en tu camino a Independencia Financiera. Si actúas sólo basado en todo lo que "sabes" – el envase de tu mente está lleno con lo que hasta ahora conoces - entonces no tiene más nada que aprender, ¿verdad?

De nuevo, como he hecho notar en otras partes de este libro, si supieses cómo ser rico, ya lo fueras, ¿no?

Debe haber sobre todo cambio de valores para que haya un cambio en tu realidad. No existen atajos, omisión de pasos en el proceso, trucos o maneras más cortas y fáciles de llegar a la meta. Encontrarás muchos programas de lograr fortuna "sin ningún esfuerzo", de hacerse rico de la noche a la mañana. Estos tienden a hacer rico sólo a aquellos que lo proponen. Puedes jugar la lotería, y puedes hasta ganarte el "premio gordo". Y notarás algo curioso cuando te llega una gran fortuna por la lotería o una herencia inesperada. Si tu mente no ha hecho la transición de valores y renuncia de lo que "sabes" – cuando lo que sabes está basado en los valores de pobreza que te fueron inculcados o aprendiste por observación y como única alternativa durante tu crianza – una fortuna repentina es como una granada que le quitaron el seguro. Frecuentemente es cuestión de tiempo cuando explote en tus manos.

Riqueza repentina e inesperada no llega con un manual, un folleto de instrucciones, o lista de pasos para no solamente retener la fortuna sino también hacerla crecer. Y claro, si ya supieras esa información, poseyeras este entendimiento y tuvieras estos pasos en tus conocimientos y como parte de tu vida, ya fueras rico **ANTES** de sacarte la lotería o recibir tu herencia. De hecho, de acuerdo a la Fundación Nacional para la

Educación Financiera ("*National Endowment for Financial Education*"), en los Estados Unidos, el 70% de las personas que reciben una fortuna repentina pierden el dinero al final de los primeros cinco años.

Considera los siguientes ejemplos:

> La Sra. Evelyn Basehore de la ciudad de Brick, Nueva Jersey en los Estados Unidos, en los años 80's tuvo la extraordinaria fortuna de ganar la lotería ¡dos veces! Primero ganó US$3.9 millones en octubre de 1985, y después, increíblemente le pegó a un premio de US$1.4 millones cuatro meses más tarde. Actualmente, la Sra. Basehore vive en la pobreza y tiene dos trabajos para poder sostenerse. Parte de su ruina tuvo que ver con su adicción al juego y su desconocimiento de finanzas. También admite que nunca pudo decir que no a todas las personas que se le acercaron con las manos extendidas.

> Lou Eisenberg de Brighton Beach, Brooklyn, en la ciudad de Nueva York, en noviembre de 1981se ganó el premio gordo de la lotería de US$5 millones que era un record en esa fecha. Actualmente el Sr. Eisenberg no tiene nada ya que toda la fortuna la perdió en el juego y las que son ahora sus tres ex esposas.

> Jack Whitaker, un contratista de West Virginia en los Estados Unidos, se ganó la increíble suma de US$315 millones en diciembre 2002. Para Enero de 2007 ya su cuenta de banco estaba vacía, a causa de "ladrones", como él le había dicho a la policía. Con tanto dinero a su disposición, el Sr. Whitaker empezó a beber en exceso y a gastar tiempo en bares donde bailaban mujeres con poca o ninguna vestimenta. Ocho meses después de ganar tanto dinero, él fue robado de US$545,000.00 en uno de estos clubes. Un mes más tarde, su nieta murió de una sobredosis de drogas que pudo obtener con el dinero que él le había dado. Poco tiempo más tarde, su hija también murió de sobredosis de drogas. El Sr. Whitaker le confesó a los reporteros en esa ocasión que él hubiese deseado haber roto el ticket de la lotería en vez de haberlo cambiado.

➢ El Sr. Curtis Sharp de Newark, Nueva Jersey, en los Estados Unidos, fue un colorido personaje que se ganó US$5 millones en la lotería en el 1982. Un dato curioso es que él fue a reclamar su premio en compañía de su esposa y su novia, y así aparece en las fotos de la prensa, abrazado de sus dos parejas. Pero prontamente el Sr. Sharp despilfarró toda esta fortuna en bebida, mujeres y malas inversiones. Actualmente, el Sr. Sharp es un predicador sin un centavo a su nombre. Su consejo para futuros ganadores es: "primero obtén un abogado antes de obtener un Cadillac".

➢ En mayo del 1990, la Sra. Rhoda Toth y su esposo Alex Toth tenían solamente $27.20 cuando el Sr. Toth decidió tomar $5 dólares y jugar la lotería de Tampa, Florida con la oposición de su esposa. El ticket salió premiado con $13 millones de dólares. La pareja decidió coger pagos anuales de $66,666.66 por 20 años al redimir el ticket. Prontamente éstos decidieron irse de viaje a jugar a Las Vegas, Nevada y Atlantic City, llevándose con ellos a más "amigos" de los que conocían, a quienes les repartieron dinero sin control. A uno de ellos le dieron un carro nuevo, a otro $47,000 y a un tercero le pagaron la hipoteca de su casa. En una sala de juego en Tampa, el Sr. Toth perdió $75,000 en un día y en una semana perdió $400,000 en Lake Tahoe, Nevada. La pareja compró una casa de 3,000 pies cuadrados. La piscina les costó $92,000 dólares. Los gastos empezaron prontamente a destruirlos. Para poder cubrir los gastos presentes vendieron los derechos a todos los pagos futuros. Poco tiempo después perdieron la casa y tuvieron que mudarse a una casa móvil donde recibían su electricidad de la batería de su carro. El agua de beber la recibían llenando envases plásticos en las casas de unos vecinos. Después llegó el Departamento de Rentas Internas y la pareja fue acusada de fraude por no pagar impuestos y le determinaron una deuda de $3 millones de dólares. El estrés de la experiencia fue un factor en la muerte del Sr. Toth en 2008, quien murió antes de ir a juicio. La Sra. Toth, en cambio, fue hallada culpable y sentenciada a 2 años de cárcel. Cuando cumplió su condena, el gobierno federal le dio $50 dólares más un ticket de bus para regresar a su viejo barrio en Tampa, y la dejaron suelta a su suerte, libre y sin un centavo. De sus viejos "amigos" en tiempo de fortuna ninguno apareció. Ahora tiene 54 años de edad y padece de esclerosis múltiple. Ella describió ganarse la lotería como el peor día de su vida.

➢ Billy Bob Harrell se ganó la lotería de Texas en 1997 con un premio de $31 millones de dólares. Él prontamente le dio dinero a todo el que le pedía – amigos, familiares y su iglesia. Llegó a comprar seis casas y varios carros nuevos para su familia. Veinte meses después de ganar la lotería ya estaba en bancarrota; casi inmediatamente después de esto él se suicidó. Antes de morir le había confesado a su asesor financiero (un asesoramiento que buscó tarde) que lo peor que pudo haberle pasado fue ganar la lotería.

➢ Una historia más personal y cercana es la historia de Alino G. quien en el 2009 recibió la modesta suma (comparado con las sumas descritas anteriormente) de US$115,000 resultado de una demanda laboral. En esa época yo estaba haciendo la investigación y recolectando información para este libro. Cabe resaltar que Alino G. es un amigo de infancia. En esa ocasión me tomé la libertad de sugerirle los pasos que él podía tomar para aprovechar al máximo y sacarle los mayores beneficios a esa cantidad cuando la tuviera en sus manos. Alino prometió mandarme un ticket de avión para visitarlo en Miami (yo vivía en Nueva York en esa época) tan pronto recibiera el dinero para orientarlo en las decisiones que debía tomar. Yo le mandé a Alino paquetes con libros e información en finanzas básicas, recursos para inversión, aparte de darle orientación y consejos de sentido común para hacer durar el dinero y hacerlo crecer. (Después me enteré que Alino nunca se molestó en estudiar el material que le mandé, y nunca recibí el mencionado pasaje para estar a su lado). Cabe decir que Alino G. recibió el dinero e inmediatamente se olvidó de mí y mi oferta de asesorarlo. Eventualmente, Alino se fue a la bancarrota y tuvo que solicitar a la caridad pública para cubrir parte de sus gastos médicos y de sostenimiento. Dentro de los tres años de recibir el dinero, él perdió a su esposa, su familia, la casa que compró en ese tiempo, lo cual dañó su crédito, perdió todos sus ahorros, y ahora vive en Nueva Jersey contando con la limitada pensión gubernamental que le toca y los ingresos de un empleo, ya que empezó su vida con una nueva familia.

¿Cuál es el denominador común en todas estas historias? Lo primero que puedes observar es que ese denominador común no es el dinero que estas personas recibieron repentinamente – aunque eso es lo que luce al comienzo. Es más bien la rapidez con que estas personas lo perdieron todo y cómo sus vidas fueron peor después de tan repentinas fortunas. Es indudable que a la raíz de todo esto está la falta de valores, de conocimiento y la percepción (sustentada por la educación y moldeamiento en su crianza) de una persona pobre a quien de repente le llega una fortuna, o la base de hacer una fortuna. La realidad que estos individuos habían vivido antes de recibir sus riquezas era totalmente opuesta a la realidad después de la fortuna. El choque entre una realidad y la otra era en la mayoría de los casos inevitable.

Tus ingresos nunca van a sobrepasar el nivel de tu desarrollo... ¡Nunca!

Las decisiones basadas en los valores de una persona pobre no son las mismas decisiones basadas en los valores de una persona rica. Así es que definitivamente estos son dos mecanismos incompatibles entre sí, por lo tanto el resultado en muchos de los casos es predecible. Tus ingresos nunca van a sobrepasar el nivel de tu desarrollo. Puede ser que tengas un aumento repentino, un golpe de suerte, pero si tu propio desarrollo no sube rápidamente para concordar con el nuevo nivel de ingresos, prontamente retornarás al nivel donde tu desarrollo personal llega y lo limita, tan seguro como una goma que tú estiras y sueltas, y la cual regresa inmediatamente a su forma original. Esto sucede, no por las circunstancias o el destino, el factor limitante eres tú - lo que tú sabes, percibes y entiendes, tu realidad.

¿Cuándo se desvía este predecible y desastroso resultado a un cambio más positivo? Cuando invariablemente la persona a quien le llegó tan repentina fortuna RENTA los valores de que carece al contratar los servicios de un contable, un abogado y un asesor financiero prontamente al recibir su riqueza. En los últimos tiempos, es algo común escuchar de los nuevos ganadores de la lotería que ellos inmediatamente ya cuentan con los servicios de estos profesionales, los cuales hacen las proyecciones, las inversiones, y ponen los seguros en lugar que garanticen un exitoso resultado final. Un pequeño por ciento de la fortuna invertida en estos profesionales hace la diferencia entre los resultados descritos más arriba o un permanente estado de riqueza.

En resumen, el ambiente socio-económico en que nos criamos, las actitudes y percepciones que heredamos de aquellos que sirven como nuestros modelos, más toda la educación que recibimos de todos nuestros maestros alrededor (no sólo en la escuela, pero de nuestros padres, vecinos y familiares) sirven para moldear nuestra realidad en lo que a nuestra vida financiera se refiere. Esta realidad moldea nuestros valores y percepción; y todas nuestras decisiones estarán basadas en estos valores y estas limitadas percepciones.

Con los ejemplos que te proveí, te mostré, como indiqué al comienzo de este libro, que no es la falta de dinero lo que te hace pobre. Aquellos que repentinamente ganaron suficiente dinero para ser considerados ricos, prontamente volvieron a la pobreza. El estado de pobreza era el estatus por defecto a que estos individuos pertenecían. La riqueza momentánea era algo no-natural, "irregular" a su percepción y realidad, por lo tanto "las aguas regresaban prontamente a su nivel", o sea a su estado de pobreza que era lo único que conocían y la única realidad a la que estaban acostumbrados y en la que habían vivido toda la vida.

Si no cambias tus valores, tu percepción, tus conocimientos, no cambiarás tu realidad.

Y con esta idea nos movemos al próximo capítulo.

Capítulo 10

NO ES LA FALTA DE DINERO LO QUE TE HACE POBRE

"Hay una diferencia entre ser pobre y estar pobre:
Estar pobre es temporario, ser pobre es eterno"

Este es un tema curioso porque invariablemente falta de dinero es la respuesta inmediata que recibo al hacer la pregunta de por qué una persona es pobre. Esa es la respuesta obvia y aparentemente lógica que explica la razón de la pobreza. Y es bastante obvia para todo aquel que carece de dinero. ¡Y claro! *El no tenerlo me hace pobre.* Pero, eso no es más que un círculo de lógica cerrado: *soy pobre porque no tengo dinero y no tengo dinero porque soy pobre.* El problema de estos círculos de lógica cerrados es que no permiten la entrada a ninguna variable que rompa el flujo circular. Como la imagen de una serpiente que se come su cola. Recuerdo haber leído una vez de un tren en una región de la China que era usado para llevarles suministros y comestibles a los soldados de una base militar que estaba en ese sitio desolado pura y sencillamente para cuidar del tren. Visualiza esta situación: llevaron un ferrocarril a una región sin habitantes y después allá establecieron una base militar que cuidara de este tren. En la región desolada donde circulaba el tren no había ninguna otra función. ¡La base militar existía para cuidar del tren y el tren existía para cuidar de los soldados!

Es algo similar a cuando tú insistes que eres pobre porque no tienes dinero, y no tienes dinero porque eres pobre. Te podrás fijar que en este círculo de lógica cerrado no hay espacio para ninguna solución. La segunda cláusula de cada frase "da la respuesta" y no se puede introducir ninguna otra variable que cambie el estatus. ¿Qué creatividad, iniciativa, alternativa se puede introducir a esta situación cuando ya su respuesta es tan exacta, cerrada, definida y definitiva?

Y aquí es donde reside el problema fundamental de la persona pobre. Éste se ha creado un círculo de lógica cerrado que no permite ninguna variable ajena a penetrar y romper este círculo. Y sin algo que rompa el círculo, la situación del pobre tiende a convertirse en permanente. Regularmente, aunque la persona reconoce su estatus de pobreza, toma decisiones - casi siempre inconscientemente - que tienden a perpetuarla, principalmente por su firme creencia de que él es pobre porque no tiene dinero (*"estoy enfermo porque tengo fiebre"*).

Por eso, como dije al comienzo de este libro, si tu respuesta a la razón de tu pobreza es porque no tienes dinero, ésta es entonces la principal razón de por qué eres pobre. Y esto se explica pura y sencillamente porque esa razón circular no es solamente totalmente falsa, sino que te roba de toda iniciativa, creatividad y empuje para cambiar tu situación de pobreza. Y sin darte cuenta vives esta falsedad y la adoptas como tu realidad y permite que ésta rija tu vida y guíe tus decisiones, o más bien la falta de esas decisiones que rompan el patrón de tu pobreza.

Falta de dinero es parte de los síntomas, ¡no es la enfermedad!

La fiebre alta que aqueja al paciente es sólo una expresión de lo que sucede internamente. Su enfermedad no es una fiebre alta, sino un ataque de virus, o bacterias a algún órgano del cuerpo. El cuerpo ha mandado más y más glóbulos blancos, y más rápidamente, a la zona de infección para atacar estos virus/bacterias, lo que causa que la temperatura del cuerpo suba como resultado, produciendo alta fiebre en el cuerpo. La fiebre es la respuesta natural del cuerpo para atacar infecciones. De hecho, la fiebre es positiva y un efectivo mecanismo para atacar invasores foráneos del cuerpo. Dándole algunas aspirinas para el dolor al paciente y poniéndole un paño frío en la frente para bajar la temperatura (atendiendo los síntomas) no está haciendo nada para detener la infección (curar la enfermedad).

El problema de una persona que no consigue moverse al próximo nivel económico donde todas sus necesidades financieras estén satisfechas es que se pasa toda la vida atendiendo los síntomas de la pobreza: persiguiendo el cheque de su salario, o cualquier otro ingreso que pueda buscarse, que apenas le alcanza para cubrir sus necesidades más básicas. Y poniéndole "un paño frío" mes a mes a sus gastos con unos ingresos fijos, que siempre son más "fijos" que los descontrolados e inflacionarios gastos que consumen el más mínimo centavo de ingresos, quedándose siempre corto, forzándose a hacer sacrificios y compromisos de a quién le paga hoy y a quién le paga mañana. Mientras repiten el patrón y sólo atienden los síntomas, su situación de carencia tiende a convertirse en permanente. Fíjate que la respuesta "soy pobre porque no tengo dinero" sólo atiende los síntomas, y como la frase es determinante y definitiva, no existe en ella ninguna apertura, o pregunta o simple curiosidad de alguna otra alternativa.

Atender los síntomas de una enfermedad es fácil. Siempre se atiende lo obvio: aspirina para el dolor, paño frío para la fiebre. Cualquier persona haría estas cosas casi por instinto, sin ninguna educación o información. Es lo más fácil y lo que hace todo el mundo. Se necesita una especialidad en el área de medicina, una educación apropiada, información específica para entender y atender efectivamente La Causa de los síntomas: la infección que está atacando fuertemente y amenazando con deshabilitar un importante órgano del cuerpo.

En vez de darle "aspirina" a tu pobreza, aliviando de forma temporaria la "fiebre" de vicisitudes que ésta te causa, sin la más mínima posibilidad de lograr Independencia Financiera - aceptando tu "fiebre" como si ésta fuera la enfermedad – ¿por qué no te entrenas, te especializas, te educas con la información apropiada para conquistar La Causa de tu pobreza, en vez de dedicar tu vida infructuosamente (sin ninguna esperanza de lograr los resultados que necesitas y deseas) a atender Los Síntomas? En vez de atención a estos síntomas que sólo te garantizan una larga pérdida de tiempo, de calidad de vida, desesperanza y frustración, ¿por qué no abres la mente a considerar que una "especialización" en el área que te incumbe: Causa de Mi Pobreza, te podría dar las respuestas y herramientas para conquistar y dominar esta causa?

Recuerda que, como dije anteriormente, atender los síntomas es fácil, atender la causa requiere especialización, educación e información enfocada a la identificación del problema y a las soluciones y estrategias que lleven a "la cura". Si rechazas la idea de que "soy pobre porque no tengo dinero" y expandes este concepto a entender que el "porqué" va mucho más allá de no tener dinero, entenderás que la raíz del problema no es la falta de dinero sino algo más profundo, tal como falta de educación (y expansión de tu percepción) en el área de dinero.

Para romper el círculo de lógica cerrado introducido al comienzo de este capítulo ("soy pobre porque no tengo dinero – no tengo dinero porque soy pobre"), tienes primero que aceptar que es una falacia, una definición incompleta y limitante que es solamente obvia para aquel que no quiere invertir un segundo en mirar más allá de la superficie. Como ya me has visto discutir a través de este libro, cuando actúas con certitud y sólido convencimiento basado en lo que "sabes", estarás limitado a la escasa información que posees y te privarás de un mundo de oportunidades, opciones y soluciones. Si renuncias a la idea de que tu pobreza es explicada por tu falta de dinero, abrirás tu mente a la idea de qué es lo que verdaderamente te falta.

Y lo que te falta se puede ilustrar si cambias la frase "soy pobre porque no tengo dinero" a: **"¡Soy Pobre Porque Hasta Ahora No Sé Cómo Dejar de Serlo!"** Mientras abres tu mente a las posibilidades, notarás que "falta de dinero" como razón de tu pobreza es lo menos importante y más insignificante. ¡Sí, lo dije! El dinero es secundario a lo que es verdaderamente importante. Y esto es un cambio de actitud, de percepción, de visión... en resumen, ¡un cambio de tu realidad!, basado en el reconocimiento de toda la educación financiera e información que te falta.

Y este concepto te lleva al próximo capítulo.

Capítulo 11

LA DIFERENCIA ENTRE EL POBRE Y EL RICO ES QUE EL POBRE SE ACOSTUMBRÓ A SU POBREZA

"Todos quieren ir al cielo pero nadie quiere morirse"

———————

Con el título de este capítulo reconozco que estoy tocando un tema que quizás encuentre alguna resistencia de tu parte.

Lo que yo propongo es que en su esencia más elemental, la diferencia entre una persona rica y una persona pobre es que el pobre se acostumbró a su pobreza. Éste aceptó su condición y la "normalizó" y se ajustó a ella a un punto que acomodó todas sus necesidades a solamente aquellos recursos que las puedan satisfacer.

Sé que esto pide más explicación.

Por ejemplo, una persona pobre con definidos y limitados ingresos satisfará sola y exclusivamente esas necesidades que esos ingresos puedan cubrir. El dinero que pueda separar para la renta sólo cubrirá el espacio, en el lugar y en el vecindario que esa cantidad específica de dinero pueda pagar. Su dieta, sus comodidades hogareñas, su medio ambiente y calidad de vida de él(ella) y su familia estará restringida, limitada y circunscrita a la cantidad específica de fondos que sobran después de pagar su renta, ni un poquito más ni un poquito menos. Y cuando tiene acceso al crédito podrá adquirir aquellas cosas y servicios que sus ingresos regulares no le permiten, con las consecuencias ampliamente documentadas de lo que el continuo uso de crédito significa para una persona de limitados ingresos.

(Frecuentemente el uso del crédito lo que hace es comprometer el futuro de la persona. Muchas veces una persona pobre no solamente apenas logra cubrir económicamente sus necesidades básicas en el presente, sino también hace que su futuro - de tiempo e ingresos - esté comprometido y deje de pertenecerle al usar crédito para cubrir necesidades presentes contando con ingresos futuros. Es como ir a una compraventa donde la persona pone en el mostrador un bloque de su tiempo y vida productiva futura a cambio de unas monedas para usar en el presente. Es importante recordar que cada vez que usas tu tarjeta de crédito o coges prestado, ya ese tiempo - seis meses, un año, cuatro años, más los intereses que se acumulan en este tiempo - está empeñado, tiene un nuevo dueño y no te pertenece. Lo que estás haciendo de hecho es dándole tu futuro a otro).

Así es que una persona pobre, con sus recursos e ingresos futuros ya comprometidos, tendrá una calidad de vida que girará y tomará forma alrededor del medio ambiente que él(ella) pueda proveerse con los pocos recursos que le quedan libres. Y sobrevivirá en ese estatus económico y social con la conformidad y aceptación de que es la única alternativa que tiene. Y claro, para poder vivir en conformidad, tendrá que acostumbrarse y aceptar incondicionalmente ese estilo de vida sin la más mínima consideración a ninguna otra alternativa, pues sus ingresos sólo le dan esa opción. Y le dará una "normalidad" a ese estilo de vida que no cambiará a menos que algún evento o una motivación dramática y transformativa lo lleve a cuestionar esa "normalidad".

En otras palabras, cuando deje de acostumbrarse a su pobreza es cuando tomará los pasos para cambiarla. Ausente esta determinación, su vida continuará indefinidamente en el estatus económico en que se encuentra, y como te ilustré en el capítulo sobre La Pobreza Funcional, siempre y cuando la persona cumpla con las necesidades básicas – techo, comida, transportación, utilidades, etc. - ese nivel de vida es perdurable e in-cambiable.

Básicamente, eres pobre porque sabes que puedes serlo – y permanecer en ese estatus - hasta el final de tus días, siempre y cuando satisfagas tus necesidades más básicas y elementales; y tu lucha diaria servirá principalmente para satisfacer estas necesidades. Y estarás conforme con sólo lograr esta meta inmediata. Cuando dejes de aceptar ese estatus es cuando buscarás las soluciones que te permitan cambiarlo.

En cada ciudad urbana de Latinoamérica – como en los Estados Unidos - existen barrios y comunidades donde la pobreza establece una calidad de vida inquebrantable por décadas, y donde las generaciones repiten los patrones de vida que conocen y en el cual se criaron, y estos patrones generalmente envuelven una serie de actitudes, percepciones y conducta que tienden a perpetuar el estatus socio-económico en que se encuentran. Sé que puedes apreciar esto en la ciudad donde tú vives. Sé que sabes de problemas intratables de criminalidad, promiscuidad, alta tasa de mortalidad infantil, limitada calidad de vida (baja calidad de vivienda, de educación, de alimentación, cuidado de salud), y varios trastornos sociales donde los gobiernos tratan infructuosamente de ponerle "una curita" o "pomadita" al problema.

Pero algo curioso, a esos indicadores que yo (tomado de los estudios de expertos, sociólogos, políticos y los titulares de los periódicos) llamo "problemas socio-económicos", dificultades sociales intratables y deficiente calidad de vida, todos originados por la pobreza, actualmente aquellos que viven en ese medio ambiente sólo ven: "Su Hogar, Su Barrio y Sus Vecinos", y ajustan sus vidas y la felicidad y satisfacción que puedan derivar de este ambiente a los medios y recursos de que disponen - no importa que tan limitados sean éstos.

El pez no puede ver el envase de la pecera en la cual está nadando.

Antes de tú estar de acuerdo conmigo y decirte a ti mismo(a): *"!Es verdad! Cuando voy a trabajar (o la escuela) tengo que pasar por unos barrios pobres donde veo estos problemas; y veo el crimen, la miseria, la inseguridad, el deterioro, etc.*", recuerda que tú también vives en tu propia "pecera". Tu clase media, o media baja, y hasta media alta, o cualquiera que ésta sea; o tu estatus como trabajador en general (sobre)viviendo con el intercambio de tus horas productivas por un salario, te hacen conducirte (en comparación y a nivel de tu percepción de tu realidad) como el más pobre del barrio más pobre. "Tu hogar, tu barrio, tus vecinos, tu medio ambiente" componen todos: Tu Realidad.

Y si tu salario/ingresos **NO** te están haciendo rico, estás viviendo en tu pecera y tan acostumbrado a tu "pobreza" que no puedes verla alrededor de ti, y ni siquiera puedes identificarla como tal – no importa el vehículo de último modelo que todavía debes (o las altas cuotas de seguro que tienes que pagar por él); o la televisión plasma en tu sala; o tu nevera llena de comida, o las ropas que llenan tu closet. Vivirás con lo que tienes y esto te dará una módica satisfacción.

Y tienes que asegurarte de reportarte a tu empleo temprano en la mañana cada día laboral, y que no surja ningún conflicto en tu empleo que ponga tu trabajo en riesgo, para cada mes tener con qué pagar el carro (o su seguro y combustible), y los pagos de la televisión plasma, y rellenar el refrigerador y mantener tu closet lleno. Y ya puedes ver lo fácil que es acostumbrarse a esto. Por igual puedes ver que la diferencia entre el pobre y el rico es que el pobre se acostumbró a su pobreza.

Y a nivel de conducta, por mis propias experiencias y observación directa he podido documentar las acciones que prácticamente inconscientemente toma una persona pobre cuando enfrenta decisiones cotidianas, decisiones que lo pueden llevar a una de dos formas de vivir: o a una reafirmación y prolongación de su pobreza, o a una ligera y sutil mejoría de su medio ambiente que puede ser incremental pero que a largo plazo sirve para moverse a un plano económico superior. No importa en cuál ciudad latinoamericana te encuentras o hayas vivido, aunque luzcan exageradas, sé que podrás haber observado algunas de las conductas similares a las que describo más adelante.

¿Qué hace una persona pobre cuando se rompe una pata de la cama? Busca una lata de café vacía de aproximadamente la misma altura de la pata y la usa para sostener la cama. ¿Qué sucede cuando las bisagras de la puerta del baño o el dormitorio se rompen? Sustituye la puerta con una cortina. No importa que se rompa el mango de la taza de café, todavía es usable pues lo que sostiene el contenido líquido todavía está intacto. Una cinta adhesiva cubre el vidrio roto de una ventana en vez de cambiar el cristal. Sé que también recuerdas las perchas de ropa utilizadas como antenas de televisión.

Los servicios y ayudas sociales (en aquellos países donde existen) complementan los limitados ingresos, y los requisitos para calificar para estos beneficios demandan que la persona no tenga ningún recurso adicional disponible; pues claro, estos beneficios son sólo para familias necesitadas. Por lo tanto, el pobre se asegura de ¡no contar con estos recursos para seguir calificando para la ayuda social! Si dejo de ser paupérrimo me niegan la ayuda, por lo tanto ¡me quedo pobre!

Algunos de estos ejemplos, aunque reales y de los cuales he sido testigo en algunos barrios pobres de cualquier ciudad de Latinoamérica, pueden parecer excesivos para algunos lectores. Pero, ¿qué hay en tu vida que refleje similares decisiones?

El problema de este patrón de acción es que es incremental y propulsa a la persona en la dirección que valida, una y otra vez, el estatus de pobreza. Y no solamente lo valida, sino que cobra fuerza; y un acto tras otro, añadiéndose uno sobre el otro a través de los años, hace más profunda la pobreza y más difícil de cambiar. Los niños que crecen en ese ambiente (sin ningún otro punto de comparación) tienden a aceptar la "normalidad" de esta situación, y tienden a repetir el patrón. Ya para este punto, la conducta es inconsciente; y es aquí donde las acciones y decisiones para un resultado diferente - resultado que rompa el ciclo de pobreza - son inconcebibles. Es a este punto donde se crean "las realidades" y donde el pobre cree que la realidad es única y es la que le tocó vivir. Aquí es donde se acostumbra a su pobreza.

Del lado opuesto están aquellos a quienes su pobreza "le molesta". Sin importar que tan pobres sean en el momento, hacen el esfuerzo de mejorar sus entornos inmediatos, su medio ambiente, creando poco a poco, muy sutilmente y de forma incremental, las condiciones para tomar más efectivas decisiones que mejorarán su condición económica. Pura y sencillamente porque su presente realidad es inaceptable; porque no se acostumbraron a su pobreza.

Las tendencias tienden a ser propulsadas y aceleradas en la dirección y en la forma en que estás actuando, las decisiones que estás tomando y las cualidades y estilo de vida que estás aceptando.

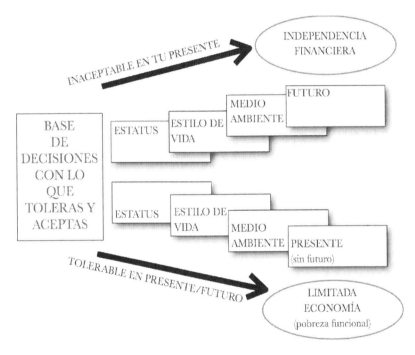

La Teoría de Las Ventanas Rotas

Existe una interesante teoría llamada "La Teoría de Las Ventanas Rotas" ("*The Broken Window Theory*"), introducida en el 1982 por los científicos sociales James O. Wilson y George L. Kelling. - aunque por lo efectiva que ha sido su implementación creo que ya pasó de teoría a un hecho – que propone lo siguiente:

Considera un edificio con algunas ventanas rotas. Si las

ventanas no son reparadas, la tendencia es que unos vándalos rompan algunas ventanas más. Eventualmente éstos pueden forzar la entrada al edificio, y si está desocupado, quizás lo ocupen ilegalmente, o prendan fuegos en el interior. O considera la acera. Alguna basura se acumula. Prontamente, más basura se acumula. Eventualmente, la gente empieza a tirar bolsas de basura de los restaurantes del área, o el deterioro lleve al punto que rompan las ventanas de los vehículos para robar.

Una estrategia exitosa para reducir el vandalismo es atender el problema cuando es pequeño. Repara las ventanas rotas en corto tiempo (un día o una semana) y la tendencia es que los vándalos estarán menos pre-dispuestos a romper más ventanas o hacer más daño. Limpia las aceras todos los días, y la tendencia es que no se acumule más basura (o por lo menos la acumulación será mucho más lenta). Así el problema no se dispara y los residentes respetables no se van del vecindario.

Básicamente, la teoría establece que las pequeñas cosas importan - e importan desproporcionadamente.

Esta teoría fue introducida por los autores en un libro llamado *"Reparando las Ventanas Rotas: Restaurando el Orden y Reduciendo el Crimen en Nuestra Comunidad"* (*"Fixing Broken Windows: Restoring Order and Reducing Crime in Our Community"*). Bajo esta teoría, un ambiente ordenado y limpio envía la señal de que el área es monitoreada y cualquier conducta criminal no será tolerada. En lo opuesto, un ambiente desordenado y descuidado – con ventanas rotas, grafiti y excesiva basura – manda la señal de que el área no es monitoreada y que cualquiera se puede envolver en conducta criminal con muy poco riesgo de ser detectado. El deterioro tiende a ser entonces incremental y el abandono es por igual predecible.

El Alcalde de Nueva York (1994-2001), Rudolph Giuliani usó muy efectivamente la práctica recomendada por este estudio. Guiliani desarrolló un programa de "Cero Tolerancia" y encargó al jefe de la policía de hacer cumplir estrictamente la ley, hasta en aquellas violaciones de calidad de vida que generalmente eran ignoradas, como beber alcohol en público, orinarse en la vía pública, "colarse" en el metro sin pagar, y sobre todo aquellos vagabundos que acosaban a los choferes de auto limpiando los parabrisas y demandando dinero.

De acuerdo a un estudio de tendencias criminales en Nueva York conducido por George Kelling y William Sousa en 2001, las tasas de criminalidad de transgresiones leves y crímenes serios cayeron repentinamente y en un significativo número, y continuaron en bajada por los próximos diez años. Esta es una de las razones por la cual los trenes del metro de Nueva York ya circulan libres de grafiti, la ciudad está más limpia; e, increíblemente, es ahora una de las más seguras. Este sistema ha sido implementado en varias ciudades de los Estados Unidos exitosamente; y de hecho, este éxito estableció al Alcalde Giuliani como un experto en seguridad urbana y ha sido consultado por las autoridades de varias zonas urbanas alrededor del mundo con altos índices de criminalidad, incluyendo ciudad México.

¿Cuál es el punto de todo esto que parece desviarnos un poco del tema que estamos tratando? Sencillamente que son las pequeñas cosas que pasan desapercibidas las que crean una realidad mayor. Atiende estas pequeñas cosas, y los otros grandes logros llegan más fáciles. El descuido y desorden en tu vida – tu pobreza - prontamente dejarás de verlo como desorden sino más bien como "la normalidad de tu realidad". Y sólo esperarás aquellas cosas que continúen validando esa "realidad", a diferencia de aquellas cosas que sirvan para cambiarla. Incluso, aquellos factores que puedan cambiarla se verán para ti como "extraños", "foráneos", inesperados e inusuales. Solamente cuando tu pobreza te moleste, cuando ya dejes de estar acostumbrado a ella es cuando harás algo para cambiarla. Es entonces cuando le darás la bienvenida a aquellos elementos "foráneos" y desconocidos que te propulsen en una dirección contraria a la incomodidad que te causa tu pobreza.

Cuando dejes de acostumbrarte a ella, entonces harás algo para cambiarla.

***

La historia de mi papá es muy peculiar, y logré entenderla tarde en mi vida, pues en mi niñez mis hermanos y yo nos preguntábamos por qué el afán de mi papá de que no saliéramos descalzos, o sin camisa a la calle – algo común entre los niños en el barrio donde me crié. También recuerdo que él no soportaba que en la casa siguiéramos usando alguna taza o un plato que estuviese cuarteado o resquebrado en alguna parte. Aunque uno de nosotros consideraba que el vaso, la bandeja o plato todavía era funcional a pesar de su rotura, él inmediatamente lo tomaba, lo quebraba totalmente y lo echaba en la basura. Recuerdo claramente como él se aparecía frecuentemente en la casa con pequeños cuadros de bonitas escenas que él ponía en las paredes de nuestra humilde sala y comedor.

Una vez al año, él se empeñaba en pintar nuestra modesta casa. Todavía sonrío cuando recuerdo cómo mis hermanos y yo bromeábamos que si uno se quedaba en un lugar tranquilo por mucho tiempo mientras mi papá pintaba, terminaría pintado también, pues mientras hubiera pintura en la brocha él pintaba todo a su alrededor, incluyendo las piedras en el patio. De la misma forma, en su persona, mi papá se aseguraba de usar siempre una chaqueta, y éstas él las conseguía con descuento en los especiales de las tiendas de departamentos.

Mi padre emigró a los Estados Unidos en mi niñez y unos años más tarde yo me uní a él y su nueva familia. Una característica importante de mi papá que tengo que resaltar es que mi padre tuvo una muy limitada educación académica. Su niñez la vivió en la pobreza en un campo de Santiago, República Dominicana y no llegó a terminar la escuela primaria. Él aprendió el oficio de sastre y con eso se mantuvo (y ayudó a mantener a mi familia). Con el historial y las circunstancias que la vida le tendió desde temprano, él estaba destinado a ser pobre.

Pero aquí es la parte curiosa, mi padre nunca se acostumbró a la pobreza.

En Estados Unidos, sin nunca aprender el idioma, con su oficio de sastre trabajando en factorías, y manteniendo responsablemente la familia que dejó en República Dominicana, mi padre llegó a vivir una vida holgada económicamente.

No estaba supuesto a ser así.

Él "no ganaba lo suficiente", ni contaba con los "recursos académicos y personales", para vivir la vida que llegó a vivir. Mi padre llegó a cumplir el sueño americano y poseer su propia casa. Y más que eso, con instintos aventureros, que yo heredé de él, mi papá llegó a vivir en Nueva York, Puerto Rico, Miami y República Dominicana, mudándose de un sitio a otro en varias ocasiones, y en cada lugar él se aseguraba de comprar una casa en las mejores zonas de la ciudad, la cual vendía cuando se mudaba a un nuevo lugar. En todo este tiempo, él se aseguraba de poseer un buen automóvil, con muy pocos años de uso, que su esposa Antera manejaba, pues mi papá nunca obtuvo licencia para conducir..En todo el tiempo que vivió en los Estados Unidos (y yo viví con él), nunca faltaban los cuadritos que él conseguía "en especial" que alguna tienda estaba "rematando", y con cuidado decoraba su medio ambiente. Todavía seguía la costumbre de renovar frecuentemente la casa pintando todo a su alrededor, incluyendo las tapas de los zócalos de electricidad, que a veces decoraba con calcomanías de florecitas o imágenes multicolores. Cuando esperaba visita, él se aseguraba de tener su chaqueta lista para recibir a los invitados. Recuerdo con nostalgia como él descansaba en su sillón reclinable escuchando música instrumental, en especial versiones instrumentales de cumbias y vallenatos por los cuales él sentía una especial predilección.

Con calmada dignidad e integridad, con andar pausado y sin estar consciente de su sabiduría, mi padre me enseñó lo que ahora veo a los expertos y educados peritos discutir, lo que mi padre ya sabía: **la única diferencia entre el pobre y el rico es que el pobre se acostumbró a su pobreza.**

(Gracias, papá... tú fuiste el más sabio de todos).

Capítulo 12

EL LENGUAJE DEL POBRE

"El ganador a veces gana y a veces…
aprende – Nunca pierde"

¿Acaso has notado el vocabulario de un médico cuando está consultando con un colega? ¿O dos ingenieros revisando y comparando notas en una construcción? ¿Has tenido acaso la oportunidad de observar y escuchar el lenguaje que se usa en el tribunal entre el juez, el fiscal y el abogado defensor? Dos jóvenes de pandilla tienen una forma muy particular, y llena de colorido, de comunicarse. Los grupos religiosos, cofradías de fanáticos de deportes, miembros de un sindicato de una específica clase laboral, hasta las clases artísticas desarrollan todos diferentes y peculiares formas de comunicarse.

El poder del lenguaje es poderoso y le pone vestimenta a nuestra percepción y realidad; y nuestro medio socio-económico nos da el idioma en que nos comunicamos. Esto es inevitable si consideras que por lo general sólo conversamos sobre lo que sabemos y basado en nuestras experiencias; y por lo general nuestras conversaciones e intercambios se limitan a aquellos con quienes compartimos estas experiencias.

Dos inversionistas cuando se reúnen discuten el movimiento en la bolsa de valores. Dos empresarios discuten las subidas y bajadas del mercado, el poder de adquisición de los consumidores, y los nuevos desarrollos tecnológicos que afectan sus respectivas áreas. Financistas de bienes raíces exploran las nuevas construcciones, las regulaciones en zonas en desarrollo, fluctuaciones en los costos de construcción y las tendencias en los alquileres para diferentes áreas. Los importadores comparten información sobre las nuevas legislaciones que afectarán los productos que se importan, e intercambian publicaciones, recursos y datos sobre nuevos mercados para sus productos alrededor del mundo.

Por otro lado, ¿de qué hablan dos personas pobres cuando se reúnen?

Exacto.

Tú no te das cuenta que mientras te relaciones exclusivamente dentro del mismo medio socio-económico que rige tu vida - y hagas esto día tras día – compartirás ideas y conceptos, y validarás opiniones y percepciones que tenderán a re-afirmar tu realidad, o lo que percibes de ella. En otras palabras, cada uno servirá de eco al otro para escuchar las cosas que ya saben, de las cuales están de acuerdo y compartirán las mismas experiencias.

Tú no hablarás de negociaciones en divisas extranjeras con tu compañero o vecino si él tampoco sabe nada de esto. Ni siquiera si tú has escuchado algo del tema en algún seminario, o los medios de comunicación, que ha estimulado tu curiosidad. No discutirás los pormenores de abrir tu negocio en línea y optimizar el "pago por clic" y aumentar el flujo de usuarios a tu sitio en la red si tus vecinos y compañeros ni siquiera saben cómo comprar productos en línea, o siquiera cómo navegar el Internet. Estás interesado en establecer una red de distribución de unos productos que puedes conseguir a muy buen precio en el campo para re-venderlos en la ciudad. Necesitas camiones de transportación, naves de almacenamiento, una campaña publicitaria, establecer redes de distribución, vendedores con vehículos propios que sirvan como distribuidores independientes, etc. Pero tu compadre y tus vecinos han sido empleados toda la vida, han ofrecido sus servicios a otros por un salario y nunca han corrido sus propias empresas. ¿Te pueden ellos orientar en el desarrollo de este negocio? ¿Crees que te puedan apoyar? ¿De qué te pueden hablar ellos?

Exacto.

Ustedes ni siquiera hablarán el mismo idioma.

Más concretamente, existen frases y palabras específicas que denotan los puntos de referencia de una persona que ha vivido toda su vida dentro de una realidad circunscrita a limitados ingresos, limitada percepción y aceptación completa de un estatus de limitaciones económicas. Es el lenguaje en que se comunica sin darse cuenta de las limitaciones que el mismo lenguaje le está imponiendo. Y no se da cuenta porque no existen puntos de referencia y puntos de comparación que ofrezcan un contraste entre un idioma abierto a expansión de realidad y percepción y un lenguaje que "mentalmente cierra las puertas".

Hay un libro que está en el Listado Mandatorio de Lectura que incluyo al final de este libro. Éste es *"Padre Rico, Padre Pobre"* por Robert Kiyosaki. El Sr. Kiyosaki provee un ejemplo sencillo y profundo a la vez de cómo se expresa (y por consecuencia cómo el lenguaje moldea la percepción de) una persona pobre.

Según el libro *"Padre Rico, Padre Pobre"*, cuando una persona pobre ve algo que le agradaría poseer pero no tiene dinero para comprarlo (un carro nuevo, una casa, un crucero por el Mediterráneo...), su respuesta/reacción al considerar la posibilidad de adquirirlo, y considerando sus limitadas finanzas, es:

"NO PUEDO".

Mientras que una persona en las mismas condiciones económicas pero con una "mentalidad rica" diría:

"¿CÓMO PODRÍA YO?..."

¿Puedes ver la diferencia entre estas respuestas emitidas por dos personas que tienen los dos igualmente sólo $37 pesos/dólares en los bolsillos y viven dentro de las mismas circunstancias económicas? Pero uno de ellos está en completa complacencia e inercia económica y aceptación total de su limitante "realidad", y otro que reconoce que la realidad es cambiable de acuerdo a sus decisiones y expansión de su percepción.

La primera respuesta es determinante, definitiva y cerrada a cualquier consideración o posibilidades: "**No Puedo**". Después de esto no hay nada más que discutir; puedes "apagar las luces, cerrar la puerta y retirarte". En cambio, "**¿Cómo podría yo?...**" provoca que los jugos creativos del cerebro empiecen a fluir y las chispas de las neuronas se empiecen a disparar. La mente inicia un proceso de actividad creativa, consideración y evaluación de opciones y recursos, y búsqueda de soluciones. Pruébalo. Piensa en las dos respuestas y verás la actividad mental que provoca una de las dos, y el tranque y parálisis de la otra.

¿Cuál tú crees que llegará a la meta de Independencia Financiera más rápido?

Exacto.

En un rejuego con el mismo conjunto de palabras, me he topado en muchos de los seminarios en que he participado con la siguiente declaración:

Si dices: "**Yo Puedo**" o dices "**No Puedo**", ¡ESTÁS en lo cierto!

"Pero", te preguntas, "¿cómo puedo estar correcto al mismo tiempo con dos afirmaciones contradictorias? Yo puedo es totalmente contrario a No Puedo, ¿Y no importa cuál diga, siempre estaré en lo cierto?"

Piensa, analiza.

Tiene que ver con la realidad en que nos desenvolvemos y cómo evaluamos nuestra capacidad dentro de esa realidad. Si de verdad crees que no puedes hacer algo, NUNCA la harás, no importa lo que sea. Y si crees firmemente que puedes hacer algo, lo lograrás no importan los obstáculos y no importa lo que sea. Es una correlación directa con nuestra convicción y la fuerza de nuestra motivación. Así es que puedes ver que la frase: si dices "**Yo Puedo**" o dices "**No Puedo**", ¡ESTÁS en lo cierto! tiene que ver con la fortitud de nuestro carácter, el marco de nuestra visión y la expansión de nuestra realidad. Todo esto es interno. Si crees que no puedes, nunca lo harás. Si crees que puedes, lo harás un hecho.

Por eso es que ambas declaraciones están correctas al mismo tiempo. Tiene que ver contigo y lo que crees. Tú eliges.

***

En el lenguaje cotidiano de los individuos de la clase trabajadora (TCM's) se puede percibir la mentalidad y la percepción de su realidad en el lenguaje que usan.

En República Dominicana:

"Trabajo para ganarme la vida".

"Para ganarme el pan de cada día".

"Me la estoy buscando para sobrevivir".

"Buscándome las habichuelas…"

"Buscándomela como un toro…" Refiriéndose a la dura labor del toro, arrastrado por el yugo al arar la tierra.

"Rompiendo brazos…"

En Colombia:

"Aquí, camellando…" En referencia a la ardua labor del camello que cruza el desierto con su carga sobre el lomo.

"Rompiéndome el lomo…" Igual trabajando como animal de carga.

"Sudando la gota gorda…"

En Méjico:

"Buscando chamba..."

"Buscando para las papas..."

En Honduras:

"Metiéndole el lomo al trabajo..."

"Trabajando como un burro..."

"Buscándome las monedas..."

¿Puedes ver cómo universalmente en todos los países de habla hispana, el obrero, el trabajador, el empleado profesional y técnico, la clase laboral en general - que compone más del 90% de la población - se expresa de una forma en particular? Y esta forma denota una continua lucha por la sobrevivencia. Se levantan día a día a satisfacer necesidades y cumplir obligaciones asumidas con terceras partes (el casero, el banco, el colegio de los niños, las compañías de utilidades, el supermercado, etc.), pero nunca se incluye en este plan cumplir obligaciones y metas para el avance de ellos mismos.

Estas metas nunca incluyen lograr Independencia Financiera.

¿Cómo describes tú a tu trabajo? ¿Usas algunas de estas frases?

¿Si te pregunto ahora mismo por qué trabajas, qué me responderías?

Cuando hago la prueba de hacerle esta pregunta a cualquier persona, la reacción en general es que estoy haciendo una pregunta estúpida con una respuesta obvia. Después de una mirada al vacío y unos momentos de pensar, la persona empieza a balbucear:

"¿Oh?, ¿Y cómo pago mi renta... cómo me mantengo...?

"¿Qué quieres decir que por qué trabajo?... Eso es lo que hace todo el mundo... ¿A qué te refieres que por qué trabajo?..."

"¿Tú quieres que me muera de hambre?..."

"Si no trabajo, no sobrevivo…"

"Si no trabajo, ¿quién me paga las cuentas…?"

"Trabajo porque tengo una familia que mantener".

Has la prueba con tus amigos y familiares. Hazle la pregunta y escucha las respuestas. Será bien revelador.

Imagínate que te hice la pregunta a ti. ¿Sería tu respuesta diferente a las respuestas listadas arriba? Como eres parte del 90% de la población, que es la clase trabajadora, apuesto que tu respuesta estaría en esa lista. Lo curioso del caso es que no importa tu posición actual en la empresa donde trabajas, tu grado profesional y tu clase económica (donde no ha llegado a Independencia Financiera), las respuestas tienden a ser las mismas, desde el contable en su oficina, el abogado defensor en el tribunal, el oficial del banco, el electricista, el chofer de taxi, la vendedora en la tienda, el maestro, el plomero, todos justifican y explican su dedicación al empleo por las razones arriba listadas.

"¡Anjá..!", me dices, *"¿que respuesta quieres escuchar…?"*

Si no me dices:

"Estoy trabajando para, poco a poco, granito a granito, reunir lo suficiente para empezar una compañía que le sirva de competencia a mi empleador, para aplicar lo que aprendí con él para mi propia empresa, para entonces yo darle trabajo a otros…"

O,

"Estoy pasando la transición de este empleo en lo que desarrollo mi propio negocio en línea y éste empiece a dejarme unas ganancias que igualen mi salario actual…"

O,

"Estoy usando este empleo para ir acumulando los fondos para emprender mi propia empresa con lo que me gusta hacer y así controlar mi propio destino…"

O,

"Tengo un plan de (ocho) (diez) (doce) años donde establecí un sistema de adquisición de bienes raíces, donde cada propiedad tendrá un flujo positivo de dinero; el salario de este empleo me ayudará a lograr esa meta. En _____ años o antes lograré Independencia Financiera".

O,

"Veinte (o quince o diez) por ciento de mi salario será puesto en una cuenta separada y destinada para un plan de inversión constante y consistente en bonos, acciones, y otros medios financieros de crecimiento. La compañía donde laboro me va a garantizar mi Independencia Financiera con el cheque que me dan cada dos semanas…"

O,

"Estoy tomando una cantidad regular de mi sueldo para invertirlo en Flujos de Ingresos Múltiples que eventualmente me darán un retorno a mi inversión que va a igualar el salario que recibo actualmente por mi trabajo, y en ese momento lograré Independencia Financiera…"

O,

"Mi fortuna está en adquirir la primera de tres franquicias, caras pero con éxito asegurado; y con sacrificios, este empleo gradualmente me dará los fondos para lograr esa meta y ese será el comienzo de mi Independencia Financiera, no importa el tiempo que me tome…"

Si tus repuestas no son similares a estas, estás perdiendo el tiempo y estás encausado a ser pobre (o TCM) toda tu vida – o por lo menos hasta que cambies la respuesta de la primera lista a la segunda.

Nuestro lenguaje nos forma y nos define.

***

Hay una frase que he escuchado desde pequeño y que

siempre me dejó lleno de confusión y dudas. Sin tratar de entrar en discusión sobre temas religiosos y respetando las creencias de cada persona, siempre tuve la sospecha de que había algo más detrás de la frase bíblica: "*Más fácil pasa un camello por el ojo de una aguja que un rico al reino de los cielos...*" La idea que esta frase proyecta fuera del contexto completo de la sección de la biblia donde se encuentra es que ser rico no es una condición deseable. Y más que no-deseable, ésta implica que ser rico puede ser casi un pecado. Tu fe pide una renuncia total a la adquisición de una fortuna para ti y tu familia. Parece ser que esta es la única forma de llegar a la salvación.

He escuchado desde que era un niño cómo gente pobre en mi vecindario y parte de mi familia enunciaban con orgullo esta frase y se podía sentir el desdén que proyectaban hacia la clase adinerada. "*Si no tengo riqueza ni fortuna, será más fácil para mí entrar al reino de los cielos*", quizás puedas entender ahora mi confusión.

La biblia recomienda que los feligreses aporten el diezmo a la iglesia. Pero, ¿qué es más atractivo? ¿El diezmo de un pobre o el diezmo de una persona rica? ¿Cuál diezmo sería más efectivo para la iglesia mantenerse y ayudar a los más necesitados? La frase sola, como las masas creyentes normalmente la citan, luce muy clara y definitiva (es preferible ser pobre frente a Dios) y es algo que muchos pobres usan para justificar – y aprender a vivir con – la pobreza.

Pero, ¿qué hay realmente detrás de la frase? ¿Quiere Dios que todos seamos pobres?

Todavía llevo en la mente dos incidentes que me dejaron bastante confundido. Hace muchos años, mi vecino Don Marcos, un señor mayor de una ferviente fe cristiana, nos decía a un grupo de jóvenes del barrio que Dios no mira con buenos ojos la búsqueda de fortuna y que teníamos que estar conforme "con lo que Dios nos dio". Era como decirnos: "*Traten de progresar solamente hasta esta marca, hasta lo básico... y no traten de llegar más lejos...*", sugiriendo que Dios no vería con buenos ojos nuestros esfuerzos para una significativa mejoría económica y progreso personal – "*Tienen permiso de llegar hasta aquí, hasta este nivel económico, pero, ¡no se pasen!"* Primero la escuela, la familia y la sociedad (y nuestro sentido común) nos empujan a que realicemos nuestros sueños, que alcancemos todo nuestro potencial, ¡que extendamos las manos para alcanzar las estrellas! ¿Es posible que Dios contradiga esto?

El segundo incidente fue reciente cuando estuve dándole asesoría a una señora cristiana quien estaba pasando por algunas turbulencias económicas, pues su salario, y todos los otros ingresos que recibía por otros medios, no lucían suficientes para cubrir todas sus deudas y todos sus gastos. O esa era su experiencia. La Señora Mariela seguía endeudada con miles de dólares por el constante sobreuso de líneas crediticias y por su inhabilidad de preparar y atenerse fielmente a un presupuesto. Al analizar su estado financiero me di cuenta que con la disciplina apropiada y algunas estrategias ella podía tener un exitoso desenlace económico. De hecho, con un efectivo régimen y suficiente tiempo, ella podía llegar a la Independencia Financiera. En mi entusiasmo, y como motivación, le dije: *"Pero, Mariela !podemos preparar un plan donde podrá llegar a ser rica!... Hay suficientes ingresos con que hacerlo…"*

Su respuesta me dejó perplejo: *"No, Polanco, yo no quiero ser rica. Sólo quiero estar cómoda… Recuerde, Polanco, que yo soy cristiana…"*.

No pude encontrar ninguna respuesta a su declaración. Una de las muy pocas veces en mi vida que no encuentro que decir. Conociendo la solidez de la fe de la Sra. Mariela y su devoción a la doctrina de su iglesia, no creí prudente hacer ningún comentario; aparte de que en verdad me quedé mudo. La incongruencia de su declaración fue chocante para mí.

Pero esa convicción era real para la Sra. Mariela. Aspirar a un estatus económico que fuera considerado "Rico" – bajo los estándares que ella entendía– era inaceptable y en conflicto con sus creencias; o por lo menos eso era lo que ella percibía. *"Sólo quiero estar cómoda; no quiero ser rica…"* Que su fe le previniera de llegar a la Independencia Financiera, porque ella equivalía esa meta a ser "rica" y esto era, a entender de la Sra. Mariela, inaceptable a su fe, parece ser un denominador común para algunos devotos de algunas de las denominaciones cristianas.

Pero, en verdad, ¿qué están diciendo? *"Quiero luchar y trabajar duro, por el tiempo que sea, para tratar de estar 'cómodo', pero Dios me libre de llegar a ser rico".*

El poder del idioma es tan poderoso que la Sra. Mariela consideraría un pecado llegar a ser rica, aunque aspira a exactamente lo mismo cuando busca Independencia Financiera, cuando busca su comodidad. Ella no se da cuenta de la incongruencia cuando expresa que ella no quiere "riqueza" y sólo quiere "comodidad" porque ella es cristiana.

Es como si ella dijese: *"Yo no uso pantalones porque Cuba es comunista".* O, *"Yo no tomo café cuando la luna está llena".* Una cosa no tiene que ver absolutamente nada con la otra. ¿Qué pasaría si la fortuna le llega a la Sra. Mariela de repente? Si consigue una promoción en su trabajo donde, por su talento y una necesidad de urgencia en su empresa, ocupa ahora una posición donde triplican su salario. Y al mismo tiempo una novelita que escribió como hobby es publicada por una editora y desde su salida es todo un éxito, y por la cual empieza a recibir jugosas regalías y un gran adelanto en efectivo por su publicación – más un contrato para 3 novelas más. Y de repente hereda las propiedades de sus padres más el seguro de vida que tenían... más las acciones y bonos que tenían en la bolsa de valores, y de los cuales ella desconocía la existencia...

Dudo mucho que se sienta que está violando sus principios religiosos. Si esas cosas sucediesen estoy seguro que la Sra. Mariela las identificaría como "bendiciones del Señor". Así es que hay algo más profundo en las creencias de la Sra. Mariela de que ser "rico" es un pecado. Es obvio que la definición de "rico" no está clara para ella cuando acepta como válida la Independencia Financiera pero no la fortuna económica, algo que ella definiría como "riqueza", y que al fin y al cabo vienen a ser lo mismo.

¿Rechazaría la Sra. Mariela cualquier herramienta o estrategia que la pueda llevar a la fortuna económica de alguna forma si la etiqueta de "rico" se adhiriera a ella? ¿Se haría ella un sabotaje sicológico por esta etiqueta? Me temo que sí. Después de todo, eso fue lo que me dijo cuando le sugerí que con las herramientas adecuadas y suficiente tiempo ella podía llegar a ser rica. Al nivel de sus creencias y su doctrina religiosa, su reacción sería instintiva e inconsciente, ella echaría de lado cualquier intento de llevarla a acumular fortuna. Cualquier acción ligada a la etiqueta de "rico" será rechazada, PERO no cuando sea para lograr su "comodidad" de Independencia Financiera.

Interesante, ¿no?

El poder de las palabras - y el efecto en tu conducta y decisiones - es más impactante de lo que puedes imaginarte.

Pero vamos a ser un poco más específico. Por conveniencia, a través del libro he usado la frase *"Llegar a ser rico..."* intercambiable con Independencia Financiera. Al notar la reacción adversa de algunas personas de perfil religioso a la palabra "rico", creo que esto merece una exploración más profunda.

Ser Rico como una meta tangible, como un destino final donde sientes que ya llegaste a una determinada y definitiva conclusión – y ya puedes parar - en verdad no existe. El estatus económico de un individuo puede cubrir una amplia gama de posiciones en un proceso evolutivo en constante movimiento (especialmente cuando estás tomando los pasos y decisiones para moverte de una categoría a la siguiente, y a la siguiente después). Eso hace el proceso fluido: en un momento dado puedes adelantar de un estatus económico al siguiente, o retroceder por un fracaso o bancarrota para recuperarte y adelantar al próximo nivel, y así sucesivamente en toda tu vida productiva.

Ambos extremos y los puntos en el medio de la escala se pueden describir así:

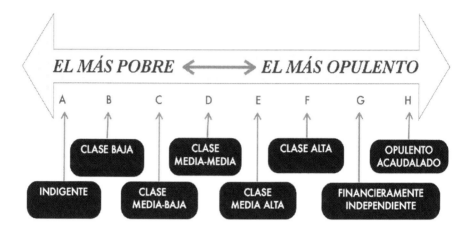

A entender que todas las categorías tienden a satisfacer las más básicas y elementales necesidades que el ser humano enfrenta para (sobre)vivir: **Comida, Ropa, Albergue**. La diferencia entre las categorías está en la calidad y alcance de las medidas que empleas para cubrir estas necesidades, y los recursos que te quedan después para poder expandir tu influencia y ayudar a otros, como también expandir tu calidad de vida - alcanzar objetivos mucho más allá de tus necesidades.

- o **[A]** <u>INDIGENTE</u> = Sobrevive de la generosidad de otros; viviendo en albergues para desamparados, o "en una caja de cartón debajo del puente"; recibiendo ayuda de servicios sociales o agencias caritativas. Sólo existe en el momento, pidiendo y arañando para lograr satisfacer las necesidades humanas más primordiales. Por lo general estos son individuos solos, con cero pertenencias (excepto las que llevan encima), cero prospectos y los "mañanas" son impensables.

- o **[B]** <u>CLASE BAJA</u> = Trabajando y arañando por sus recursos día a día para proveerse él y su familia de los medios que cubran las necesidades básicas (comida, ropa y alojamiento). Sus "mañanas" son las metas inmediatas de cómo cubrir el próximo día o el resto del mes. Los ingresos por lo general no son consistentes y seguros a largo plazo, por lo que el planeamiento futuro es irrealizable. La visión no va más allá de satisfacer la renta inmediata (o del mes), la comida inmediata (o de la semana o mes), y los gastos de ropa, escuela y salud para los niños (inmediatos o del mes).

- o **[C]** CLASE MEDIA - BAJA **[D]** CLASE MEDIA – MEDIA = Se satisfacen sus más elementales necesidades con los ingresos del trabajo o cualquier otro medio de producción, garantizándose una Pobreza Funcional. Ambas clases – junto a las categorías A y B - componen el 90% de la población. Para (sobre)vivir dentro de los estándares de la sociedad (dónde vivir, cubrir la educación de los hijos, los gastos del futuro inmediato como las utilidades, gastos de salud, etc.), se enfocan exclusivamente en sus medios de producción/trabajo y su único "mañana" es asegurarse de permanecer en esa posición ininterrumpidamente. La calidad de vida gravita exclusivamente alrededor de los ingresos y éstos sirven como el barómetro que determinará el tipo, alcance y características de estilo de vida, y enmarcarán y pondrán los límites a las decisiones que puedan tomar. Por lo general pueden planearse un futuro inmediato (especialmente la Clase Media-Media), como por ejemplo la escuela o universidad que los hijos puedan asistir, unas vacaciones, reunir el inicial para adquirir su propia vivienda; pero este futuro casi nunca incluye llegar al nivel económico de Independencia Financiera.

- o **[E]** CLASE MEDIA – ALTA **[F]** CLASE ALTA = Más allá de sus necesidades básicas, los individuos en estas categorías pueden expandir su alcance e influencia a sus familias inmediatas, allegados, iglesia, y la sociedad en general. Más allá de sus necesidades, sus ingresos les permiten tomar decisiones proyectadas a un futuro más amplio, especialmente la Clase Alta: dónde se retirarán, la calidad de la educación de los hijos, y ahorro de capital para gastos futuros. Más allá de las básicas necesidades (Vivienda, Vestimenta, Alimentos), tienen recursos adicionales para otros "gustos y placeres" y una calidad de vida superior a las otras clases anteriores. Pero a entender que en la mayoría de los casos también están atados a sus medios de producción, sean estos empleos (con dos o más salarios en la familia), o pequeños negocios operados por la familia. Y claro, esta dependencia a estos fijos modos de ingresos, no da seguridad absoluta de permanecer en estas clases firmemente e indefinidamente pues el control no está por lo general en sus manos.

- [G] FINANCIERAMENTE INDEPENDIENTE = En esta clase económica, el individuo está totalmente desligado de su modo de producción de ingresos por esfuerzos personales. Éste ha puesto en lugar las estrategias y medios donde los ingresos fluyen permanentemente, ajenos a su intervención directa – no tiene que "trabajarlo". Al flujo de ingresos no depender de su esfuerzo, tiempo y energía, estos son ilimitados. A este nivel la persona está "libre" de cualquier influencia o entidad que dirija su tiempo y, destino y puede en su lugar dedicarse a preservar (para él y los suyos) los medios y estrategias que ya tiene en lugar para preservar su Independencia Financiera. Más que "Empleado/Trabajador", los individuos en esta clase se auto-describen como "Inversionistas/Empresarios". "Control" (de los medios de producción de ingresos) es la palabra que por lo general identifica a esta clase económica.

- [H] OPULENTO – ACAUDALADO = En esta categoría, los niveles de ingresos y el alcance del poder económico son más extensos que aquellos definidos por los parámetros de Independencia Financiera. Es en esta clase donde grandes fortunas son acumuladas. Más que preservar los medios de producción que les producen sus ingresos, el individuo a este nivel busca por lo general usar su fortuna para expandir su influencia y su legado en la sociedad. Al lograr el nivel más alto en la calidad de vida para él y los suyos por generaciones, muchas veces sólo le queda afectar los cambios en los retos y problemas de la sociedad con los cuales más se identifica, tratando de hacer el mundo mejor que como lo encontró. Esto es lo que podemos ver por ejemplo con las fundaciones caritativas de reconocidos multimillonarios y billonarios como Bill Gates, Donald Trump, Warren Buffett y las fundaciones de la familia Rockefeller, de Steve Jobs, David Thomas (fundador de la cadena de restaurant Wendy's), *"The Ronald McDonald's House"* de la franquicia McDonald's, y otros que anónimamente hacen sus contribuciones.

(Según un artículo en el periódico Daily News de la ciudad de Nueva York de fecha febrero 20, 2013, una docena de "Titanes de Industrias", como fueron denominados por la prensa, incluyendo a Richard Branson del "Virgin Group", se unieron en una promesa pública para donar la mitad de sus fortunas a causas caritativas. La iniciativa comenzó con Warren Buffett [el reconocido inversionista multimillonario de Wall Street] y Linda y Bill Gates de Microsoft. Hasta ahora hay un total de 105 familias, incluyendo a Ted Turner – magnate de medios de comunicación por cable, el multimillonario alcalde de Nueva York, Michael Bloomberg, más Michael Zuckerberg, fundador de Facebook. Los super ricos del mundo entero, como Victor Pinchuk de Ucrania, quien hizo su fortuna en la industria del acero, más el magnate de la minería en Australia, Andrew Forrest, entre otros, se han adheridos a la causa. Todos se juramentaron a donar a las causas humanitarias de sus preferencias. Esta misión ha sido llamada "Giving Pledge", El Juramento de Dar).

Volviendo al caso de la Sra. Mariela, en su rechazo a la riqueza a cambio de un estatus de "comodidad" porque ella "es cristiana", ¿cuál de las categorías listadas más arriba le tocaría a ella ocupar para estar "cómoda"... el estatus A, C, D, F...? ¿Quién decide cuál estatus lograr? ¿Su pastor? ¿Encontraría algún indicio en la biblia, en su iglesia? ¿Sabría ella cuándo llegó al estatus ideal aprobado por su fe?

Si la opulencia económica pudiera ser un pecado, entonces la penuria total garantizaría felicidad espiritual y entrada al reino de los cielos (¡sólo por ser paupérrimo!).

¿Cómo se asegura la Sra. Mariela de no pasarse a la próxima categoría que le pueda causar "caer en pecado"? ¿A cuál meta de estatus económico estarían dirigidos los esfuerzos y energía invertidos en su labor? ¿Quiere Dios que en verdad elijamos un punto medio nada más para satisfacer las más elementales necesidades, y rezarle a Él para no salirnos de ahí, no avanzar? ¿Miraría Dios para mal que aspiremos a adelantar nuestro nivel económico a todo nuestro potencial para una mejor vida para nosotros y nuestra familia, y la diferencia que podamos hacer en los más necesitados? ¿Estamos obligados a encasillarnos en un estatus que no nos identifique como ricos porque "le estaríamos faltando a Dios y nuestras creencias"? ¿Tiene acaso algún sentido todo esto que estoy hablando?

Exacto.

Podemos ver que la contrariedad está en el substantivo: Rico, y cómo hay que rechazar este nivel económico para poder tener las puertas del cielo abiertas. Así se hace obvio que la Sra. Mariela y Don Marcos en verdad no tienen problemas con llegar a la Independencia Financiera, y hasta a la opulencia misma. El problema está con la palabra RICO, no con el logro de llegar a serlo. ¿Se perderán los valores, el alma, la humanidad al llegar a ser rico?... No veo la conexión lógica, ni entendiendo la base para una persona pensar así; pero algo negativo debe suceder – en las mentes de los que así piensan - para tal rechazo de la palabra. Por mi parte, yo he conocido personas tan mezquinas, sin consciencia e indeseables en la pobreza como en la riqueza. Por lo tanto, creo que la causa y efecto de: *"... Soy cristiana, por lo tanto no puedo ser rica..."* no es real. Lograr tu fortuna financiera no te hará peor persona. Tu identidad, valores y carácter ya están establecidos **antes** de ser Rico.

Según su biografía, Steve Jobs, el fundador de Apple, era una persona insensible, sin empatía, terco, abusivo a sus colegas y amigos, y poco higiénico, donde había que mandarlo a bañarse, ANTES de fundar su compañía y convertirse en un multimillonario. El ex presidente Bill Clinton siempre fue mujeriego, hasta mucho antes de llegar al poder. La arrogancia de Donald Trump es ampliamente documentada. ¿Conoces personas pobres con las mismas cualidades?

Exacto.

También algo interesante, la preponderancia de los delitos en la clase adinerada y la burguesía tienden a ser "crímenes de cuello blanco", como fraudes, corrupción, delitos fiscales e impositivos, y serios fallos morales basados en *el control* de grandes fortunas (crímenes contra la propiedad, aunque no exclusivamente). En las clases desposeídas y las masas trabajadoras (el proletariado), los crímenes gravitan alrededor de los asaltos, violaciones, robos, drogas/armas/prostitución, homicidios, generados por la *falta de control* de la fortuna económica (crímenes contra las personas, aunque no exclusivamente). Y claro, esto es una generalización y no es representativo de sólo una clase económica, pues se pueden encontrar casos de todos tipos de crímenes en todas las clases económicas y sociales. Pero la preponderancia de una clase de crimen a otro en varios segmentos de la sociedad es ampliamente documentada en los anales de criminalidad en cualquier país donde vivas.

Por definición "*llegar a ser rico*" no es real en el sentido que no se llega a ser rico como destino final, o un punto de llegada concreta y concluyente. Más bien se hace una transición de un estatus a otro. Es un proceso fluido que se mueve hacia atrás y hacia el frente, avanza y retrocede, donde se pierde y se gana, un paso atrás y dos adelante, sube y baja. Es un período de continuos ajustes y continuas decisiones. Y la educación es continua, imparable, pues todo cambia muy rápido y no puedes descansar en tus laureles. Tienes que crear y después preservar y expandir lo que logras; y esto transcurre en toda la vida del individuo que se enfoca en busca de la Independencia Financiera; o de hecho, en lograr la opulencia.

En realidad nunca "se llega" a ser rico pues la evolución es continua. Por eso es importantísimo entender una cosa: Ser rico no es: **La Meta**. Ser rico es: **Lograr Los Medios Para...**

Obtener Opciones y Libertad - (Leer sobre esto más abajo)

Tiempo libre

Lograr realizar todos tus sueños

Satisfacer completamente todas tus necesidades y las de los tuyos

Servir a la sociedad

Dejar establecido tu legado

Garantizar tu futuro

Maximizar tu calidad de vida y la de los tuyos

Eliminar dependencia en otros

Lograr todas tus metas y satisfacciones personales

Y mientras más amplio tu logro de Independencia Financiera, más amplias serán tus opciones y más amplio será tu control de todas las facetas de tu vida: bienestar de tu familia, en tu calidad de vida, libertad de decisión, logros personales, mejoría general de tus descendientes... en no más lucha personal para ti y los tuyos para vivir.

A propósito, al analizar la frase: *"Más fácil pasa un camello por el ojo de una aguja que un rico al reino de los cielos..."* se hace todo más claro cuando la vemos en contexto. Cuando se resume, el párrafo dice lo siguiente (Lucas 18:24):

Un hombre rico y poderoso cuestiona a Jesús diciendo: *"Buen Maestro, ¿qué debo hacer yo para heredar la vida eterna?"* Y Jesús le dice: *"No cometas adulterio, no matar, no robar..."* y le recita los mandamientos. Y el hombre responde: *"Todas estas cosas yo he observado desde mi juventud"*. Cuando Jesús oye esto, Él le dice: *"Hay algo que te falta, vende todo lo que posees y distribúyelo a los pobres y entonces tendrás el tesoro en el cielo..."* Cuando el hombre escuchó estas cosas, se puso muy triste ya que él era bastante rico. Y Jesús lo miró y le dijo: *"Qué difícil es para aquellos que son ricos entrar al reino de Dios... porque es más fácil pasar un camello por el ojo de una aguja que un rico al reino de los cielos..."* Aquellos que escucharon a Jesús dijeron: *"Entonces, ¿quién puede ser salvado?"* Pero Él les dijo: *"Las cosas que son imposible para la gente son posible con Dios"*. El Apóstol Pedro dijo: *"Nosotros hemos dejado nuestras propias casas y te hemos seguido"*. Y Él les respondió: *"De verdad les digo, no hay nadie que haya dejado su casa, su esposa o su hermano, o sus padres, o sus hijos a favor del reino de Dios que no reciban mucho más ahora y a la hora de recibir la vida eterna".*

Una cosa que está claro en esta narrativa es que el hombre había logrado acumular una fortuna, y en el intercambio con Jesús le dejó saber que había hecho esto observando todos los mandamientos, llevando una vida buena desde su juventud. Jesús le dejó saber que sólo su fortuna le prevenía de entrar al reino de Dios, y dijo esto al ver al hombre ponerse triste al pensar desprenderse de sus riquezas cuando llegara a su final. Por eso era tan difícil un rico valerse de sus riquezas para entrar a la vida eterna, no importa que tan pura su vida haya sido. Entre el camino de llegar al reino de Dios y mantener (al mismo tiempo) la riqueza, el hombre rico tenía que elegir uno. (Tú no puedes llevarte tus riquezas contigo cuando te mueras; no debes llegar a tu final amarrado a tu fortuna).

Como dice Mateo 6:24, tú no puedes servir a Dios y al dinero. Tienes que llegar a Dios al final tan desnudo como cuando llegaste al mundo por primera vez.

Por lo tanto, como te indiqué anteriormente, la riqueza **NO** es la META; es únicamente EL MEDIO PARA...

Si lees el párrafo de la biblia con atención, notarás que el hombre ya era rico cuando se acercó a Jesús. Y Jesús **NO** criticó sus logros, **NO** lo amonestó por su buena fortuna, **NO** consideró que ser rico era por sí un pecado. Sólo el deseo del rico de usar su fortuna (o llevar su fortuna) a la vida eterna, de no desprenderse al final de todas sus posesiones, era contra lo que Jesús predicaba.

Dios necesita que seas rico para continuar y expandir su obra; para que creas la infraestructura y las obras que suplan a los necesitados – mientras más trabajo y recursos puedas crear con tu iniciativa emprendedora, tus ideas, tu enfoque y perseverancia, más hombres y mujeres contarán con los ingresos para vivir un poquito mejor. Tu fortuna y los recursos e iniciativas que de ésta resulten (como las de aquellos grandes magnates que han dedicado sus fortunas a servir a los demás) aliviarán a miles de enfermos alrededor del mundo, acobijarán a los desamparados, curarán a los enfermos que podrían morir por falta de medicina, así mismo realzarán la cultura y la educación y harán un mundo mejor.

Los diez o doce (o $50) dólares que tú puedas darle a la Cruz Roja, o mandar a los niños desamparados de África, o como el diezmo que regularmente das a tu iglesia es lo único que puedes contribuir con tus limitados ingresos, y esta donación será siempre apreciada por todos aquellos que la reciban. Pero también podrás apreciar lo siguiente: en el año 2010, el fundador de Facebook, Mark Zuckerberg, a quien en el año 2013 se le calculaba una fortuna de 6 billones de dólares, se reunió con el gobernador de Nueva Jersey, Christ Christie para coordinar la entrega de $100 millones de dólares para ser usados en las escuelas públicas de la ciudad de Newark; escuelas que estaban en los vecindarios más pobres y que eran notorias por el deterioro, la violencia y las bajas tasas de graduación de los alumnos, la mayoría de ellos miembros de las clases minoritarias. ¿Crees que la donación del Sr. Zuckerberg va a mejorar las vidas de miles de familias necesitadas con niños en estas escuelas? ¿Cambiarán las vidas de muchísimos jóvenes por su donación, desviándolos del fracaso? ¿Tendrá su donación un cambio positivo en la sociedad por muchos años? ¡Indudablemente!

En este contexto, la frase correcta de la Sra. Mariela debió haber sido: "*!Quiero ser rica precisamente PORQUE SOY cristiana!*" Aunque después sólo se espera de ella que deje todo y entre desnuda al reino de los cielos.

Después de todo, es tan milagroso perdonar los pecados de un hombre rico como perdonar los pecados de un hombre pobre.

***

El escritor y empresario Lionel Sosa en su libro "Think and Grow Rich" (Piensa y Crece a la Riqueza – Ballantine Books) plantea unas fascinantes teorías sobre el poder del idioma y las lastras que el hispano arrastra de los tiempos del colonialismo y la influencia de la religión. Éste propone que:

"No es secreto que países con alto porcentaje de Católicos son más pobres que aquellos con alto porcentaje de Protestantes (p.47). Las razones son claras, la religión católica enseña humildad, sacrificio, frugalidad, y las virtudes del hombre común. No promueve la acumulación de riqueza personal o la idea de logros personales. El Protestantismo está basado en un conjunto de principios ampliamente diferentes, y el trabajo y la dedicación hacia logros exitosos son enaltecidos. Los Protestantes Calvinistas promueven la idea de que la fortuna económica es una cosa buena. Y los hombres y mujeres que la logran deben haber sido seleccionados por Dios para mejorar las partes del mundo que les corresponde... Los latinos se han alineados con la Iglesia Católica por siglos. Después de todo, la reina española que financió el viaje de Cristóbal Colón se llamaba "Isabel la Católica". (Por eso, según implica el Sr. Sosa, arrastramos la mentalidad y pre-disposición al conformismo como herencia de esa tradición católica).

En las tradiciones latinas (basadas en el Catolicismo, el colonialismo español y respeto a la tradición) comparadas con las tradiciones anglosajonas (basadas en el Puritanismo, Protestantismo y el pensamiento Calvinista), se pueden observar las siguientes marcadas diferencias:

Valores Latinos	*Valores Anglosajones*
La familia primero	Yo primero
Familia ayuda a familia	Me ayudo yo para ayudar a la familia
Fe en Dios	Fe en Dios y en mí
Humildad	Auto-expresión
Trabajar duro	Trabajar inteligentemente
Sacrificio	Cumplir con responsabilidades
Respetar la autoridad	Retar la autoridad

Modestia...Celebrar tus logros

Dios ama a los pobres ....Dios ama a los ricos también

Acepto los problemas de la vida........Resuelvo problemas de la vida

Lo que Dios quiera ....Lo que yo quiero también

La pobreza es una virtud................O es algo a conquistar y superar

El Sr. Sosa expande su presentación hasta llegar al desglose del idioma mismo para determinar el punto de referencia y auto-percepción del individuo. Él menciona cómo el mismo idioma español y los valores que heredamos de nuestros colonizadores nos dan la actitud y el conformismo que (según él) acosa al hombre latino. Él describe esta actitud como "Servidumbre Inconsciente" (p.11) y aquí podemos ver como las palabras que usamos ayudan a definirnos. ¿Cómo respondemos a preguntas y pedidos? Mande Usted, Para Servirle, A Sus Ordenes, Con Su Permiso... ¿Puedes ver un patrón en este lenguaje?

Hasta la palabra AMBICIÓN (AMBITION en inglés) tiene connotaciones bastante negativas en español. Tú no quieres ser considerada una persona ambiciosa. Te hace ver desconsiderado y descontrolado. Pero, ¿por qué? El equivalente de la palabra en inglés es "Ambitious", y esto es algo deseable y a emular. En inglés, tú quieres tener ambiciones para grandes logros. Después de todo, lo opuesto a Ambición es Conformismo.

Interesante, ¿no? No tienes que estar de acuerdo con las teorías y opiniones del Sr. Sosa, pero definitivamente es algo para ponerte a pensar.

***

También he escuchado de personas pobres la declaración (y casi siempre en una pomposa afirmación anunciada como un clarín) de que "*!La riqueza no te da felicidad!*" Y mi respuesta (¡en un clarín todavía más alto!) es: *"¡Tienes toda la razón!"*.

Lograr Independencia Financiera – de hecho llegar a ser opulento/acaudalado – no trae por sí la felicidad. La felicidad está totalmente desligada de la adquisición de fortuna económica, así es que de verdad ser rico no te hará por defecto más feliz; si sucede sería algo incidental. La excusa que se da el pobre – *"para qué buscar fortuna si eso no me hará feliz"* – es sólo una de varias excusas y falsos razonamientos para justificar la condición actual de pobreza. Sí, lo dije. Es una excusa, pero esta definición es negada y rechazada por las personas de limitados recursos, pues aceptar el término <u>excusa</u> implica una aceptación de la responsabilidad de su situación. La mayoría de nosotros encontramos que nuestra pobreza funcional y el estatus quo es tolerable, aceptable por lo cual existe poca motivación para cambiarlo. Parecería ser que la complacencia e inercia es el estado por defecto para la mayoría de nosotros. Y si podemos usar la razón de que no necesariamente lograríamos felicidad con llegar a ser rico, mejor todavía.

Pero esta es siempre una complacencia cargada de continuas quejas de que *"las cosas están malas…"*, *"el dinero no alcanza para nada…"*, y trabajando cada día más duro para quedarse patinando en el mismo lugar.

Pero quiero enfatizar que en verdad la riqueza NO TE DA felicidad. Te doy totalmente la razón si piensas así. Si es felicidad lo que buscas pues la encontrarás en tu vida espiritual, tu vida familiar, en el amor de los seres que te rodean, la satisfacción de explotar tus deseos artísticos, si renuncias al mundo y te vas a meditar a la montaña… lo que sea, pero lo más probable es que no esté en tu fortuna económica.

Entonces, ¿para qué ser rico? ¿Qué es lo que provee la Independencia Financiera?

LIBERTAD Y OPCIONES.

Quiero que tomes tu tiempo para masticar y digerir estas palabras lentamente. Tú buscas Independencia Financiera con la meta de obtener <u>libertad y opciones</u>… Es lo único que puedo prometerte que vas a conseguir cuando todas tus necesidades económicas sean satisfechas con flujos de ingresos pasivos, consistentes, libre de tu energía y esfuerzos personales – o sea, Independencia Financiera. La felicidad es algo abstracto e indefinida; libertad y opciones es algo más concreto.

Pero, ¿qué significa exactamente: Libertad y Opciones?

LIBERTAD= Ahora mismo estás cumpliendo una sentencia de 45 años. Son 45 años tomados de la mejor parte de tu vida, de tu juventud y años mozos, de tu adultez y tus años de madurez, de tu período más creativo y productivo y cuando más fuerza física tienes. Después de los 45 años, te darán tu libertad y serás dejado a tu suerte; y, dependiendo del país donde resides, y lo que has hecho en tu vida laboral, recibirás una pensión que es casi garantizado será menor que la cantidad que recibías cuando cumplías tu sentencia. Para entonces serás una persona vieja.

Mientras cumples tu sentencia de 45 años, tendrás reglas específicas que obedecer. Tienes que estar presente en un lugar específico a las 9:00 de la mañana en punto y estarás ahí hasta las cinco o seis de la tarde – cinco o seis días a la semana. En el intermedio te darán un receso de una hora para que te alimentes y repongas la energía, y tan pronto termine la hora tienes que reportarte prontamente a la tarea que te asignaron.

Esta sentencia la vas cumplir en una oficina, en una factoría, en un banco, en una fábrica, en un organismo del gobierno, en una empresa de construcción, en un comercio, en una agencia de servicios, como pieza de alguna franquicia, agente de venta de alguna empresa, profesional de algún conglomerado, etc.

(Si es un pequeño negocio independiente que operas, eso sólo quiere decir que tú creaste tu propio empleo, con la diferencia que la mayoría de las veces las horas de labor son más largas y las responsabilidades mayores).

Tú vas a cumplir tu sentencia, satisfecho que por lo menos tienes '"una sentencia" (empleo) por la cual recibirás una remuneración que cubrirá tus gastos de sobrevivencia; que satisfará tus necesidades lo suficiente y hasta el punto que tendrás que regresar al otro día laboral a continuar cumpliendo tu tiempo para seguir satisfaciendo necesidades y obligaciones con terceras partes; y harás todo esto con **la completa conformidad que te da la ignorancia** (de alguna otra mejor alternativa).

La Independencia Financiera rompe esas cadenas. La Independencia Financiera te libera de esa sentencia. No estarás forzado a "estar" y "cumplir" y "producir" en un sitio fijo y pre-determinado, por un tiempo fijo y pre-determinado, en una labor fija y pre-determinada, a cambio de una compensación fija y pre-determinada, restringido por supervisión y guía – y obediencia total a esta guía - y siguiendo un patrón fijo y pre-determinado.

La búsqueda de Independencia Financiera es un reconocimiento que, desafortunadamente, siguiendo fielmente esas pre-determinadas y fijas reglas, seguirás viviendo con todas las vicisitudes económicas que has conocido hasta ahora. Tu "sentencia" no permitirá que sea diferente.

La Independencia Financiera te hará amo de tu propio destino. Esa es la libertad que te brinda.

OPCIONES= Como describí en el segmento sobre la libertad que te concede la Independencia Financiera, de la misma forma tus alternativas y opciones para todas las facetas de tu vida se expandirán significativamente cuando tu flujo de ingresos – independiente de tu tiempo y esfuerzos personales - logra satisfacer todas tus necesidades y más allá de éstas. Piensa ahora mismo, ¿dónde vives?, ¿A cuál escuela van tus niños?, ¿En qué consiste tu dieta?, ¿Qué tipo de cuidado de salud recibes?, ¿Cuál es el entretenimiento que disfrutan tú y tu familia?, ¿Qué comodidades tienes en tu casa?, ¿Qué tiempo compartes con tu familia?, ¿Qué futuro has definido para ti y tu familia?

Puedes darte cuenta que cada categoría de tu vida es dependiente exclusivamente de tu sueldo y/o de todos los ingresos que produces regularmente. ¿Tienes tú los ingresos suficientes para tener opciones, por ejemplo decidir dónde vivir no importa que tan caro sea el vecindario? ¿O tomar decisiones en tu vida y la vida de tu familia sin tener que considerar el costo? La calidad de la escuela o la universidad de tu niño depende de lo que tú puedas pagar, ¿no? El tipo de vehículo que manejas (si acaso tienes vehículo) depende exclusivamente de los ingresos que tienes.

Todo esto es indiscutible.

Recientemente hice un viaje a Francia con los muchachos; siempre fue mi sueño recorrer las calles de Paris y tirarme en la yerba del parque frente a la Torre Eiffel y admirar como se ilumina mientras se pone el sol. Era un viaje que deseaba hacer por muchos años hasta que mis finanzas me permitieron realizar este sueño. Mis finanzas me permitirán hacer un viaje por toda Europa prontamente. Sé que eventualmente visitaré a Tailandia – me encanta la comida de ese país y la cultura me parece fascinante. Tengo ya la libertad de elegir donde quiero ir y lo que quiero hacer.

Porque tengo opciones.

Sé que estás familiarizado con el famoso caso de O'Jay Simpson y su acusación por el asesinato de la esposa de éste y su amigo Ron Goldman. O'Jay Simpson contrató los mejores y más caros abogados disponibles. Ya sabemos el resultado de ese juicio – exoneración completa a pesar de la enorme cantidad de evidencia en su contra. ¿Hubiese tenido el mismo resultado si O'Jay Simpson hubiese sido un simple empleado de una ferretería, el chofer de un autobús público o el cajero de una tienda – contando solamente con los ingresos y los recursos que se originan en estos empleos?

Si te pregunto ahora mismo cómo se dispensa justicia en tu comunidad. Cómo es tratada una persona rica en los tribunales y qué resultado consigue a diferencia de una persona con muy escasos recursos. ¿Cuál sería tu respuesta? Creo que ambos ya sabemos.

¿Tienes tú la opción de quedarte en la casa y perseguir tus sueños artísticos sin tener que preocuparte por los gastos caseros? ¿Tienes para pagar los mejores colegios para garantizarles a tus hijos el mejor futuro? ¿Acaso vives en tu barrio ideal rodeado de la seguridad y calidad de vida que deseas? ¿Tienes la alternativa de mudarte donde mejor te convenga sin tener que privarte de esta opción por el costo? ¿Acaso te das cuenta del efecto que estas decisiones tienen en ti y en el futuro de tus hijos y tu familia?

Opciones. La falta de éstas tiene un profundo impacto en tu vida y tu futuro.

Así es que podemos resumir que el dinero no te trae la felicidad, pero sí te da **libertad y opciones**. Todos – ricos y pobres - estamos expuestos a las mismas tragedias, disfunciones, enfermedades y "los golpes que nos da la vida".

Pero, ¿no crees que la libertad y opciones que te da tu Independencia Financiera hacen más manejables, tolerables y algo menos impactantes estas tragedias y vicisitudes? ¿No hace más fácil buscarle soluciones a esos problemas?

Y recuerda que aunque el dinero no da la felicidad, la falta de éste sí te garantiza la miseria, inconformidad, estrés, y pobre calidad de vida. Se hace más difícil ser feliz en estas condiciones, y la felicidad que se logra es menos duradera. Entendiendo esto, buscar Independencia Financiera no es buscar la felicidad, es lograr tener Libertad y Opciones… Y definitivamente, yo creo que esto hace tu vida mejor.

***

Hablando de Opciones y Libertad, me crucé recientemente con un segmento en la sección de opiniones del Wall Street Journal de septiembre 22, 2012 por Joseph Rago, donde entrevistaba a L. Michelson, el jefe de operación de "Private Health Management" (Administración Privada de Salud), una compañía que ofrece un exclusivo servicio de salud ultra-caro para personas muy adineradas que funciona como un portal donde todos los servicios de salud, más la tecnología y logísticas que los acompañan, son manejados por un coordinador asignado exclusivamente a cada cliente individual. Es como tener un conserje para la medicina encargado de organizar y resolver todos los asuntos de salud de una forma integrada.

Cuando un cliente de "Private Health Management" tiene una emergencia médica – un trauma cerebral o un cáncer – un experto clínico del personal de "Private Health" dirige un equipo de expertos de todas las disciplinas médicas, centralizan y digitan los records, y científicos e investigadores se sumergen (en total colaboración) en todos los últimos estudios, descubrimientos e información sobre la condición del paciente. Éstos incluyen una amplia gama de diagnósticos moleculares, tales como secuenciar en unas cuantas horas los tres billones de pares de cromosomas de la constitución genética de una persona. El Sr. Michelson desarrolló una serie de algoritmos para distinguir aquellos científicos, cirujanos y expertos en las diferentes ramas de la medicina que son los mejores de los mejores basados en factores que predicen la excelencia en sus respectivas áreas.

El artículo empezaba curiosamente así: "El rico es diferente de usted y yo…"

Apropiado comienzo, ¿no?

¿Cuáles serían tus alternativas si te diagnosticaran una condición similar?

Exacto.

Revisemos el caso del genio de mercadeo de la informática, Steve Jobs, el fundador de Apple Computers, declarada a comienzo del año 2013 como la compañía más valiosa del mundo. Después de una impresionante carrera donde Steve Jobs prácticamente cambió el mundo con sus revolucionarios productos, éste sucumbió al cáncer que lo agobiaba en octubre 5 del año 2011. Según relata el Sr. Walter Isaacson en la biografía que escribió del Sr. Jobs*, la esposa de éste, Laurene Powell reconoció la deficiencia en el tratamiento médico de su esposo, donde todos los servicios eran fragmentados: el encargado de oncología estaba desconectado del hepatólogo; el nutricionista no era parte del plan de tratamiento para controlar el dolor, y el hematólogo trabajaba independiente de los otros tratamientos, y así sucesivamente.

La Sra. Powell invitó a todos los especialistas a su casa para una reunión y diseñar un plan cohesivo e interrelacionado donde todos los servicios y tratamientos sean coordinados en equipo. Gracias a pioneros de la medicina que desarrollaban continuamente nuevas estrategias para tratar enfermedades serias, el equipo médico de Steve Jobs lograba mantenerlo un paso al frente del cáncer que le seguía. Jobs fue uno de las primeras 20 personas en el mundo en lograr secuenciar todos los genes del tumor canceroso que padecía como también sus genes normales. Era un proceso que en el momento costaba más de $100,000 dólares. Al descubrirse la señal genética y los trazos moleculares de los tumores de Steve Jobs, los médicos podían dirigir con enfoque y exactitud el medicamento específico al camino molecular defectuoso que causaba que sus células cancerosas crecieran de una manera anormal. Este método era mucho más efectivo que el tratamiento tradicional de quimioterapia que atacaba todas las células del cuerpo, cancerosas o no.

Cada vez que el cáncer mutaba, ya los médicos tenían otra droga alineada para atacarlo.

¿Pudieron los médicos extender la vida de Steve Jobs más allá de lo que "le tocaba" en otras circunstancias? Creo que de eso hay poca duda. Lo que relato más arriba sirve para ilustrar el poder de la Libertad y Opciones que te brinda la Independencia Financiera. Y aunque es verdad que la Independencia Financiera no te da felicidad, la Libertad y Opciones que obtienes tienen sus ventajas después de todo. Y cabe resaltar que la Independencia Financiera empieza desde el punto que logras que tus ingresos no dependan de tus esfuerzos personales y no tienes que rentarle tu tiempo a otro. Bajo esta definición, no tienes que lograr necesariamente la inmensa fortuna de un Steve Jobs para considerar que ya no eres pobre. Refiérete a la definición al comienzo del libro. (*La Biografia de Steve Jobs por Walter Isaacson, publicada por Simon & Schuster- 2011 – es parte del Listado Mandatorio de Lectura. Busca su versión en español, si acaso ya está disponible al momento de leer este libro. Es un excelente tratado de cómo crear una exitosa compañía, y hay conceptos e ideas que son aplicables a cualquier empresa. Sabrás mucho más después de leer este libro y tu mente se va a expandir increíblemente).

Capítulo 13

LA DECISIÓN DE SER RICO... LA "DECISIÓN" DE SER POBRE

"Un fallo o un fracaso inspira a un ganador y derrota a un perdedor"

Llegar a la meta de Independencia Financiera se puede resumir, de nuevo en su esencia más elemental, a la **decisión** actual de querer llegar a ser rico.

Toma tu tiempo para digerir esto.

Yo sé que sientes que estoy simplificando al extremo el concepto que expongo en este capítulo. "*¿Y es así tan fácil?*", te preguntas, "*¿decido ser rico, y ¡puff!, ya...?*"

Con el riesgo de que me llames demente y que soy un completo idiota viviendo en fantasías, te diré que sí.

Esto se oye bastante estúpido, ¿no? No me ofendes cuando así piensas.

Déjame explicarme. Como he usado en otros ejemplos en este libro, para persuadirte sobre la validez de mi tesis vamos a tomar la vista contraria, y esto es que si tú <u>NO</u> tomas la decisión de ser rico, estás por defecto aceptando – o más bien, se te he asignado a ti sin tu permiso y sin tú estar consciente de ello - la condición de ser pobre. Si no decides ser rico, automáticamente la decisión es hecha para ti de quedarte en una vida restringida económicamente. Y como no tuviste consciencia de cómo o cuándo esto sucedió, tú ni siquiera te das cuenta. Vivirás en la complacencia y totalmente ajeno a otras opciones. En la Pobreza Funcional, para la clase media trabajadora (TCM's), para aquellos con unas vidas formateadas y delineadas por los limitados, fijos y específicos salarios que reciben, que apenas satisfacen las necesidades básicas (la mayoría de la población) - hasta que la decisión no sea tomada de llegar a lograr Independencia Financiera estarán asignados por defecto a la posición de pobreza.

Y en este caso, para simplificar, retornaremos a la definición Rico/Pobre. En el contexto de este libro, el pobre/TCM vive de los ingresos que produce por su tiempo rentado. El rico logró libertad financiera donde sus ingresos están desconectados de su tiempo productivo y esfuerzos personales, por lo tanto son ilimitados. Por ahora no nos molestaremos en todas la subdivisiones que explicamos anteriormente (Clase Media, Baja, Alta, etc.).

Básicamente, eres pobre porque no has tomado la decisión de dejar de serlo.

A entender, que la decisión a que me refiero en este capítulo se enfoca específicamente en la mentalidad con que debes iniciar cada día: abrazar la idea que sales, no a buscar la forma de satisfacer tus necesidades, sino más bien a encontrar los recursos, y aprender las estrategias y lograr el entendimiento de cómo llegar a la Independencia Financiera. Y créeme, esta decisión hora a hora, día a día, semana a semana, mes a mes, es donde está la diferencia. Lo opuesto es la "decisión" de quedarte pobre.

Ahora vamos a ser honestos, tú y yo, aquí entre nosotros, sin que nadie nos escuche, y toma un momento para pensarlo: ¿cuáles son las decisiones y pasos específicos que has tomado en los últimos treinta días, y sesenta días, para lograr tu Independencia Financiera?

Exacto.

Lo más probable es que en estos momentos estés mirando esta página, pestañeando, tratando de pensar de qué estoy hablando.

Sales a trabajar todos los días y los ingresos que generas te cubren los gastos del diario vivir. Y sales a trabajar específicamente para generar estos definidos y precisados ingresos. Y eso es todo. Si eres honesto(a) contigo mismo(a) reconocerás que es así. Por lo tanto, cuando tomas la decisión de salir temprano a la calle a "buscarte las habichuelas", ¿sabes con qué vas a regresar al final del día?...

¡Con habichuelas!

Solamente encontrarás lo que sales a buscar - lo que decides de ante manos. Si la decisión es aprender de los recursos, entrenamiento, herramientas, métodos y estrategias para salir de tu pobreza, eso es lo que lograrás al final del día, y de todos los otros días – poco a poco, metódicamente, día a día, mes a mes, año a año - hasta que llegues a tu Independencia Financiera.

La "decisión" de ser pobre está entre comillas, y se mantendrá entre comillas en la duración de este capítulo (cuando se refiere a la persona pobre y clase trabajadora) porque no fue un decisión consciente, informada, tomada de forma proactiva. La "decisión" pura y sencillamente "te sucedió". Tomó lugar fuera de cualquier poder o control de tu parte. Caíste por defecto en ella, libre de cualquier análisis, consideración u opciones.

Sólo es "A" o "B". No hay punto medio.

(Algunos argumentarán que tomaron la decisión "C" de una clase media holgada, con unos ingresos mensuales consistentes y seguros, con una casita calientita y amueblada y todas las necesidades cubiertas y la familia feliz. Y de nuevo, recuerda la definición de Rico/Pobre que acordamos adoptar al comienzo del libro. En esta categoría que decidiste que es suficiente, tus opciones, decisiones, estilo y calidad de vida están delineadas, limitadas y circunscritas única y exclusivamente a los ingresos que resulten de tus esfuerzos personales; y todas tus decisiones

sobre _TODAS_ las facetas de tu vida dependerán de estos ingresos – lo cual te define de hecho como TCM - Trabajador Clase Media, o baja, o Media Baja….

Esto no te hace rico.

Aunque te aplaudo que llegaste a la faceta "C", y estás satisfecho y conforme con quedarte en ella, para la ocasión de este libro, esta opción no está en consideración. En el contexto que propongo, yo no me refiero a luchar día a día, a cumplir obligaciones y satisfacer necesidades… (sobre)vivir con los compromisos de un empleo y los definidos ingresos que éste te produce. Así es que empezamos todos – excepto aquellos que son ricos de cuna. Es nuestra realidad inicial. Y la opción "C" (TCM) que tú consideras, lo que hace es perpetuar ese estatus, con quizás algunas mejorías y algunos avances en la calidad de vida después de conseguir "un buen trabajo".

Si ese es el estatus quo que prefieres, no tienes que seguir leyendo este libro. Este capítulo es sobre la decisión de ser rico y la "decisión" de ser pobre. Y ahí nos mantendremos).

Tomar una decisión de Ser Rico requiere esfuerzo, tiempo, energía, educación, análisis, inversión de dinero (lo más insignificante), enfoque, perseverancia, curiosidad, motivación, obstinación, soportar riesgo; fuerza de voluntad para volverte a parar después de cada caída; expandir el alcance de tu visión; re-evaluación de tus amigos, de tu ambiente, de tu familia, de tu percepción… de tu Realidad.

No tomar esta decisión – de ser rico – te ahorra todo esto. No tienes que molestarte en considerar ninguno de estos factores. Como puedes imaginar, es muchísimo más fácil no molestarse en tomar esa decisión, lo que lo hace más hacedero, posible y real a ti. A su vez, esto es lo que te propulsa a la inercia y lo que te permite vivir tu vida como lo has hecho hasta ahora; y mientras sea Funcional, lo harás por muchos, tras muchos interminables años. La mayoría de las veces hasta tu final.

Ahora vamos a hacer algo importante. Quiero que quedemos claro sobre lo que es ser rico. Refiérete a la definición de

Pobre/Rico al comienzo del libro. Esa definición es la que quiero que consideres en el contexto de este capítulo.

Y algo más importante todavía, la definición a la que me refiero sobre lo que es **una decisión**. He visto los "deseos", "sueños", "aspiraciones", "me gustaría…", "si sólo pudiese…" de las personas que quieren lograr algo. Esas no son decisiones.

(Cada vez que me siento frente a un piano y empiezo a tocar, invariablemente, y en todas las ocasiones, se me acercan algunas personas, siempre adultos, y con los ojos nostálgicos y emocionados expresan como les hubiese gustado haber aprendido a tocar aunque sea simples melodías. Pero la decisión nunca fue tomada por ellos para Aprender A Tocar El Piano. A propósito, yo aprendí a tocar el piano en la universidad cuando DECIDÍ – ya adulto – que iba a aprender a tocar. Nunca me verás en un concierto en el Teatro Nacional, Carnegie Hall o grandes escenarios mundiales, y aunque sólo sea un "pianista" al borde de ser apenas adecuado, logré lo que decidí).

En el contexto de este capítulo, estoy usando la palabra DECISIÓN con toda la fuerza, solidez, invariabilidad, incuestionabilidad que la raíz de la palabra conlleva. Sólo lograré hacerte entender mi punto si logro hacerte entender el poder, compromiso y seriedad de una DECISIÓN (por eso prefiero escribirla en letras mayúsculas, para que sientas su peso).

Piénsalo de esta forma:

Cuando conoces a una persona sin la cual no puedes vivir, cuando esa persona completa tu mundo, cuando DECIDES que quieres vivir con (él)ella el resto de tus días, **y lo contrario NO ES OPCIÓN**, entonces tomas la DECISIÓN de casarte con esa persona. A este punto no hay consideración a ninguna otra alternativa. Casarte con esa persona es lo que va pasar, no importa nada.

He conocido historias de personas en República Dominicana que DECIDEN cruzar ilegalmente el Canal de la Mona, un peligroso y traicionero trecho de mar entre Puerto Rico y las costas dominicanas. Ellos hacen estos viajes en frágiles embarcaciones en una temeraria aventura en busca de mejor vida económica. Docenas de cuerpos ahogados y parcialmente devorados por los tiburones son recuperados anualmente. Estos son aquellos que no logran llegar. Yo he visto desde el confort y seguridad del asiento de un avión todo el cruce que es necesario hacer en pequeños botes o yolas para llegar a las costas de Puerto Rico. Es horrible. Decidir hacer este recorrido, donde más nada importa, y donde sienten que **NO HAY OTRA OPCIÓN**, es lo que yo llamo una verdadera DECISIÓN.

Por igual, aquellos centro y sudamericanos que cruzan la frontera de Estados Unidos para entrar ilegalmente a ese país. Yo he podido observar parte del desierto de Arizona donde algunas víctimas son rescatadas de las quemaduras y sed que los agobia. He leído de grupos de misioneros que con gestos humanistas esconden botellas de agua en algunos lugares del desierto, para tratar de paliar la sed de aquellos que hacen el recorrido. Y a considerar que muchas de estas personas empiezan sus recorridos desde Guatemala o Ecuador, y con el pago a "coyotes" en México, lo dan el todo por el todo para llegar airosos a territorio norteamericano. En el largo, peligroso, y personalmente destructivo recorrido que hacen **NUNCA EXISTIÓ OTRA OPCIÓN** que no sea la DECISIÓN de llegar a los Estados Unidos.

Considera esta situación. La esposa espera a su marido angustiada. Cuando éste llega, bajo sollozos le pasa las pruebas médicas de su recién embarazo. El sonograma y todos los exámenes indican que el bebé tiene serios problemas de desarrollo y existen las probabilidades que nazca retardado, mongólico o con deformaciones. La recomendación médica le dice que tienen que tomar una DECISIÓN rápida, pues dentro de poco tiempo será muy tarde para un aborto. El esposo sostiene la nota en las manos y mira entristecido y preocupado a su mujer, buscando una respuesta. Ésta le devuelve la mirada y asienta con su cabeza lentamente y con los ojos llenos de lágrimas voltea la cara a su almohada. El esposo toma la nota, saca un lapicero y empieza a firmarla, tomando la DECISIÓN de proseguir con el aborto. La **OPCIÓN** de tener un bebé deforme o retardado **ES INTOLERABLE**.

Reconozco la forma dramática (quizás melodramática) de los ejemplos que te he provisto más arriba. Pero quiero que reconozca que son ejemplos reales, no teorías ni suposiciones. En estas realidades, estos personajes tomaron DECISIONES sin retorno, sin cambio en el camino, sin distracciones, sin desvío, sin reconsideración, sin un plan "B". ¿Por qué son tan firmes estas decisiones? Fíjate en las condiciones en que fueron tomadas:

…lo contrario NO ES OPCIÓN

NO HAY OTRA OPCIÓN…

NUNCA EXISTIÓ OTRA OPCIÓN…

La otra OPCIÓN… ES INTOLERABLE

Volvamos ahora al tema que nos incumbe. Espero que después de los ejemplos que te he dado, tú aprecies a qué me refiero cuando hablé de una DECISIÓN. Y también empieces a tener una nueva apreciación de la fuerza e inquebrantable solidez del concepto: *"Tomar la DECISIÓN de ser rico… y ¡puff!, ya lo logras…"*

Para tratar de alejarte un poco de tu opinión de la estupidez del concepto, míralo de esta forma. Te imaginas un sándwich donde la tapa del pan arriba es *"Tomo la decisión de ser rico"*. Y el pan de base es *"…Y, ¡puff¡ lo logro…"*

Ahora, en el medio es que está "la carne", la parte más crucial; sin esto no es un sándwich, pues sólo sería un pan partido por la mitad. Ahora dejando a un lado la percibida estupidez de la declaración: *"La meta de llegar a la Independencia Financiera resta en la **decisión** de querer llegar a ser rico, y **- ¡puff! -** lo logras"*, míralo de esta forma:

"¡Tomo la decisión de ser rico!"

Trabajando en tu factoría, te das cuenta que hay una seria escasez de sitios para almorzar en el área. Al compartir los deliciosos almuerzos que te preparaba tu esposa, por la alta demanda empezaste a vender los envases de comida a $6.00 dólares. Sorpresivamente los pedidos crecieron explosivamente. Tú tomas LA DECISIÓN de iniciar un negocio ambulante de comida. La incertidumbre no te detiene, te retiras de tu trabajo, tomas tus ahorros y coges prestado la diferencia para acondicionar un camión con una mini cocina y mostradores a los lados. Tú no das abasto y al final del año tienes que comprar un segundo camión y contratar un personal para operarlo. Empiezas a identificar un tremendo nicho en el mercado que te forzará a crecer tu flota con dos camiones más – tus ingresos se han triplicado de cuando eras un peón más de la factoría, y el crecimiento no parece tener limites…

Tus limitaciones económicas te fuerzan a explorar tus opciones, y ves que puedes conseguir un pequeño edificio de 4 apartamentos con dos locales comerciales en la primera planta. Tomas LA DECISIÓN de obtener esta propiedad cogiendo prestado, maximizando la tarjeta de crédito, buscando la ayuda de todos tus familiares y compras el edificio. De los dos locales comerciales, piensas coger uno para instalar una lavandería automática. Alquilas los 4 apartamentos y te quedas viviendo donde estás porque tu renta actual es menos que lo que produce el apartamento de tu edificio. Alquilas el segundo local comercial, y con lo que genera el edificio completo cubres todos los préstamos, la hipoteca y te sobra dinero. Tu meta es saldar TODOS los préstamos en 8 años y lograr la Independencia Financiera…

Tomas LA DECISIÓN de educarte en asuntos financieros porque te has dado cuenta que estás estancado en tu economía. Ya asististe a tu primer taller sobre crédito y ahorros. Ya buscaste dinero para pagar un curso sobre inversiones en bienes raíces. Descubriste una agencia gubernamental que ofrece subsidios, educación y recursos a personas que quieren empezar un negocio. Con cada nueva información los caminos se abren más; ya tus decisiones son más informadas y efectivas y ya estás viendo los resultados. Muy pronto lograrás cambiar tu limitado salario por Múltiples Flujos de Ingresos Pasivos…

"Y, ¡puff!, lo logré…"

Al poner en práctica las estrategias descritas más arriba, en 'la carne" del sándwich, ¿podrás lograr tu éxito económico en el primer intento? No lo sé. ¿Caben las posibilidades que fracases en el primer, segundo o tercer intento? Sí. Todos van a ser caminos desconocidos para ti. Harás vereda al andar. Esto, por lógica, envuelve un grado de incertidumbre y desconocimiento que te forzará a dar algunos pasos inseguros. Y también es lógico que mientras más información tienes más sólidos serán los pasos. (Recuerda, como te he dicho, si tuvieses TODA la información para llegar a ser rico, ya lo fueras, ¿no?)

Así es que siempre existirán las posibilidades de encontrar una pared al doblar una esquina en tu camino a Independencia Financiera y te verás forzado a dar la vuelta y buscar otro camino. Aunque algo no funcione, aunque te tropieces con algún fracaso, **nada de eso importa.**

Fracases o no en el primer intento, segundo o tercer (y hasta cuarto) todo eso es inconsecuente, no nos concierne. Cada error o pérdida añadirá educación y experiencia a tu vida y te hará mejor inversionista para el próximo proyecto. ¡Y aprenderás nuevas formas de cómo no hacer algo! Y recuerda, como te dije: "la carne" – el Cómo, aunque crucial para llegar a la meta, **no** es lo más importante. Lo más importante es que estás: **tomando las DECISIONES.** Mientras hagas esto, ya el sistema/el destino/la realidad económica no tomará la decisión por ti de dejarte pobre.

Sé perfectamente bien que el trabajo, tiempo, esfuerzo e incertidumbre y la lucha necesaria están en el medio, en "la carne". Ahí es donde todo el enfoque de tu trabajo caerá. Aquí es donde se hace posible. PERO, esa fue la parte que yo NO aludí al comienzo del capítulo y en donde descansa el peso de mi argumento: "*Una decisión de ser rico… y ¡puff! Ya…*" ¿Por qué no mencioné esta parte tan importante – "la carne", las estrategias - al comienzo? ¿Y por qué quise insinuar que era así de fácil, sólo una decisión, y *"¡Puff!"* llegar a ser rico? Porque, a pesar de lo extremadamente importante que es entender todos los pasos, esfuerzo, energía, tiempo, analisis, enfoque y perseverancia necesaria para lograr fortuna económica, nada de ello importa si no se toma primero: LA DECISIÓN. Antes de saborear el delicioso melón primero debe haber la determinación de sembrar la semilla, cuidar y echarle agua a la planta, y esperar a que dé su fruto. Si no decides sembrar la semilla, saborearás el melón sólo en tus sueños. Como puedes ver, la DECISIÓN de sembrar la semilla es más importante que el melón, pues ¡sin la DECISIÓN, no hay melón!

El punto de una decisión es que: **¡ESTÁS HACIENDO ALGO!** Y ya tienes la meta – de un mejoramiento económico y libertad financiera - hacia la cual dirigir tus pasos.

Primero viene la DECISIÓN y después le siguen los hábitos, y nuevas percepciones y conducta que acompañan la DECISIÓN. Al tomar la determinación, entrarán en tu mente nuevos pensamientos y la iniciativa de nuevas acciones las cuales se harán predominantes en tu vida. El proceso que sigue hará que el pensamiento se convierta en acción; y la acción con repetición se convierta en hábito. Y los hábitos te formarán a ti.

Por ejemplo, aquel que toma la DECISIÓN de hacer ejercicio para ponerse en forma. Cuando su obesidad lo mandó a la sala de emergencia con un infarto al corazón. Donde su médico le dijo que si no bajaba de peso no vería a su amada hija graduarse de la escuela superior o caminarla al altar el día de su boda. Cuando estas posibilidades eran intolerables entonces inició su régimen de dieta y visitas diarias al gimnasio. Después de los pasos iniciales, hizo costumbre de esta actividad y ahora su mente y su cuerpo esperarán ansiosos el momento de hacer ejercicio; después de un corto tiempo ya su cuerpo "le pide" el ejercicio. Su mente no considerará otra acción que no sea irse a hacer ejercicio. Esta se convierte en un hábito y lo extrañaría si tuviese que parar.

De hecho, la adrenalina y el entusiasmo empieza a fluir mientras se acerca la hora de irse al gimnasio. Es lo que espera.

Aquel que desea llegar a la casa a sentarse en su sillón reclinable a ver la telenovela o el Show de Don Francisco – lo que empezó a hacer hace muchos años - esperará con entusiasmo el momento de tirarse en el asiento a ver sus shows televisivos favoritos. Y tendrá ansiedad y se pondrá de mal humor si algo lo previene o bloquea de ejecutar esta acción. Esto se convierte en un hábito y lo extrañaría y le molestaría si tuviese que parar. De hecho, correrá a la casa si está tarde, evitando cualquier encuentro o actividad (no importa cual beneficiosa ésta sea para su progreso y/o le pueda enriquecer su vida) pues la actividad de la cual ha hecho hábito tomará prioridad. Es lo que espera. La motivación de parar/cambiar es cero.

Ambos personajes listados arriba seguirán impulsados en la dirección en que sus hábitos y conductas queden establecidos. Y los resultados de estas conductas, y las decisiones en las cuales están basadas, darán sus frutos al final. Sea ésta saborear realmente un delicioso melón… o sólo soñar con hacerlo.

El proceso es exactamente igual en las decisiones que tomes, o dejes de tomar, sobre tus finanzas.

Si no decides ser rico, entonces la alternativa será decidida – sin ningún control tuyo – en tu lugar.

Capítulo 14

EL POBRE USA SUS INGRESOS PARA PAGAR SU PASADO, ELIMINANDO SU FUTURO, Y RESTRINGIENDO SU PRESENTE

"Con cada moneda que llega a tus manos, tú decides si vas a ser rico, pobre o clase media"

El pobre utiliza los recursos que produce y tiene a su disposición en el presente para cubrir un pasado que ya expiró y los gastos de experiencias ya vencidas. Y cualquier línea de ingresos en el futuro está ya comprometida a ser usada para pagar por estas vencidas experiencias, y por las pertenencias y cosas materiales ahora ya desvalorizadas; aquellas que adquirió contando entonces con recursos que todavía no le habían llegado. De hecho, cuando toma este tipo de decisiones, elimina una porción de su futuro – ya no le pertenece – y lo cede para cubrir estas deudas pasadas. ¿Qué hace esto entonces del presente? Una marejada de estrés y una infinita e insoportable lucha para cubrir interminables deudas asumidas en el pasado mientras trata de satisfacer gastos presentes con un futuro que ya no le pertenece.

Esta es una conducta universal entre la clase trabajadora y la clase pobre. Es lo que hacemos. Así es como estamos "supuestos a conducirnos".

Que quede claro, existen gastos fijos e inescapables en nuestra vida moderna: renta/hipoteca, alimentos, transportación, gastos de salud, educación, utilidades, etc. Con un trabajo adecuado frecuentemente puedes satisfacer estas responsabilidades. Cuando con ingresos presentes cubres gastos presentes, cuando no gastas lo que no tienes, los problemas son menos. Podrás vivir en una Pobreza Funcional, o en una clase económica holgada, donde podrás cubrir tu presente, sin necesidad de comprometer lo que todavía no te ha llegado. Al no haber comprometido tu futuro, éste te pertenecerá. Al no haber comprometido todos los ingresos que están pendientes, tendrás más espacio para hacer las inversiones necesarias con estos potenciales ingresos libres de responsabilidades – no los debes a nadie - para cambiar ese futuro. Sólo necesitas las herramientas y estrategias financieras adecuadas para hacerlo.

Con la educación apropiada después de la lectura de este libro, con la búsqueda de soluciones más allá de lo que conoces, expandirás tu percepción para gradualmente integrar a tu realidad aquellos métodos y conducta que sirvan para alterar y desviar tu destino de precariedades, limitaciones y pobreza a Independencia Financiera.

Pero esto es fácil decirlo (y escribirlo), implementar los cambios necesarios es otra historia.

Pero, ¿por qué?

Por dos factores primordiales que por lo general identifican las acciones y conducta de una persona que vive en carencia dentro de su realidad:

Incapacidad para Planear y **Gratificación Inmediata**

Para la mayoría de las personas es fácil subestimar el

impacto que estas dos cualidades tienen en la vida económica de un trabajador/obrero/empleado (un TCM). La razón de subestimar estos factores es que la mayoría de las veces no están conscientes que las decisiones que toman, las toman dentro de estos parámetros. Como mantengo a través de este libro, la persona con severa limitaciones económicas toma decisiones libre de la información y el contexto que le garantice que sea una decisión informada. Que sea una decisión donde todas las opciones fueron consideradas y la decisión que tomó le deja los mejores beneficios económicos, y lo mueve o lo impulsa al camino de Independencia Financiera.

Pura y sencillamente, gasta hoy, consume hoy, adquiere hoy lo que quiere y desea en este exacto momento, libre de cualquier consideración del efecto en su economía presente y futura. Por eso está siempre persiguiendo la estabilidad económica como persigue un asno una zanahoria amarrada al final de una vara atada a su cabeza. Por más que corra detrás de ella, nunca la alcanzará.

La razón de esto es la **Incapacidad para Planear** y la **Gratificación Inmediata** dentro de las cuales las decisiones son tomadas.

Incapacidad para Planear

Si te pregunto, ¿dónde piensas estar y qué piensas lograr en cinco años? ¿Qué estatus económico piensas alcanzar en quince años? ¿Qué metas financieras tienes para los próximos diez años? ¿Cómo has proyectado – qué planes tienes para - la adquisición de tu vivienda propia (si todavía no la tienes), o una propiedad de inversión, o cubrir el costo de la universidad de tu hijo de 7 años antes que llegue el momento? ¿Qué tiempo te va a tomar duplicar/reemplazar los ingresos mensuales de un salario por medio pasivos de inversiones?

Lo más probable es que me mires anonadado(a), con los ojos abiertos como los de un pescado en el congelador, buscando en todos los rincones de tu cerebro por una respuesta. O me mirarás confundido(a), pestañeando, tratando de entender de qué estoy hablando.

¿Quince años...? Yo ni siquiera sé qué voy a cocinar mañana. ¿Veinte años...? Estoy muy ocupado reuniendo para la renta de este mes... ¿Y a quién se le ocurre pensar lo que va a ser o hacer de aquí a 35 años?

Al pobre por lo general la vejez le llega de sorpresa.

Para un momento y piensa en esa oración; como te he pedido en ocasiones anteriores, mastícala y digiérela lentamente. Es más profunda de lo que aparenta superficialmente. Una persona que ha vivido en la pobreza por toda su vida despertará un día y se dirá con asombro: ¡oh!, ¿y que pasó? No entenderá dónde se fue el tiempo. Quedará intrigado y perplejo frente a la imagen arrugada y canosa que le devuelve la mirada en el espejo.

En su afán de sobrevivencia, en lo que se busca "el pan de cada día", usará cada hora de cada día para cubrir gastos presentes y deudas viejas acumuladas; deudas que hacen que su futuro no le pertenezca ni pueda planear con él. Vivirá día a día, en el hoy, trabajando fuerte para reunir las monedas que les cubran sus gastos diarios y las deudas que arrastra como una cadena atada a su pasado.

¿Y el futuro?... Bien, gracias.

Eso es lo que hace cada trabajador/empleado. Es como fuimos entrenados. La capacidad de proyección y planeamiento es efectivamente removida de la clase trabajadora. Sólo existe el hoy para subsistir. Por eso es que la meta de Independencia Financiera nunca es una opción. Ésta nunca es tomada en consideración; está de hecho ausente de la realidad de este individuo. Es inconcebible porque nunca cae dentro de su percepción o consciencia. No existe.

"¿Cómo puedo pensar en ahorrar para el futuro cuando apenas me alcanza el dinero para pagar lo que debo hoy?", se dice. Lo triste del caso es que frecuentemente dice esto como una realidad aceptada como inevitable, como su destino. Esa persona cree que de verdad sólo tiene esa alternativa. Su incapacidad de planeamiento lo previene de mirar más allá de esta frase. Es como decirse a sí mismo: "sé que seré pobre porque estoy muy ocupado ahora con mi presente, en el hoy, para pensar en el mañana". En verdad no se da cuenta que está de hecho sentenciándose él mismo a una pobreza futura

¿Tiene sentido esto? Imagínate, tú sabes que vas a ser pobre en tu futuro, ¿y de verdad crees que no puedes hacer nada para evitarlo?

Como ver un tren descarrilado que se va a estrellar contra ti y aunque tienes tiempo para moverte fuera de su camino, no haces nada para evitarlo.

¿Guerra avisada no mata soldado? Esta está avisada y como quiera te matará.

¿Chocante, no? ... O por lo menos para ti debería de serlo.

Si no puedes ahorrar con lo que tienes ahora, no podrás ahorrar nunca, no importa cualquier aumento en tus ingresos. La persona que cree que es pobre por falta de dinero se dedicará a buscar ese dinero, el cual invariablemente usará "para vivir", para cubrir deudas pasadas y sobrevivir en su presente. El problema de "buscar dinero" para paliar tu pobreza es que éste se convierte en el único enfoque de tu vida productiva; y tu misión se limitará a esta constante búsqueda, con el costo de no poder mirar más allá de ese presente... no mirar más allá de tu nariz. Y, ¡gran sorpresa!, no importa la cantidad de ingresos que logres alcanzar, tus necesidades y gastos invariablemente aumentarán para estar acorde con este aumento de ingresos. Después de todo, el "hoy" es lo único que importa.

Esto sucederá siempre que no se añadan la educación, herramientas financieras, y cambio de percepción y valores al aumento de ingresos. Especialmente el reconocimiento de las deficiencias que sin darnos cuenta arrastramos como las que discutimos en este capítulo: Incapacidad para Planear y Gratificación Inmediata.

Por eso es que es difícil y simple a la vez entender y hacer los cambios necesarios que te garanticen Independencia Financiera. El primer paso es soltar tu aferramiento al presente para pagar deudas pasadas, y debes acompañar esta estrategia con un rechazo a los endeudamientos actuales, de ahora, que te privan de tu futuro. Al empezar a pagar todo tu presente sin robarle a tu futuro, y pagar por adelantado deudas pendientes, esto hará que tu futuro te pertenezca, será tuyo para hacer con él lo que te dé la gana. Al futuro ya ser tuyo, al estar libre y no debérselo a nadie, lo podrás invertir en lo que te dé la gana... podrás crear fortuna con él.

Una herramienta que puedes usar para romper las cadenas de endeudamientos y obstáculos a un mejor futuro económico es pagándote a ti mismo antes de pagarle a todos tus acreedores. Piénsalo de esta forma: tú alineas todas las cuentas a pagar en fila y les repartes todo el dinero que te ganaste en ese período. El dinero lo sudaste tú para ganártelo sin embargo nunca estás en la fila para recibir tu porción. Voltea la línea al revés y de ahora en adelante tú debes ser el primero en cobrar.

Un libro en mi Listado Mandatorio de Lectura es *"El Millonario Automático"* de David Bach. El proceso de pagarte a ti mismo es explicado más detalladamente y el efecto e impacto se hacen más claro en este libro. Ahí aprenderás cómo planearte y hacerte rico a pesar de ti mismo y los hábitos que arrastras que te mantienen pobre. Aprenderás cómo pagarte a ti mismo primero y cómo quitarte el proceso de ahorro de tus manos y hacerlo automático. Las estrategias del Sr. Bach son bastante efectivas. Pruébalas.

Por mi parte, habré logrado mi cometido si logro hacerte entender el impacto negativo en tus finanzas como resultado de tu inhabilidad de planear. Tu presente te mantendrá pobre si está siempre comprometido a tu pasado. Cuando es así, tu futuro ya no es tuyo y serás pobre cuando te llegue.

Gratificación Inmediata

Esto se refiere a las expectativas de una persona que ha vivido toda su vida en la pobreza. Y de nuevo quiero que entiendas que cuando hablo de pobreza no me refiero exclusivamente a una persona en una indigencia económica, totalmente desprovisto de todo recurso. Cuando digo pobre, como te expliqué en las definiciones listadas al comienzo del libro, me refiero a toda persona con un empleo del cual depende para cubrir sus necesidades - no para crear fortuna (que es la gran mayoría de la clase trabajadora).

Por lo tanto, un pobre, bajo mi definición- y libre de las inferencias y connotaciones que la palabra pueda producir - puede tener su casa, su vehículo, tomar vacaciones de vez en cuando, un par de cientos o par de miles de dólares en el banco, etc., pero tiene que reportarse regularmente y metódicamente a su trabajo y tiene que sentarse cada quincena en la mesa de su cocina a distribuirles sus ganancias a todos sus acreedores. Y después que los satisface en este período, tiene que repetir el mismo proceso en la próxima quincena. Y nunca le sobra un céntimo adicional y libre de compromiso que pueda usar para dirigir su destino hacia otro final que no sea una pobreza futura.

Y, según los valores y percepción de la persona, es imposible cesar de hacer estos pagos cada período – y en su lugar disponer de los fondos para inversiones, para acumular fortuna. Esto no es una opción. Y cada aumento en sus gastos sin un aumento en sus ingresos – y con la inflación y los golpes y eventos de la vida esto es inevitable – empieza, o renueva, el círculo vicioso de pobreza. Una vida vivida sólo satisfaciendo necesidades y cumpliendo con las obligaciones fiduciarias - vaciando el bote que se inunda con un simple baldecito en una tarea infructuosa e interminable - te hace de hecho (bajo la definición en este libro) pobre, no importa los ingresos que tengas.

Con este entendimiento, volvamos a la idea de la Gratificación Inmediata de la persona pobre.

Gratificación Inmediata es un término usado en psicología para explicar la característica de una persona que busca una satisfacción inmediata a lo que quiere o siente que necesita en ese específico momento. Como un rayo láser se enfoca en eso que quiere sin consideración a ningún otro factor, ni consecuencias ni impacto: "Esto es lo que quiero y lo quiero ahora". Esto es una característica típica de los infantes y niños pequeños que demandan atención continua a sólo sus necesidades inmediatas y están ajenos a cualquiera otra distracción que no sea solamente eso que quieren. Esta cualidad tiende a disiparse durante el desarrollo de la persona, especialmente cuando pasa de la adolescencia a la adultez.

Pero, ¿qué sucede cuando tiene una actitud similar en la etapa madura de su vida? En el caso de la persona que vive con limitaciones económicas - el resultado de la limitada percepción que le provee su realidad – el resultado tiende a ser un descalabro económico del cual nunca puede salir. Y más interesante, no es capaz de conectar esa cualidad - *quiero obtener lo que deseo, en lo inmediato, en este específico momento* - con la razón por la cual vive endeudado toda la vida.

Al no haber otros factores a considerar más allá de su deseo inmediato (o su "necesidad" como la persona le llamaría), esta persona moverá todos los recursos a su disposición - que por lo general sólo son sus ingresos, algún ahorro que pueda tener y acceso al crédito - para obtener eso que quiere (o siente que "necesita").

Considera el caso de Richard (caso verídico de un familiar cercano) que cansado de su carro viejo (un Toyota Corolla del 1999) decide que ya es tiempo de poseer un mejor vehículo. El Corolla tenía algunas partes con pequeños parches de óxido y de vez en cuando tenía que llevarlo al mecánico para reemplazar alguna pieza desgastada. Pero por lo general el vehículo lucía adecuado y le servía perfectamente para lo que lo necesitaba. Pero en el período de un año había tenido que reemplazarle los amortiguadores ($240 dólares con la labor incluida), el "muffler" ($200 dólares) y el alternador ($150 dólares) - *costos promedio para este tipo de trabajo en New York a la escritura de este libro.*

En octubre del 2010, Richard decidió que necesitaba un auto nuevo y decide acercarse a un concesionario de carros nuevos y usados y ahí ve un Honda Accord 2009 que le llama la atención. Un típico vendedor de carros usados se le acerca con mucho entusiasmo y una gran sonrisa. Inmediatamente lo abraza como un gran amigo perdido y lo invita a que se siente en el auto y lo toque y dé una vuelta en él. Prontamente, sin mucho tiempo para pensar y sin ninguna orientación, ya Richard se encontraba firmando papeles y sonriéndose con lo bien que se sintió al manejar ese vehículo comparado a su carro viejo.

La satisfacción fue más grande cuando le dijeron que no necesitaba ningún dinero de inicial al dejar su carro viejo, por el cual recibió un desembolso de $1,000.00 dólares que fue usado como inicial para obtener el nuevo vehículo ("nuevo" para Richard ya que el auto tenía más de año y medio de uso).

Sentado en su atractivo auto, Richard llegó a su casa como si estuviera manejando un avión que se desplazaba por las nubes. Este fue el negocio que Richard hizo:

o En octubre de 2010 compró un Honda Accord del 2009 por un costo total (después de añadir los impuestos y opciones) de $21,006.89.

o Al descontarle los mil dólares al entregar su carro viejo, el total se reduce a $20,006.89 dólares.

o Esta cantidad es financiada a un 6.79% de interés por 72 meses (6 años).

o Los pagos mensuales por el período del préstamo son de $339.08 ($233.18 al capital y $105.90 para intereses).

o Pagará $7,624.80 en intereses en 72 meses; este es el costo de financiamiento.

o La cantidad final a pagar después de 6 año es $28,631.69 (capital + financiamiento).

Ahora analicemos lo que hizo Richard.

Cada año él le habrá mandado a la compañía financiera la cantidad de $4,608.96 dólares ($339.08 al mes por 12 meses).Y no puede dejar de mandar esa mensualidad a tiempo pues los colectores lo llaman inmediatamente, su crédito se daña y tiene que pagar una penalidad por tardanza. Estos pagos continuarán por 6 años.

Así es que tenemos por un lado un carro viejo – su Corolla del 1999 - que tenía que arreglarle unas cosas de vez en cuando. Y como calculamos más arriba, en el año Richard le cambió algunas piezas (amortiguadores, carburador, etc.) por un total de $590.00 dólares. Cuando estas piezas son reemplazadas, no tiene que preocuparse por ellas por un largo tiempo.

Por otro lado tenemos un cómodo y elegante carro Honda Accord 2009 donde Richard tiene que mandar a la compañía financiera la cantidad de $4,608.96 cada año. Así es que tenemos por un lado unos gastos de entre $500.00 a $700.00 dólares al año en un carro viejo (el Corolla del 1999), o $4,608.96 al año por el carro casi nuevo (Honda Accord 2009).

El problema es que cuando Richard sacó el vehículo del concesionario, éste no valía $21.006.89, más los $7,624.80 que iba a pagar en intereses. Esto hacía el precio actual del vehículo $28.631.69, obviamente ni cerca del precio actual del auto, el cual realmente circulaba cerca de los $15-17,000 dólares, y quizás mucho menos por las circunstancias del título del vehículo discutidas más abajo. El modelo de negocio de los concesionarios es financiar automóviles sobrevalorados por miles de dólares – ahí es donde está la ganancia, en el financiamiento. La gente entra conformemente en este negocio por la conveniencia de tener un carro ahora y pagarlo después (Gratificación Inmediata).

Un segundo problema que Richard no sabía que enfrentaba

(No Sabía qué era Lo Que No Sabía) es que el automóvil tenía un título "*salvage*". En los Estados Unidos, los vehículos que han estado envueltos en accidentes, las compañías de seguro se los pagan a los dueños, los "rescatan" y se los venden a mediadores, quienes los arreglan y los ponen de nuevo en el mercado. Algunos de estos vehículos han sido rescatados de choques, inundaciones, o alguna otra catástrofe natural. Muchas veces son reconstruidos como nuevos. "*Salvage*" quiere decir "rescatado", y por ley el título del vehículo es marcado permanentemente con esta etiqueta. El problema con estos vehículos es que el valor se reduce significativamente, a veces hasta un cuarenta por ciento. Es por eso que Richard compró un carro que tenía todavía menos valor por esta "mancha" en el título.

Ahora compara lo que hizo Richard. Como no soportaba andar más en un carro viejo, se comprometió a pagar $339.08 dólares al mes por el privilegio de manejar un auto más moderno. Y ya desde el comienzo este vehículo estaba sobrevalorado por aproximadamente 40% sobre su costo actual en el mercado. Si Richard se quedaba con su carro viejo y se pagaba a él mismo los $339.08 dólares por 2 años, ahorraría un total de $9,217.92, ¡que sería exactamente lo que le costaría un carro con dos años de uso y un título "*salvage*" (rescatado). Y se hubiese ahorrado ¡más de $15,000 dólares!

En su lugar Richard tendrá un carro financiado que valdrá aproximadamente $5,000 dólares después de 5 años de uso, y en ese tiempo le habrá pagado a la compañía financiera ¡más de $28,000 dólares!

Pero, ¿por qué Richard no pudo ahorrarse cerca de $10,000 dólares en un poco más de 2 años, y así comprarse el mismo carro en efectivo sin tener que debérselo a nadie? Porque el concepto de separar regularmente y fielmente $339.08 dólares al mes, sin fallar nunca, y "pagarse a él mismo", es totalmente inconcebible para Richard. *¿Y cómo diablo voy a ahorrarme esa cantidad por más de 2 años?... ¿De dónde voy a sacar el dinero?*, se diría.

Sin embargo, analiza. Richard va a mandarle de forma forzada, fielmente y responsablemente, ¡sin nunca fallar! la misma cantidad a la compañía que le financió el vehículo ¡por 6 años! Porque es una obligación, un gasto mandatorio. No es una opción pues si no lo hace así le quitan el carro.

Un ahorro opcional es difícil, prácticamente imposible, para la mayoría de las personas pobres. Todos sus ingresos están ya comprometidos antes de recibirlos. Pero para todos los gastos forzados que asumen (renta, utilidades, uso del crédito, etc.), pagarán éstos religiosamente, incuestionablemente porque no hacerlo tiene consecuencias.

Los ahorros, por otro lado, NO TIENEN CONSECUENCIAS inmediatas o inminentes en el futuro cercano. No importa si lo haces o no lo haces. Separar el dinero para el futuro no tiene ningún efecto o impacto inmediato para ti. No te da ni satisfacción inmediata ni efecto negativo; a nivel subconsciente no importa, no te afecta en nada. Por lo tanto, ¡nunca sucede!

El ahorrar no da ni dolor ni placer. Pero los compromisos fijos que asumes **sí** tienen un impacto inmediato en ti. Si no pagas tu renta, te echan a la calle. Si no pagas la electricidad, te forzarán a vivir a oscuras. Si no pagas el supermercado, pasarás hambre… Por igual, si te saco $40 dólares a la semana de tu salario, fielmente y consistentemente, por diez años (de la misma forma en que pagarás forzosamente la cuenta de electricidad y tu renta), y si hago estas deducciones de tus ingresos CON CONSECUENCIAS: si no me das los $40 dólares cada semana te privaré de tu tranquilidad, salud, energía, comodidad, movilidad, felicidad, sueño, etc., es indudable que me darás esa cantidad cada semana sin fallar. Y lo harás con los mismos ingresos que recibes actualmente, ni un centavo más ni un centavo menos.

Y lo más curioso. Esa cantidad de la cual era imposible prescindir, no veías cómo ibas a subsistir sin ella, puede desaparecer de tu salario regularmente empezando ahora mismo y no te afectará en absolutamente nada. ¡Te lo garantizo!

Ahora vamos más lejos, ¿qué significa $40 dólares a la semana por 10 años? Pues que la cantidad acumulada será $19,200.00. Y si le agregamos el poder de los intereses compuestos – el ahorro se autoalimenta los intereses y cada mes el capital será más alto – esta cantidad puede subir desde

$23,000 a $27,000 dependiendo de los intereses. ¿Y qué puedes hacer con esa cantidad? Por lo general esa es una cantidad donde en la mayoría de las regiones donde vivas podrás usar como inicial para comprar tu casa o una propiedad de inversión. Lo cual te pondría en camino para lograr la Independencia Financiera.

Pero, sí... ya sé lo que piensas y yo comprendo... Tú no tienes "suficientes ingresos" para hacer el sacrificio de dedicar $40 dólares a la semana para un ahorro forzado. No te puedes ver cortando esa cantidad de tus ingresos semanales por ¡diez años! Aunque pagarás renta, electricidad, teléfono/cable por el resto de tu vida sin darte la misma queja. Ya te has dicho "que no puedes vivir" con esa reducción. Te luce imposible y lo consideras un insostenible sacrificio.

Por eso eres pobre.

Richard elige pagar $28,631.69 poco a poco en seis años que pagar $10,000 por el mismo carro después de dos años de disciplina de ahorros ¡de la misma cantidad mensual que él está forzado a mandarle al concesionario que le financió el carro: **$339.08 dólares**! Es como decirse: "!No puedo ahorrarlos para mí por dos años pero sí se los puedo mandar al acreedor del carro nuevo por seis!

Increíble, ¿no? Sólo por no poder disciplinarse a ahorrarse esa cantidad para él mismo por dos años. Quizás puedas ahora entender mejor el impacto de: la Incapacidad de Planeamiento y Gratificación Inmediata.

* * *

El profesor de economía de la Universidad de Harvard, Sendhil Mullainathan, escribió un libro junto al profesor de psicología de la Universidad de Princeton, Eldar Shafir con el título "Scarcity: Why having too Little means so much": (Escasez: Por qué tener tan poco significa tanto), donde proponen que las personas de escasos recursos tienen "Escasez de Atención" porque están tan concentrados en resolver problemas y gastos presentes que son incapaces de evaluar lo que es realmente importante. Proyecciones futuras no caben dentro de la realidad del individuo; los pensamientos se desbocan constantemente a cubrir gastos y satisfacer necesidades. Y más chocante, los estudios proveyeron evidencias empíricas que ese enfoque intenso en satisfacer necesidades produce una reducción en la capacidad mental de la persona para resolver problemas. Las restricciones de una pobreza económica (cuando es comparado a una persona que ha logrado superar esta pobreza) causa que la persona sea menos productiva en el trabajo y tenga menos auto control. Los estudios de los profesores Mullainathan y Shafir indican una relación negativa entre falta de recursos económicos y las funciones cognitivas (la habilidad de pensar y calcular) de la persona. El profesor Shafir propone que: "Las personas no toman decisiones financieras racionales si típicamente hacen el error de confundir el valor intrínseco del dinero: su valor nominal – *la percepción irreal y desubicada de su valía -* con su poder adquisitivo (*valor* real *– lo que verdaderamente puedes adquirir con él…".*

***

Elba María es una incansable y dedicada trabajadora con un gran potencial de producción. Elba María vive con su esposo Armando y sus dos hermosas niñas. Ambos están empleados y cada uno recibe un salario que, al unirlos, el total debería ser suficiente para cubrir más allá de las necesidades inmediatas. Pero no ha sido así. Por varios años Elba María ha luchado con una acumulación de deudas que cíclicamente la arropan y amenazan con descalabrar el presupuesto del hogar. En un par de ocasiones, Elba María ha consolidado todas las deudas, las cuales ha pagado con un gran préstamo individual, y así sólo hacía un pago mensual. Ha saldado este préstamo, ha empezado desde cero y de nuevo se ha vuelto a endeudar incontrolablemente poco tiempo después.

La última acumulación de deudas incurrida en el transcurso de algo más de un año subió a más de $24,000 dólares – lo que es más que suficiente para el inicial necesario para adquirir una casa en vez de cubrir la muy cara renta que pagaban mensualmente. Irónicamente, la razón de no adquirir su propia vivienda (y disfrutar la comodidad, beneficiarse de las deducciones de impuestos, más la plusvalía que se acumula cada año - lo que le garantizaría un exitoso retiro a los dos) era que **"no tenían"** los fondos para comprar una casa.

En un momento dado quise ofrecer algunas sugerencias e información a Elba María que le sirvieran para romper el círculo de endeudamiento que la mantenía en un continuo estado de lucha y estrés en lo que a sus finanzas se refería.

Aunque ella obviamente carecía de la información, disciplina, datos y educación financiera que la llevaran a un resultado diferente, la respuesta de Elba María a mi intención de mostrarle otras alternativas fue: *"Ay, Polanco... Usted no sabe lo que estoy pasando... si usted supiera..."*, echando de lado cualquier sugerencia porque yo "no sabía su situación...". Yo no tenía base para ofrecerle algún consejo porque yo "no entendía".

Con esto me dejó saber que yo (y por consiguiente los recursos de información, técnicas y herramientas financieras disponibles ahí afuera) no sabía las dificultosas condiciones personales de ella para poder ayudarla. Era obvio que ella estaba envuelta en un tormentoso período de dificultades económicas basado en una interminable cadena de endeudamiento. Pero las condiciones específicas de cómo llegó a ese estado sólo ella las conocía y sólo ella las vivía. Yo no me podía relacionar ni entender su situación. Por lo tanto no podía ayudarla.

Cabe resaltar que Elba María tenía cerca de una docena de líneas crediticias entre tiendas y tarjetas de crédito. Todas eran usadas constantemente.

Una de las cosas que más me ha frustrado en mi búsqueda y estudio de soluciones financieras, es que muchas veces no puedo compartir éstas con las amistades y familiares a mi alrededor, quienes empeñados en vivir en la "única realidad" en que se desenvuelven no pueden ver soluciones más allá de sus limitadas percepciones. No saben de qué hablo. Éstos sólo pueden hacer lo que saben dentro de "su realidad", soluciones fuera de ésta son inconcebibles.

Y ahí radica el fracaso....

Capítulo 15

UN TRABAJO TE IMPIDE HACERTE RICO – UN BUEN TRABAJO LO HACE IMPOSIBLE

"No existe fuerza que te haga llegar a alguna meta a menos que tu mente te lleve primero"

Reconozco de entrada que el título de este capítulo suena totalmente contrario a lo que sabes y entiendes y lo que te han inculcado en tu mente durante toda tu vida.

Incluso, parece que no tiene sentido, ¿no? *¿Cómo diablo un trabajo se interpone a mi potencial riqueza?... ¿Y si el trabajo es bueno, conseguir fortuna es ¡imposible!?* Sé que estoy atacando de frente "tu realidad" y tú por consiguiente vas a enfrentar el ataque con alguna resistencia. Es natural. Y como tal pensarás que estoy hablando disparates. Eso también es natural. Sólo te pido paciencia y que me sigas en mi explicación. Mantén la mente abierta a mi argumento; más tarde podrás darme tu argumento, si lo tienes, contactándome con el acceso por correo electrónico provisto al final del libro. Por ahora te quiero llevar de la mano a la explicación de por qué pienso que aplicarte a un trabajo te previene de hacerte rico.

Vamos a empezar con lo básico.

Como exploramos y discutimos a través de este libro, todos hemos sido entrenados y acondicionados para seguir un patrón pre-establecido: estudias, terminas tu educación (universidad, un aprendizaje técnico, escuela vocacional, aprendes un oficio), consigues trabajo, mantente tú y tu familia, educas a tus hijos, te retiras con una pensión reducida de lo que fue tu salario (del seguro social del gobierno o tu empleador, y en algunos casos – como algunos países sub-desarrollados sin un efectivo sistema de retiro - contando con la ayuda de tus hijos adultos, o cualquier recurso que hayas acumulado en tu vida productiva). Este es el patrón que por defecto la gran mayoría de la población (más del 90%) sigue. Como dije anteriormente, si has seguido leyendo este libro hasta este punto, lo más probable es que tú eres parte de este 90%. Creo que esta premisa que te presento es indiscutible, ¿no? Es lo que has visto suceder a todo tu alrededor. Es el patrón que tu abuelo/abuela siguió y el que tu padre sigue, si no es que ya está retirado. Es lo que percibes que se espera de ti.

Así es que podemos estar de acuerdo con la diagramación de la vida laboral de un individuo de la clase media, trabajadora y/o pobre. Y tiene que ser así, pues para la maquinaria laboral funcionar ininterrumpidamente hacen falta las "piezas" humanas que la hagan operar efectivamente y sin pausa en el proceso. Un empleo no es creado con la intención de hacer rico al empleado. Esa no es la intención de ningún modelo de negocio, excepto para los dueños de la empresa. Un salario te proveerá lo suficiente para cubrir todas ("con suerte") o algunas (si no tienes "suerte") necesidades de vida. Y como he hecho alrededor de este libro, enfatizo la palabra "necesidades", no la acumulación de fortuna más allá de las necesidades.

¿Qué crees que hace el chofer de taxi, la vendedora en la tienda, el plomero, el cocinero del restaurante, el que te vende los sellos en el correo, la que te vende el pasaje en la agencia de viaje, la que te hace el pelo en el salón de belleza, el policía, la maestra? El mecánico que te arregla el auto, el artesano que fabrica los muebles, la secretaria en la compañía de seguro están haciendo lo mismo: viviendo y dependiendo de un salario que les permite una calidad de vida limitada y restringida exclusivamente a esos ingresos que devienen por su labor. Y vivirán en un estatus económico y social únicamente dentro de los parámetros que le permiten esos ingresos – ni más ni menos. Si una persona soltera se casa y puede unir su salario al de su pareja, con estos incrementados ingresos podrá moverse a un nivel económico un poco más amplio; y de nuevo, solamente dentro de los parámetros de la combinación de los salarios. Y de la misma forma, cuando uno de estos salarios es eliminado (por pérdida del empleo, renuncia por embarazo/crecimiento de la familia, etc.), de la misma forma tiene que haber un ajuste hacia abajo en el nivel económico y social de la familia.

En este caso, el salario se convierte en un barómetro que determina el nivel económico, social y calidad de vida de la persona. Y como cualquier otro medidor o indicador, el nivel y calidad de vida fluctuará de acuerdo a los cambios en los ingresos en la vida de la persona.

Con este entendimiento, volvamos a mi tesis original: un trabajo te impide hacerte rico – un buen trabajo lo hace imposible. Tus estudios y sacrificios durante tu preparación te llevaron a conseguir el trabajo que anhelabas y para el cual te preparaste. Después que ya estás establecido en tu trabajo, aquí entra en juego **LA REGLA 40/40.**

LA REGLA 40/40

Cuando escuché esta regla por primera vez me chocó bastante por su gran verdad. Una verdad innegable y obvia que sirvió como un vaso de agua fría en la cara para hacerme despertar. A pesar del concepto ser sencillo y básico, fue bastante impactante. La regla es ésta: el destino del empleado es trabajar 40 horas a la semana (8 horas al días, por 5 días) por 40 años hasta llegar a su retiro. En los Estados Unidos, la edad de retiro (en el año actual 2014) es a los 62 ½ años de edad cuando ya puedes recibir los pagos de pensión y seguro social – (por la crisis económica que actualmente sacude la nación mientras escribo este libro, el congreso está considerando aumentar la edad del retiro a los 65 años de edad). Yo me gradué de la universidad a los 22 años de edad (que es la edad promedio de graduación de los jóvenes), lo que quiere decir que después de 40 años de labor ininterrumpidos - por 40 horas a la semana - ya sería elegible para el retiro. Podrás notar que sólo hablo de retiro/pensión, no fortuna o independencia económica. Me refiero única y exclusivamente a la "sobrevivencia salarial" que te permite laborar por un sueldo que refleja tus horas de trabajo por 40 años, lo que te garantiza un techo sobre tu cabeza, comida, criar tus hijos si los tienes, y cubrir los gastos básicos de tu vida; hasta que no puedas, por la edad, ya hacerlo más, y entonces, a los 62 ½ años de edad, te mandan para la casa con un cheque de pensión que tiende a ser más pequeño que cuando estabas trabajando.

(No solamente trabajaste durante tu período laboral ajustándote a carencia y limitaciones – pues tu calidad de vida dependía exclusivamente de tu salario - ahora eres más pobre en tu vejez).

Pero, ¿por qué si es tan obvio no nos damos cuenta de esta regla a tiempo para hacer algo para cambiarla?

Pues, por la razón expuesta al comienzo de este libro en el ejemplo del pez en la pecera. Como explicamos anteriormente, el pez está ajeno a cualquiera otra realidad que no sea esa que conoce en el limitado mundo de su pecera. Cualquier otro concepto fuera del espacio cerrado de su pecera es inconcebible. El trabajador vive ajeno a cualquier otra realidad que no sea esa que le fue inculcada en su juventud: edúcate, búscate un trabajo (o creas tu propia fuente de ingresos), mantente tú y a tu familia y (después de tu vida útil) te retiras. Como la única, incuestionable realidad, otras opciones, alternativas, diferentes caminos a seguir nunca son tomados en consideración. De hecho, es impensable considerar otras opciones - ¿las has considerado tú antes de leer este libro? No podía ser de otra manera pues un formato diferente de vida al que conoce es inexistente dentro de la realidad de esta persona. Nadie vive dos realidades a la vez, ¿no? Lamentablemente la que te "tocó" a ti es la que vives y la que te mantiene pobre.

(Lo que puede servir para explicar tu reacción contraria a mi afirmación al comienzo de este capítulo – si ese fue el caso - de que un trabajo te impide hacerte rico).

Piénsalo de esta forma: el día consiste de 24 horas, de las cuales un tercio (8 horas) es para dormir, otro tercio es para trabajar (ponchando tu tarjeta en el reloj de tu empleo de 9 a.m. a 5 p.m.) y el tercer período de 8 horas es para ocio, la familia y tiempo personal. (El período de trabajo puede ser regularmente de 10 a 12 horas cuando se incluye el tiempo de preparación y el transporte hacia y desde el lugar de empleo). Cuando la persona corre su propio negocio y/o busca su sustento por su propia iniciativa, las horas de labor pueden ser 10, 12 horas al día o más.

Después que consigues tu modo de sustento, arreglarás y acomodarás tu vida alrededor de este formato. Y el salario/ingresos será el núcleo alrededor del cual todas las facetas de tu vida (familia, medio ambiente, diversión, calidad de vida, educación, vida social, salud, futuro) girarán. Cualquier cambio en este núcleo (para bien o para mal, hacia arriba o hacia abajo), afectará TODOS los otros aspectos de tu vida.

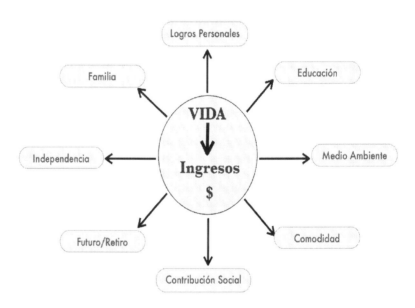

Ahora, analiza conmigo, si todo tu tiempo productivo ya está comprometido a sólo una forma de ingresos - tu salario o tu autoproducción por las tareas que conduces independientemente – y ésta no está "formateada" para crear fortuna, ¿de dónde vendrá tu riqueza? ¿De dónde vendrá tu logro de Independencia Financiera? Como discutimos en varias ocasiones a través del libro, tu empleador no ha diseñado su modelo de negocio para hacer rico a sus empleados. De nuevo, mi pregunta: ¿si no es el trabajo que te hará lograr Independencia Financiera, qué es entonces?

Aquí es donde viene la sustancia, el punto de enfoque, el meollo del asunto que en este capítulo propongo: un trabajo te previene de hacerte rico porque te hace perder tu más valioso tesoro - tu tiempo. Los compromisos asumidos por ti en tu vida, sean éstos la renta que tienes que pagar sino te tiran a la calle, las utilidades como electricidad y el gas, y los servicios como teléfono, transportación, la educación de los hijos, comida en la mesa para éstos, etc., hacen que la opción de buscar otra alternativa que te lleve a la Independencia Financiera sea antes tus ojos imposible; impensable tal vez. No puedes parar de trabajar porque debes cubrir estas necesidades, pues éstas son reales e inexorables. Y como un reloj imparable e imperdonable, cada treinta días empezarás a mandar cheques y giros para que te dejen tranquilo por treinta días más. Y treinta días después. Si paras para buscar otra alternativa, todo tu mundo se viene abajo. Así es que cesar en intercambiar tus horas productivas por un salario deja de ser una opción. No tienes forma de hacerlo sin descalabrar tu vida - y lo que es peor, ni siquiera se te ocurrirá la idea pues, después de todo, lo que estás haciendo te cubre tus necesidades básicas. ¿Por qué "remenear la mata"; por qué molestarse en cambiar si ya consigues lo que necesitas para sobrevivir? O eso es lo que entiendes y es tu percepción dentro de tu realidad.

¿Puedes ya ver cómo un trabajo te impide hacerte rico? Las obligaciones asumidas en tu vida te comprometen, como en un círculo vicioso, a trabajar para cubrir estas necesidades. Las necesidades te obligan a aferrarte a tu trabajo, y tu trabajo te previene de buscar opciones y soluciones para lograr Independencia Financiera, (¿recuerdas el ejemplo en el capítulo 10 de la serpiente que se come su cola?) Y el asunto es peor cuando tienes "un buen trabajo" pues en esa situación, la motivación e iniciativa de buscar opciones son prácticamente inexistentes. El salario de un profesional en ciertas áreas lucrativas – abogados, ejecutivos, doctores - está por igual atado a una obligación con un determinado tiempo productivo rentado al empleador. Estos tipos de ingresos son frecuentemente suficientes para una calidad de vida de clase media alta con todos los beneficios y entrampes que ésta conlleva. Mientras el flujo de ingresos se mantenga, así se mantendrá la calidad de vida. Pero no te olvides que todavía a este nivel se mantiene la regla: intercambio de horas productivas a cambio de un salario fijo, aunque sea un salario atractivo por el nivel de beneficios y comodidades que te permite adquirir; y recordando también que el atractivo del salario está ligado a una gran responsabilidad, cara educación y una gran inversión de tiempo y sacrificios.

La misma regla también aplica a este nivel cuando se pierde el empleo por cualquier causa. Y en estas situaciones el descalabre es más dramático, especialmente cuando la persona que pierde el empleo pasa de los 50 años de edad.

Leí un artículo bastante revelador en el periódico neoyorquino Daily News de fecha diciembre 26, 2011. El artículo por el reportero Pete Donohue narraba la historia de Paul Vella, un empleado del sistema público de transportación de la ciudad de Nueva York. Su posición era como despachador de fichas de acceso para los usuarios del metro, y para esto estaba posicionado en una caseta en una de las estaciones de la amplia red de líneas de trenes. Por cortes en el presupuesto de la ciudad, él fue suspendido de su trabajo en mayo del 2010 junto a otros mil empleados. El Sr. Vella, quien tenía 47 años de edad, describió la experiencia de estar desempleado como horrible. Él describía como "*despertaba cada día, preguntándome que iba a pasar, si había suficiente dinero para pagar las cuentas, comprar medicina, alimentar a mi familia*".

Para colmo, la esposa del Sr. Vella había sido despedida de su trabajo como asistente legal dos meses más temprano. El dramático descenso en los ingresos de la casa lo forzó a deshacerse, como él mismo lo dijo: "*del servicio de cable, mi automóvil, y cualquier otra cosa sin la cual podría vivir*". Durante este tiempo aumentaron las deudas en las tarjetas de crédito y agotó todos sus ahorros. Para octubre del 2011, el Sr. Vella fue repuesto a su posición. Él describió su retorno a su empleo así: "*Estaba contento de recibir mi trabajo de vuelta… Tengo cuentas que pagar y una familia que mantener*". Aunque tuvo que trabajar el 24 y 25 de diciembre, días navideños que no pudo compartir con su familia, tuvo la satisfacción y alegría de tener su trabajo de nuevo, y así lo expresó al reportero. El Sr. Vella fue uno de los pocos afortunados que fueron llamados de vuelta por la Autoridad de Tránsito. Muchos de los otros empleados suspendidos perdieron la esperanza de regresar.

En ese mismo periódico neoyorquino, en un artículo más reciente fechado julio 15, 2012, y escrito por Rich Shapiro, se relata la historia del técnico para la compañía de electricidad Con Edison, Mike Plunchino. Con Edison es la empresa responsable de suplir de energía eléctrica a la ciudad de Nueva York, y a comienzo de ese mes había roto las negociaciones con el sindicato que representaba a la empleomanía. Con Edison ordenó prontamente la suspensión de 8,500 empleados y los sustituyó con managers, administradores, y antiguos empleados que estaban en retiro, más contratistas independientes. El Sr. Plunchino, narra el artículo, había consumido en dos semanas de desempleo la mitad de lo que le había costado 5 años ahorrar, unos ahorros que totalizaban $6.000.00 dólares. Todos los ahorros del Sr. Plunchino iban a desaparecer al final del mes. El Sr. Plunchino tenía 34 años y un hijo de 5 por el cual mostraba la mayor preocupación. *"¿Qué tal si él se enferma o se rompe un brazo?"* Él sabía que los costos médicos correrían por él. *"Para mí,"* se decía, *"si no hay un hueso que se está saliendo o me estoy desangrando, me voy a curar con goma de pegar"*.

Cuando empezó la huelga, tuvo que dejar de comprar productos frescos y de calidad, se vio forzado a almacenar latas y productos congelados, y a sólo usar el carro para viajes esenciales. Al final del artículo, el Sr. Plunchino se lamentaba que solamente tenía para un pago más de hipoteca, un sólo mes más de pagar cuentas y un sólo día más de ir de compra de alimentos. *"Después de ahí,"* se decía, *"voy a tener que irme a parar en las esquinas con los ilegales y rogar para que me den una jornada de trabajo"*.

Estoy seguro que la historia del Sr. Vella y su esposa, y del Sr. Plunchino es mucho más común de lo que nos imaginamos, especialmente en esta época donde la economía mundial está pasando por tantos trastornos. Estoy seguro que has escuchado historias similares entre tus allegados. Sin duda alguna, el Sr.

Vella y su esposa, al igual que el Sr. Plunchino, son excelentes personas, decentes e íntegros. Ellos obedecieron todas las reglas del juego y cumplieron con todas las obligaciones y responsabilidades que se esperaban de ellos. Los trabajos que ellos ejercían demandaban un grado de especialización, educación y experiencia, especialmente el de la Sra. Vella en su posición de asistente legal ("paralegal"). Y después de cumplir con todas las reglas de la sociedad y seguir los pasos que su medio ambiente y los modelos a seguir a su alrededor les habían trazado, ¿qué pasó? ¿De qué les sirvió?

He visto tristes escenas donde empresas y corporaciones despiden a sus empleados inesperadamente y les dan 20 minutos para limpiar sus escritorios, poner todas sus pertenencias en cajas y salir prontamente de la propiedad, todo el tiempo siendo seguidos y vigilados por los guardias de seguridad de la empresa, quienes los escoltan hasta la salida.

El Sr. Paul Vella y el Sr. Mike Plunchino, como millones de seres anónimos alrededor del mundo, son típicos ejemplos de lo que sucede cuando se rompe el cordón umbilical de un empleo que apenas le da a la persona lo suficiente para cubrir necesidades – para sobrevivir.

Un trabajo te impide hacerte rico – un buen trabajo lo hace imposible.

Creo que un poco de historia a este punto es necesario. Sin hacerlo largo y cansón es algo que debes aprender (o recordar si lo has estudiado antes cuando asistías a la escuela). La historia económica mundial se divide por períodos. Por miles de años, antes de los grandes descubrimientos tecnológicos y mecánicos, el sistema de producción y comercio mundial era agrario. Los individuos tenían sus medios de producción en las fincas y crianza de animales y generalmente se usaba el sistema de trueque como comercio. Las plazas de las villas servían como mercado para el intercambio de servicios y productos. En las épocas de cosecha y según las necesidades de las incipientes micro-empresas agrícolas, aquellos artesanos y "técnicos" que proveían el apoyo necesario para las tareas de la época (herreros, peones, los primero veterinarios, constructores, etc.)

eran parte de la economía y todos operaban independientemente y cada uno era auto-suficiente.

A principio del siglo 19, en las primeras décadas del 1800, se inició la Era Industrial con un explosivo desarrollo de nuevos sistemas de producción basados en revolucionarios inventos y creativos métodos de producción en masa. Los trabajadores se movieron de las zonas rurales donde trabajan en la tierra a las nuevas zonas urbanas para trabajar en la manufactura de productos en una multitud de factorías y fábricas. El sistema de manufactura en masa garantizaba que los productos se podían construir más baratos y más rápidamente bajo el sistema de ensamblaje. Con los nuevos inventos (el motor a vapor, el motor de combustión interna, la imprenta), más el uso de metales como el hierro y aluminio, y minerales como el carbón, la eficiencia y alcance de distribución transformaron la sociedad, creando millonarios, mejorando la calidad de vida de la sociedad, y creando una nueva clase laboral - y el subsecuente desarrollo de una clase media.

Anteriormente, un artesano completaba un producto desde su comienzo a su final, sea éste un jarrón de barro, una lámpara de aceite, un aparato de tejer, etc. En la Era Industrial, un empleado es sólo responsable de una pequeña parte del proceso: ensamblar los ejes de la carrocería de un vehículo; sólo el envase de combustible de la lámpara; o únicamente los pedales de la máquina de coser; o envasar los productos en cajas y listos para distribución, etc. Otro grupo se encargaba de las otras partes. La responsabilidad de un individuo de completar un producto de su comienzo hasta el final desapareció. De esta nueva forma, los empleados eran sólo piezas de un sistema mayor.

En la evolución de este nuevo proceso de producción, se crearon sistemas que sostuvieran la nueva maquinaria industrial, desde un sistema educativo que se mantuviera alimentando la insaciable necesidad de nuevos empleados; un sistema bancario para manejar el nuevo capital que producía la maquinaria industrial; uniones y sindicatos para balancear un poco los niveles de poder entre la empleomanía y la gerencia/propietarios; y una economía que creara la demanda de los productos manufacturados por la maquinaria industrial, o sea que produjera consumidores.

Hace más de dos décadas, empezando aproximadamente desde el comienzo de los años noventa, nuestra generación ha sido afortunada al vivir por la transición histórica a una nueva era económica: la Era Digital (o la Época de la Informática, donde la información es considerada prácticamente una divisa monetaria y es manipulada como tal). El Internet ha sido el motor que está transformando el comercio, la comunicación, la educación, y hasta la política global. Fíjate en los cambios que ocurrieron en Egipto, Siria y Libia y otros países del Medio Oriente al final del 2011 y continuando en el 2012, donde las revoluciones son sostenidas y propulsadas por las redes sociales en el Internet, (pero, aunque interesante, asuntos políticos no es lo que estamos tratando en estos momentos).

El impacto que el modelo económico de la Era Digital ha tenido en la calidad de vida del individuo ha sido transformativo. El cambio ha sido tan rápido y chocante que aquellos que pasan los 40 años de edad están viviendo en una nube de confusión e inseguridad. (Por eso es que necesitamos al sobrino, nuestro hijo o al vecinito que nos explique cómo bajar contenido en línea, remover contenido del disco duro C de nuestro sistema, o re-programar la computadora después de limpiarla de virus). Esa inseguridad y falta de entendimiento a estos cambios es lo que está causando la parálisis y estancamiento del trabajador pobre y de clase media. Éstos están aún viviendo en la Era Industrial cuando ya estamos de hecho viviendo en la Era Digital.

Y aquí es donde está el problema.

En la Era Industrial un trabajo era por vida. Tú salías de la escuela a un empleo que prometía cuidarte en tu vejez después de tú dedicarle tu vida productiva a servirle como pieza del engranaje de la empresa. Saliendo de la escuela superior y entrando a la universidad o escuela vocacional, la pregunta de rigor era: ¿y tú que vas a ser? Las respuestas reflejaban una definida gama de carreras y profesiones (contable, enfermera, ingeniero, mecánico, electricista, soldador, plomero, dentista, vendedor… etc.). Como lo más probable puedas apreciar, todas estas posiciones sirven como piezas de un sistema mayor. Y como también estoy seguro podrás apreciar, todas estas "piezas" son intercambiables en una empresa. Tan pronto te retiras o te despiden de una posición, ya hay otra persona ocupando tu lugar en cuestión de horas.

Pero por la mayor parte, tu carrera estaba definida y sabías que esperar en un camino que ya estaba preparado y pavimentado para ti. (Cuando perdías un trabajo tú también ya estabas listo para re-integrarte a otro con la misma misión de quedarte en él "para siempre"). Pero ya no es igual. El Internet y la informática, y los nuevos modelos empresariales se mueven demasiado rápido, el alcance es mucho más vasto, y la lealtad y responsabilidad del empleador no es al empleado sino al sistema. El comercio es ahora global y se mueve a la velocidad de la luz.

Aquellos que se han quedado con la mentalidad en la Era Industrial son los que se quejan de que las cosas no están bien, la inseguridad los acecha y la frustración los domina. Seguirán dando tumbos y aferrados a un empleo con el cordón umbilical de un salario que lo retiene en un nivel económico irrompible y restringido; y rehaciendo y acomodando sus vidas a los limitados ingresos que reciben cada mes por la contribución de sus horas productivas a su empleador. Y harán esto aun sabiendo que los ingresos que reciben nunca alcanzarán para cubrir sus gastos en su totalidad; o por lo menos no se podrán dar la calidad de vida que sienten que se merecen. Una calidad de vida que se queda sólo en deseo, pues saben que el salario nunca alcanzará para satisfacer y hacer cumplir esos deseos.

Y con este conocimiento se levantarán cada lunes temprano en la mañana para repetir el proceso por el cual cobran. Por ende la frustración.

(Esta frustración sólo se manifiesta cuando la persona ENTIENDE su situación – la cual es irónicamente la meta de este libro). Aquellos que viven "en sus peceras", ajenos a "la otra realidad" que no conocen, vivirán en la **conformidad que les da su ignorancia**. Cambios en sus vidas, opciones y alternativas son inconcebibles. Sólo quedará la queja y la aceptación en la psiquis de que la situación es in-cambiable y que debe ser aceptada como tal – y como expliqué anteriormente, esto va usualmente a un grado más profundo que aceptación; es de hecho convertido en una realidad y estilo de vida incuestionable.

Y como es incuestionable, éstos seguirán en sus empleos, sin consideración a ninguna otra alternativa, en complacencia de que las necesidades básicas están siendo satisfechas, eliminando todas las posibilidades de lograr fortuna económica e Independencia Financiera. Porque, después de todo, un trabajo te previene de hacerte rico; un buen trabajo lo hace imposible.

El secreto está en que cualquier fuente de ingresos, sea cual fuera, debe estar diseñada para lograr Independencia Financiera.

Si no es así, estás perdiendo el tiempo.

***

Según estadísticas recibidas de la Administración de la Seguridad Social en los Estados Unidos, de cada 100 hombres que tienen ahora 25 años de edad, de aquí a que vengan a cumplir 66 años:

1 será rico.

4 tendrán buenos ingresos por rentas, inversiones, etc.

5 todavía estarán trabajando; querrán retirarse pero no podrán.

30 estarán muertos.

54 dependerán de familiares, ayuda de amigos o la caridad social; o vivirán con sus hijos y no tendrán dinero para sostenerse.

¿Y qué se puede esperar de países como Guatemala, Colombia, República Dominicana, Honduras, Venezuela, sin un efectivo plan de retiro establecido por sus gobiernos para la creciente masa de personas de edad avanzada...? Las probabilidades son peores. Me temo que los números que denotan el porciento que vivirá en la pobreza serán indudablemente más altos en nuestros países latinos. Hecha un vistazo por la ventana o camina alrededor de tu vecindario, ¿qué ves? Hombres y mujeres de avanzada edad limpiando las mesas de los restaurantes, vendiendo trinquetes en las calles, haciendo un esfuerzo por sobrevivir. Si se replican las estadísticas de Estados Unidos, la gran mayoría de estas personas vivirá en la pobreza hasta el final. En la realidad que estas personas vivieron y tomaron sus decisiones nunca vieron otras alternativas.

Mi intención es despertarte a estas alternativas... antes que sea tarde.

Capítulo 16

ENSÉÑAME TUS AMIGOS Y TE ENSEÑARÉ TU FUTURO

"Para el pobre, la ansiedad y el miedo de perder son más grandes que la satisfacción de ganar"

La influencia de los amigos cercanos, aquellos que han sido parte de nuestra vida, tiene un efecto potente y un poderoso impacto en nuestra conducta, nuestros pensamientos y creencias. Y, aunque sea difícil reconocerlo conscientemente, hasta en las decisiones que tomamos. Pero lo insidioso de todo esto es que el proceso es lento, pasivo y corrosivo, y ocurre en un período tan largo de tiempo que no nos damos cuenta que hemos creado nuestra realidad para reflejar la de aquellos que nos rodean. Eventualmente todos nos reflejamos en el mismo espejo. El patrón de conducta queda establecido bastante temprano en la relación, y por lo general adoptamos la tendencia a duplicar las decisiones de aquellos alrededor de los cuales gravitamos. Después de todo, al nuestro grupo íntimo compartir la misma realidad, así será la predisposición de todos a tener las mismas percepciones y compartir los mismos valores.

Estudios de la Escuela de Medicina de la Universidad de Harvard llegaron a determinar que las probabilidades de una persona llegar a la obesidad se incrementaban 57% si un amigo era obeso, y 37% si el(la) esposo(a) era obeso(a). En la aplicación práctica de este concepto, tienes que aceptar que si tú estás tratando de perder peso, saliendo a comer con amigos que no están a dieta hace mucho más difícil lograr tu meta. Si estás tratando de dejar de fumar, tener fumadores a tu lado te complica y hace más difícil dejar el cigarrillo.

En el libro "*The Slight Edge*" ("*Las Pequeñas Ventajas*") por Jeff Olson, el cual está en el Listado Mandatorio de Lectura, el autor establece lo siguiente (página 152): "Tus ingresos son iguales al promedio de los ingresos de tus cinco mejores amigos".

Esto también se aplica a todos los aspectos de tu vida. Tu nivel y estatus de salud está en el promedio del nivel de salud de tus cinco mejores amigos. Tu desarrollo personal estará en el nivel promedio de tus cinco mejores amigos; lo mismo con el nivel de éxito, actitud, relaciones, finanzas y el resto de tu vida. Todos estos aspectos estarán en promedio dentro del marco de tus cinco mejores amigos.

Dime con quién andas, y te diré quién eres. Pájaros del mismo plumaje siempre vuelan juntos.

Tú eres la combinación del promedio de las cinco personas con quienes más frecuentemente te asocias, incluyendo la forma de caminar, hablar, actuar, pensar y vestir. Tus ingresos, los logros, hasta tus valores y tu filosofía lo reflejarán.

Mira a tu alrededor, ¿son tus amigos más exitosos que tú? ¿Viven ellos el modo de vida que tú aspiras vivir, o en el modo de vida que quieres dejar atrás? Conociendo la actitud, motivación, valores y percepción de tus amigos, ¿dónde estarán ellos en 20 años?

¿Te están ellos levantando o te están halando hacia abajo?

La respuesta es sí o no, uno o lo otro. No existe un *tal vez*, *quizás*, *a veces*... Con quien te asocias **siempre** ganas o pierdes algo - aunque sea energía, estado de ánimo, o tiempo.

Piénsalo.

La razón por la cual las aves del mismo plumaje vuelan juntas es porque todas van en la misma dirección.

No hacen falta estudios ni investigaciones para dejar establecido algo tan obvio.

Analízate y evalúate tú mismo. ¿Cuáles son tus amigos más cercanos y a quienes por más tiempo conoces y más tiempo han sido parte de tu vida? ¿Recuerdas cómo se criaron juntos, o fueron a la escuela juntos, o crecieron en el mismo barrio? Te apuesto a que en la mayoría de los casos todos ustedes compartirán el mismo estatus socio-económico. Encontraría muy difícil que cuatro de ustedes – TCM's trabajando duro para satisfacer sus necesidades - estén ahora mismo compartiendo con sus otros dos amigos millonarios. Eso no es por lo general lo que sucede.

Si mantienes la amistad cercana desde la niñez a la adultez con un específico grupo de compañeros, notarás al sentarte a comparar notas (ya como adultos independientes con familia, empleo y responsabilidades) que sorpresivamente, y quizás pensando que es mayormente producto de coincidencia, todos tenderán a compartir las mismas actitudes, creencias y valores; y se recordarán mutuamente como eran de niños, y se interrelacionarán de la misma forma como siempre lo han hecho. Y en la gran mayoría de los casos compartirán el mismo nivel socio-económico. ¿Cómo actúas tú cuando te reúnes con tus amigos de infancia y de la escuela? ¿Qué sucede cuando llega un miembro del clan que ha alcanzado un nivel bastante alto en la escala económica comparado con el resto del grupo?

Exacto.

Por eso es que tengo tanta confianza en declarar que si me enseñas tus amigos, te enseñaré tu futuro.

¿Cuántos amigos te necesitan y te toman tu tiempo, y tienes la obligación de escucharles, orientarlos, darles apoyo, prestarles dinero, dedicarles tu atención, hacerles favores, pagar la fianza, llevarlos al hospital, rescatarlos de problemas, aunque no quieras y te disguste tener que hacerlo tan frecuente - sólo porque son

TUS AMIGOS?

¿Por qué estás tú en una situación donde <u>tienes</u> que hacer todas estas cosas, quieras o no quieras, con algunos amigos en particular? La lealtad puede ser un arma de doble filo.

Uno de los denominadores comunes de las historias de mis amigos cercanos es que casi todos pararon su educación académica bien temprano en sus vidas y se integraron a la clase laboral con limitada preparación, y por consiguiente eliminaron muchas opciones en su futuro. Hace años que ninguno de ellos levanta un libro para leer ni ojean un periódico, o una revista empresarial, de negocio, o de eventos políticos o económicos. Cualquier publicación sobre superación personal, auto-desarrollo, aprendizaje sobre más efectivas decisiones financieras está ausente en las vidas de éstos.

Muy pocos de ellos terminaron la escuela preparatoria ("*High School*"), y ni siquiera tomaron ventaja de un programa gubernamental que otorga un diploma sustituto de preparatoria con sólo coger un examen federal de varias horas para aquellos que han dejado la escuela hace varios años. Este tipo de diploma sustituto (un Diploma G.E.D. como se conoce en los Estados Unidos) sirve para abrir muchas puertas que están cerradas para aquellos que no han terminado la escuela superior – empleo, universidad, promoción, las fuerzas armadas, etc.

Todos han ignorado estas oportunidades y, en callada desesperación, conducen sus vidas en estado permanente de sobrevivencia, privados de cualquier esperanza de un mejor futuro económico. Esto ni siquiera es una meta.

Este es el inventario de algunos de mis amigos más cercanos:

o <u>Franco</u> se fue a la bancarrota, llevó a la bancarrota a su antigua esposa, llevó a la bancarrota a su esposa actual, Ana, como también a la mamá de ésta. Su esposa Ana finalmente lo dejó después de haber sido arrestada por fraude al sacar un carro nuevo de un concesionario en la Florida – a instancia de Franco - y manejarlo hasta el estado de Ohio sin avisar y sin permiso, y dejándolo de pagar inmediatamente. (Después de deberme mucho dinero, sin esperanza de yo cobrar, Franco tuvo el descaro de pedirme prestado US$10,000 para la fianza de Ana). Prontamente después de salir de la cárcel, Ana tomó su rumbo, separándose de Franco para lamerse las heridas y curarse de los golpes financieros con que la dejó. Durante mi tiempo de contacto con Franco recuerdo cómo tenía que mandarle dinero regularmente para sacarlo de una interminable cadena de apuros; dinero que nunca fue reembolsado. Ana y Franco por lo general recibían de 3 a 4 órdenes de desalojo de su apartamento al año por no pagar el alquiler. Lo interesante del caso es que Ana y Franco siempre estaban empleados y trabajaban incansablemente e ininterrumpidamente con más que suficientes ingresos para cubrir todos sus gastos. La "vida alegre" de viajes, bebidas y diversiones tenía más prioridad para ellos.

o **Bartolo** es un caro y fiel amigo con una larga lista de problemas que lo acompañaban por toda su vida. Aunque más que "problemas" eran más bien sus propios enredos y decisiones que le habían complicado la vida a un extremo insoportable. Bartolo tiene no menos de 12 hijos con no menos de 9 mujeres (la cantidad exacta era desconocida porque con algunas de las mujeres había perdido el contacto y no sabía el resultado del embarazo). Bartolo tenía órdenes de arresto en tres diferentes estados por los negocios "turbios" en los que se había envuelto en su juventud, y en los cuales había fracasado. Bartolo tenía un historial de violencia doméstica con sus parejas y arrastraba una larga secuela de inseguridades y él mismo reconocía las disfunciones de su personalidad.

o **José Manuel** era músico como yo y éramos parte de los mismos grupos musicales, y yo llegué a ser su "querido compadre". José Manuel nunca se preocupó por educarse, se envolvió con estupefacientes y como consecuencia con el sistema de justicia criminal. Ahora mismo no tiene familia, con escasa educación vive de lo que puede conseguir diariamente, y no tiene crédito, dinero, libertad (pues también tiene algunas órdenes de arresto y puede ser detenido en cualquier momento que se le acabe la suerte). Sus posibilidades de un mejor futuro son prácticamente inexistentes.

o Renato no era un amigo de infancia, era más bien un compañero de trabajo a quien ayudé a terminar la universidad ya que le faltaban pocos créditos (uno de los pocos de mi círculo que lo consiguió y fue con mi apoyo). Después de ayudarlo a completar el trabajo de la universidad, trató de convertirme en su cajero automático con sus continuos pedidos de dinero para sacarlo de problemas económicos. Renato también arrastraba un conjunto de inseguridades y traumas sicológicos de su niñez donde necesita probarse su valor constantemente, con las mejores y más caras ropas, el mejor vehículo, mejor perfume, etc. Sus ingresos producto de dos empleos, que para ese tiempo eran bastante altos para un hombre soltero, nunca les alcanzaba y me quería usar a mí como complemento a lo que le faltaba. Y claro, yo nunca llegué a cobrar ningunas de las deudas que asumió conmigo.

o Alino G., a quien describí en el capítulo 9, es un amigo de infancia y cuya familia era muy cercana a la mía. Como la mayoría de mis amigos, a Alino nunca le interesó superarse académicamente y entró en familia y la clase trabajadora obrera temprano en su vida. Y como sucede casi siempre en estos casos, en esas condiciones sólo le esperaba una vida de carencia y limitaciones – para la cual necesitó de mi ayuda en muchas ocasiones para sacarlo de apuros financieros (por los cuales todavía estoy esperando reembolso). Como mencioné en la reseña del capítulo 9, Alino recibió una significativa cantidad de dinero en un momento dado (US$115,000) la cual despilfarró en corto tiempo. Todavía sigue en modo de sobrevivencia. Y siempre hay un favor, un vacío, una necesidad en su vida que tiene que ser llenada y por la cual siempre necesita ayuda.

o Marcos enfrentaba un mar de posibilidades y grandes logros por sus habilidades y desenvolvimiento social, aunque cesó su educación académica temprano en su vida. Todo proseguía viento en popa hasta que el alcohol empezó poco a poco a apagar su luz y a cerrarle puertas. Al momento está enfermo, sin dinero, sin posibilidades en ninguna área, con un futuro incierto. Su estado primario es sobrevivencia y soñando con sus viejas glorias. Pero no espera nada al final.

En tu caso, quizás son tus amigas con las cuales compartiste tu juventud.

Ahora tienes a Rosaura quien te llama tres o cuatro veces a la semana, llorando y quejándose de su último novio abusivo, quien la maltrata y la humilla pero "ella lo ama" y no entiende por qué él la trata así. Celina salió embarazada a los 16 años y tuvo que parar su educación para atender a su bebé. Ahora tiene 32 años con cuatro niños de tres padres diferentes, y el estrés y la vida de carencia y limitaciones la han hecho envejecer 10 años. Tú tienes que suplirle frecuentemente con la ayuda que ella necesita para sobrevivir. María siempre ha querido vivir una vida cara y de lujo sin el respaldo de una buena educación, una lucrativa carrera o buenas decisiones de pareja y amigos. Ya tú perdiste la cuenta de las deudas que ella ha acumulado contigo sin esperanza de cobrarlas, y todavía le sigue sirviendo y supliendo sus necesidades y tratando de llenar su vacío emocional.

Pero estos son los amigos y amigas que tanto nos divertían y que están llenos de afecto hacia nosotros; amigos y amigas que han llenado nuestras vidas de agradables y festivos recuerdos. "Nuestros locos compañeros de las aventuras de nuestra juventud"; cuando comíamos en las casas de unos y otros; con quienes compartíamos nuestras intimidades; quienes nos hacían reír cuando más lo necesitábamos; cuando íbamos con el carro empaquetado a la playa de madrugada después de la disco. Donde uno confiaba plenamente en el otro. Y el afecto que se sienten mutuamente ha perdurado.

Esto es lo que hace las decisiones que tienes que tomar tan difíciles.

Todos los programas de superación personal y desarrollo financiero recomiendan tener una jerarquía de prioridades donde tus relaciones deben ser evaluadas sobre cuáles adelantan tu causa y cuáles te aguantan y te retrasan. La recomendación es que tomes las decisiones necesarias que sirvan para mantenerte en el camino de lograr tus metas, eliminando esas relaciones que no impulsen tus intereses.

Pero esto es más fácil decirlo que hacerlo. Desasociarte de un segmento de tu cerrado círculo de amistades y familiares, con los cuales has compartido gran parte de tu vida, es bastante difícil. Imposible en algunos casos; especialmente cuando éstos no entienden que ellos "han hecho" para merecerse tu distanciamiento. Por eso es que yo prefiero intercambiar el término **Desasociación** por el término **Compartimentalización**. En vez de desasociarte de algunas de tus amistades, debes en su lugar Compartimentalizar estas relaciones y ubicarlas en su correcto contexto, donde minimicen el impacto negativo que puedan tener en tu misión de mejorar tu estado financiero y moverte a un mejor plano económico. Ellos no deben detener tu progreso aunque no puedas separarlos completamente de tu vida.

COMPARTIMENTALIZACIÓN

Compartimentalización es una palabra incómoda, y larga y dificultosa de pronunciar – parece más bien un trabalenguas - pero no existe otra que ilustre el punto que quiero hacer. De la misma forma que el buró de tu habitación tiene gavetas ("*compartimentos*") donde guardas tus prendas de vestir y el resto de tus pertenencias, así mismo deben ser los estratos o divisiones donde sitúes tus relaciones de acuerdo a cómo complementan tu misión, cómo añaden a tus recursos, cómo te ayudan a crecer y aprender, cómo suman a tus experiencias y te hacen mejor, cómo se combinan contigo para que el total sea mayor que la suma de las partes. De hecho, cómo te acompañan, te apoyan y son parte de tu proceso de lograr Independencia Financiera.

Cuando estás levantado sobre una plataforma, es mucho más fácil que el que está abajo te hale hacia el piso que tú poder levantarlo a él. Es la razón por la cual el personal de vuelo de un avión recomienda que en caso de emergencia te pongas tu mascarilla de oxígeno primero antes de ayudar al más vulnerable y necesitado.

Tienes que aprender a reconocer quién de tus amigos merece 3 horas de tu tiempo y quién merece 15 minutos. Y quién está tan profundamente perdido, y obstinado en seguir cavando el hoyo de su propio fracaso, que tienes que desligarte de él inmediatamente. Quién leyó el libro sobre desarrollo personal contigo; quién te acompañó al seminario o taller de negocio o inversión; quién te escuchó hablar de tus proyectos e ideas y no se rió de ti, sino más bien compartió contigo tu entusiasmo con la misma energía como si las ideas hubiesen venido de él. Quién te siguió a la convención de la industria que quieres explorar y donde quieres buscar tu fortuna. Cuál te respeta lo suficiente para saldar las deudas que asume contigo. Cuál de ellos te dijo: *"Quiero hacer el viaje contigo porque creo en lo que estás haciendo y quiero compartir el éxito contigo…"*

Sólo tú sabes quién te rodea. Sólo tú sabrás los compartimentos en los que ubicarás tus amigos de acuerdo a lo que te aporten.

Pues, como te indiqué al comienzo del capítulo:

Enséñame tus amigos y te enseñaré tu futuro…

Capítulo 17

EL POBRE TRABAJA POR DINERO... POR ESO ES POBRE

*"La idea no es evitar el riesgo,
sino manejar el riesgo con la educación"*

Me imagino que la pregunta de rigor en este momento sería:

Si no trabajo por dinero, ¿por qué voy a trabajar... por plátanos, por naranjas...? ¿Por espejitos de colores?

Luce bastante obvio para ti que estoy hablando un gran disparate con el título de este capítulo, ¿no? *¿Por qué diablo voy a trabajar si no es por dinero?* Esta es la parte del libro donde tú te convences finalmente que yo estoy loco.

Antes de lanzar el libro por la ventana, dame la oportunidad de explicarme. Yo te dije al comienzo que esperaba retar y sacudir tu percepción y tu realidad. Este capítulo va un poco más lejos. En este capítulo voy a tratar un tema que es difícil de conceptualizar. Enfrento un gran reto al tratar de darme a entender porque lo que propongo no es llegar a una conclusión lógica y razonada donde al final te lleve de la mano a la conclusión que quiero que entiendas y aceptes, como he hecho en todos los otros capítulos.

A la conclusión de este capítulo quiero llevarte a una realización más "emocional", más profunda; es más bien un cambio interno a lo que "sientes", no a lo que "piensas". Sé que esto es difícil. Por lo regular esto toma mucho más tiempo que la simple lectura de este libro (aunque al tomar este libro en las manos y llegar a leer hasta este punto, ya empezaste el trayecto).

Para empezar te relataré el mismo proceso de realización, despertar o "iluminación" (o como quieras llamarle) que pasé hasta llegar al entendimiento que trato de compartir contigo en este capítulo. Desde que salí de la universidad sabía claramente los pasos siguientes que tenía que tomar. Pero más que "saber" era más bien una conducta inconsciente y predeterminada, como subir una escalera: de este peldaño ahora me tocaba dar un paso adicional para el próximo peldaño. No había que "saberlo"; tú sólo tomabas el próximo paso y ya. Tú no cuestionabas si tenías que tomarlo o no; o si había otro camino. Era lo único que estaba frente a mí y lo que se esperaba de mí.

Aquellos jóvenes estudiantes - y estudiantes no tan jóvenes - que están leyendo este libro, estarán de acuerdo conmigo. Ellos saben exactamente por qué estudian, cuáles son sus metas. Ya han visto a otros seguir el camino que ellos piensan emprender. Esto está tan fuertemente arraigado en la consciencia que todos como autómatas se moverán paso a paso en la misma dirección. Y harán esto con la satisfacción de saber que están cada día más cerca de llegar a sus metas; aquellas metas donde pueden ver a aquellos que llegaron primero.

Al llegar a mi meta, con el logro de un título universitario y conseguir un empleo prontamente después, pensé que ya había llegado. Y todo hubiese seguido normal e in-cambiable si un día no me hubiese dado cuenta que mientras yo llegaba a mi último peldaño, vi que otros habían tomado otras escaleras y tomado otras decisiones con un resultado económico mucho más exitoso. Yo veía desde el tope de mi escalerita, parado en la cima de mi meta, como aquellas otras personas gozaban de un mejor presente y más promisorio futuro; aquellos a quienes la fortuna les sonreía y la Independencia Financiera estaba en sus manos. Aquellos que subieron otras escaleras muy diferentes a la mía.

(Y a entender que para darme cuenta de esto, tuve que levantar la vista y mirar más allá de lo que sabía, de lo que yo entendía, de lo que yo percibía. En otras palabras, mirar más allá de mi realidad – el problema es que muchos de nosotros no logramos mirar tan lejos, no logramos mirar fuera de nosotros mismos).

El "mapa" que fue puesto frente a mí desde que tuve consciencia de mi existencia me dirigía a un destino de una educación tope que me abriera las puertas a un salario tope que satisficiera todas mis necesidades de vida.

Eso era todo.

La clase económica y social en la que me crié y crecí no ofrecía ninguna otra alternativa u opciones. El patrón de la clase trabajadora siempre era el mismo: **un "ticket de membrecía" (la educación) para admisión a la clase laboral**. Mientras más alta la educación, "el ticket" permitía el acceso a unos ingresos un poquito más altos – un diploma de escuela superior, la habilidad de un oficio, un certificado vocacional, una licenciatura universitaria, una maestría, un doctorado, determinaban en gran parte tus ingresos. O sea, el "ticket" determinaba tu estatus socio-económico, y en este estatus estabas pre-destinado a permanecer toda la vida.

Y todo esto era incuestionable… Hasta que tuvieras tu "despertar" (la cual es la misión de este libro).

Recuerdo haber leído el libro "*Padre Rico, Padre Pobre*" del educador financiero Robert kiyosaki (incluido en el Listado Mandatorio de Lectura) que me propulsó en el camino de la búsqueda de respuestas. El ángulo sobre finanzas que el Sr. Kiyosaki presentaba era totalmente inesperado e intrigante. Todos los otros programas y libros sobre mejoramiento financiero y motivación personal ponen la solución como externa, definida y alcanzable si sólo hacíamos lo que nos indicaban. Implícitamente significaba que si fallábamos era culpa de nosotros: "*Esto es lo que haces, si no lo logras es tu fallo…*"

El Sr. Kiyosaki demostraba cómo el problema estaba en la raíz de nuestras creencias. Tú podías hacer todo lo que te indicaban, pero si estos pasos y decisiones tenían como base una infraestructura de percepciones y creencias que estaban en disonancia con la meta final, no importaban tus intentos y esfuerzos, siempre ibas a quedar corto. Y te ibas a frustrar pensando que el problema estaba fuera de tus manos, como algo fuera de tu control.

La disonancia a la que me refiero es la creencia de que tú te educas en algún oficio (vocacional o profesional) consigues trabajo, empiezas a intercambiar tus horas productivas por un salario y ya todos tus problemas estaban resueltos. Y como muestran todas las estadísticas (y más que las estadísticas, ¡como muestra tu propia vida!) esto no es verdad. Si la meta es Independencia Financiera, siguiendo este patrón pre-establecido y el cual tú aceptas ciegamente, nunca lograrás llegar a esa meta. De nuevo, es como tratar de hacer hielo poniendo un envase con agua en el fuego de la estufa. Esa es la disonancia.

El Sr. Kiyosaki relata en su libro cómo desde su juventud en Hawái él sintió la inquietud de que todo el paradigma económico que la sociedad imponía estaba desubicado. La suma no daba. Su padre biológico era un hombre de una sólida educación académica, quien obtuvo un doctorado, consiguió un buen empleo con el gobierno estatal de Hawái como director de una escuela preparatoria, con un buen salario, beneficios y una pensión. Pero era pobre. El padre de su amigo Mike, a quien él adoptó como su padre alternativo, tenía poca educación académica, sólo llegó al octavo grado, pero tenía una mentalidad "rica", era un estudiante y maestro de las finanzas y el dinero. Éste llegó a poseer una gran fortuna, mientras su padre biológico murió en la pobreza a pesar de toda su educación. Robert Kiyosaki nombró su libro "*Padre Rico, Padre Pobre*" por los ejemplos de estos dos padres.

El Sr. Kiyosaki relata cómo a los 9 años de edad, él y su amigo Mike le pidieron al padre de éste que les enseñara cómo llegar a ser rico. Pero el "*Padre Rico*", en vez de enseñarles con palabras y discursos y sermones, les dio las lecciones con acciones prácticas y los pasos específicos para tomar las decisiones que los podían llevar a uno de dos caminos: o llegas a la riqueza o te quedas en la pobreza. Para lograr esto, "Padre

Rico" los puso a vivir las experiencias del empleado/trabajador que renta su tiempo productivo a cambio de unos ingresos pre-determinados y fijos. En otras palabras, los puso a vivir bien temprano la vida que les esperaba como TCM's, el camino que emprendía el 90% de la población, quienes seguían y existían dentro de la única realidad que conocían.

Para empezar, puso a los dos niños a trabajar en una de sus tiendas por diez centavos la hora, tres horas cada sábado. Para la cuarta semana, el pequeño Robert se empezó a sentir frustrado y enojado por todo el trabajo que hacía en la tienda por tan poco dinero. Treinta centavos era una migaja que no alcanzaba para comprarse nada. Se empezó a sentir abusado y su padre biológico - su "Padre Pobre" – bastante enfadado, le recomendó que pidiera un aumento y sólo aceptara 25 centavos la hora, sino era preferible que dejara ese trabajo. Ambos consideraban al "Padre Rico" como un explotador.

Cuando le dijo a su amigo Mike que se sentía disgustado con el trato que su papá le había dado a los dos, Mike sólo atinó a reírse y le confesó al pequeño Robert que ya su papá había previsto su reacción y sólo estaba esperando que explotara y empezara a quejarse. El Padre Rico sugirió que cuando el pequeño Robert mostrara su frustración y estuviera listo a renunciar que pasara por su casa para hablar con él. Y eso acordaron hacer el sábado siguiente.

Así fue como cinco sábados más tarde después de haber empezado a trabajar en la tienda, el pequeño Robert Kiyosaki fue a ver al papá de su amigo Mike. Así se encontró – como relata el libro - temprano a las ocho de la mañana en la antesala de la oficina que estaba en la misma casa.

Y este es el resumen tomado del libro de lo que sucedió.

"Toma asiento y espera en la línea," dijo Padre Rico mientras desaparecía detrás de la puerta de su oficina. Robert miró alrededor y no vio a su amigo Mike. Con ansiedad y cuidado se acomodó en el sofá entre dos señoras que habían estado allí la primera semana cuando él y Mike se le habían acercado al padre de éste para aprender cómo llegar a ser rico. Una de ellas era la Sra. Martin, encargada de la tienda donde él y Mike trabajan y la

que les pagaba los treinta centavos al final de la tanda cada sábado, diez centavos por cada una de las horas.

El niño esperó pacientemente y después de 45 minutos de estar sentado prácticamente inmóvil ya se sentía furioso por la larga espera. La Sra. Martin y la otra dama se habían ido media hora atrás, y un señor que había estado en conferencia con Padre Rico por 20 minutos ya se había ido también.

La casa estaba vacía, y mientras estaba sentado en la vieja y oscura sala, sólo pensaba en el hermoso día soleado afuera, y cómo su frustración e ira aumentaba al tener que esperar por el papá de Mike, quien se escuchaba en su oficina, moviendo papeles y hablando por teléfono, e ignorándolo. Sentía deseo de irse, pero algo lo impulsó a quedarse. Finalmente, quince minutos más tarde, a exactamente las nueve de la mañana, Padre Rico abrió la puerta de su oficina y le señaló que entrara.

"Según entiendo tú quieres un aumento o vas a renunciar", fue lo primero que le dijo al dejarse caer pesadamente en su asiento.

"Bueno… Usted no está haciendo lo que nos prometió…", Robert le contestó casi en lagrimas. Con nueve años de edad, era atemorizante enfrentar a un adulto.

"Usted dijo que me iba a enseñar si yo trabajaba para usted. Y yo he trabajado bien duro... y he sacrificado mis juegos de básquetbol para trabajar para usted. Pero usted no ha mantenido su palabra, y no me ha enseñado nada de cómo ser rico. Usted es el tramposo que todo el mundo en el pueblo dice que es. Usted es un avaro y quiere todo el dinero y no le importan sus empleados".

A este punto Robert estaba dando rienda suelta a toda su frustración. *"Usted me ha hecho esperar y no me muestra ningún respeto. Yo sólo soy un niño pero merezco ser tratado mejor".*

Moviéndose lentamente hacia atrás y hacia el frente en su sillón reclinable y con las manos en el mentón, Padre Rico le respondió:

"No está mal... en un mes ya suenas como uno de mis empleados..."

"¿Qué?", preguntó Robert sin entender, *"Yo pensé que iba a cumplir su parte del acuerdo y que me iba a enseñar, y ni siquiera nos ha hablado desde que empezamos a trabajar por migajas. ¿En su lugar me quiere torturar? Eso es cruel"*.

Ya Robert no podía contenerse y dio rienda suelta a su frustración. *"Usted me mintió... trabajé para usted y no me ha enseñado nada... ¿Qué tiene que decir?"* le preguntó airadamente y con un poco más de valor.

"¿Cómo sabes que no te he enseñado nada?" le preguntó Padre Rico calmadamente.

"Porque nunca nos habla. Hemos trabajado por algunas semanas y no nos ha enseñado nada".

"¿Enseñar significa hablar y dar sermones y discursos?"

"Sí," respondió *Robert*.

"Así es como te enseñan en la escuela", dijo Padre Rico sonriendo, *"pero no es así como la vida te enseña; y yo diría que la vida es la mejor maestra. La mayoría de las veces la vida no te habla sino que te empuja para aquí y para allá. Cada empuje es la vida diciéndote '!Despierta, hay algo que quiero que aprendas!'..."*.

Robert estaba confuso. *¿De qué habla este hombre?* se preguntó para sí mismo. Ahí mismo decidió que tenía que renunciar pues el papá de Mike no lucía que estaba en sus cabales.

"Con cada empuje de la vida", continuó Padre Rico, *"algunos se rinden. Otros pelean. Y algunos aprenden una lección y siguen hacia adelante"*. Padre Rico se levantó a cerrar una ventana, la cual cedió con un lastimero sonido. *"Si aprendes esta lección, vas a crecer y convertirte en un hombre sabio, rico y feliz. Y si no, durarás toda tu vida culpando al trabajo, el bajo salario o a tu jefe por tus problemas. Vivirás toda la vida esperando ese golpe de suerte que resuelva todos tus problemas de dinero"*.

Padre Rico miró fijamente a Robert a ver si estaba escuchando. Éste le devolvió la mirada casi sin pestañear. Parecía que la comunicación continuaba hasta en el silencio. Y Robert empezó a entender. Se dio cuenta que Padre Rico tenía razón. Sintió que lo estaba culpando cuando desde el comienzo le había pedido aprender. Él estaba peleando, se dio cuenta, tal como actuaban aquellos a quienes la vida les golpeaba.

"¿Usted me ha estado empujando?", le preguntó Robert.

"Algunas personas dirían eso", sonrió Padre Rico, *"Yo diría que te di una pequeña muestra de la vida"*.

"Ustedes dos chicos han sido los únicos que me han pedido que les enseñe cómo hacer dinero. Tengo más de 150 empleados y ni uno de ellos me ha preguntado qué yo sé sobre el dinero. Ellos me piden un trabajo y un cheque de salario, pero nunca que les enseñe sobre el dinero... Así es que todos ellos pasarán los mejores años de sus vidas trabajando por dinero, sin entender completamente por qué es que están trabajando; nunca habrá otra meta que no sea trabajar por un salario".

Robert estaba anonadado.

Padre Rico continuó:

"Cuando Mike me dijo que ustedes querían aprender cómo hacer dinero, les diseñé un curso que estuviese muy cercano a la vida actual. Era la mejor forma, ya que yo podía hablar hasta que me quedara sin aire, pero ustedes no iban a entender; así es que quise dejar que la vida los empujara un poquito..."

"Por eso fue que sólo le pagué a diez centavos la hora", terminó de decir con una sonrisa.

"¿Cuál fue la lección que aprendí trabajando solamente a diez centavos la hora?", preguntó el pequeño Robert, *"sólo que usted es un tacaño y explota a sus trabajadores"*.

Padre Rico hecho la cabeza atrás mientras se reía con una estruendosa carcajada. Se inclinó hacia el frente, paró de reír y suspiró profundamente.

"Deberías de cambiar tu opinión. Deja de culparme pensando que yo soy el problema. Si tú crees que yo soy el problema, vas a tener que cambiarme a mí. Si te das cuenta que tú eres el problema, entonces te puedes cambiar a ti mismo, aprenderás algo nuevo y te harás más sabio. Es más fácil cambiarte a ti mismo que cambiar a otra persona".

"No entiendo", respondió Robert.

"No me culpes de tus problemas", dijo Padre Rico con impaciencia.

"Pero usted solamente me pagó a diez centavos la hora".

"¿Y qué aprendiste?"

"Que usted es un tacaño", dijo Robert con una sonrisa desafiante.

"Entonces, ¿todavía crees que yo soy el problema?"

"¡Pero usted es el problema!"

"Si mantienes esa actitud no vas a aprender nada. Si mantienes esa actitud de que yo soy el problema, ¿qué alternativa tienes?" respondió Padre Rico.

"Bueno, si no me paga más, o no me muestra más respeto y me enseña, voy a renunciar".

"Bien dicho. Y eso es exactamente lo que la mayoría de las personas dice", Padre Rico dijo, *"ellos renuncian y se van a buscar otro trabajo, mejores oportunidades, y pagos más altos, pensando que un nuevo trabajo y más dinero les va a resolver el problema. En la mayoría de los casos no es así".*

"Entonces, ¿qué va a resolver el problema?" Robert preguntó frunciendo el ceño, *"¿solamente coger esos miserables diez centavos la hora y sonreír?*

Después de un largo suspiro, Padre Rico le respondió con

palabras pausadas:

"Eso es lo que la gente hace. Aceptan el cheque de salario sabiendo de antemano que ellos y sus familias apenas sobrevivirán económicamente. Pero eso es lo que hacen, esperando por un aumento, pensando que más dinero va a resolver el problema. La mayoría acepta esto; y algunos toman un segundo trabajo y trabajan más duro, pero siempre aceptando un pequeño salario".

El pequeño Robert bajó la vista, tratando de buscar en el piso claridad a lo que Padre Rico estaba diciendo. Él presentía que le estaba mostrando un lado escondido de la vida, pero ese lado estaba oscuro y él todavía no entendía. Finalmente levantó la vista y repitió la pregunta: *"Entonces, ¿qué va a resolver el problema?"*

"Esto", dijo padre Rico, extendiendo el brazo y tocándole con el dedo índice su cabeza, *"lo que tiene entre tus orejas".*

Fue en ese momento que Padre Rico compartió con el pequeño Robert el punto de vista crucial que lo separaba a él de sus empleados y de su Padre Pobre – y lo llevó a lograr ser eventualmente uno de los hombres más ricos de Hawái, mientras su Padre Pobre, con una alta educación, luchó toda la vida con problemas financieros. Era un punto de vista singular que hacía toda la diferencia en la vida de la persona.

Padre Rico expresaba una y otra vez este punto de vista, que Robert describió como la lección número uno:

"El pobre y la clase media trabajan por dinero – los ricos hacen que el dinero trabaje para ellos".

La brillante mañana de ese sábado, Robert aprendió un punto de vista totalmente diferente al que le enseñaba su Padre Pobre. A la edad de nueve años tuvo consciencia que ambos padres querían que él aprendiera… pero no la misma cosa.

Padre Rico continuó con su primera lección:

"Me alegró que te enojaste al trabajar por diez centavos la hora. Si no te hubieses enojado y lo hubieses aceptado conformemente, te hubiese tenido que decir que no podía enseñarte. Aprender requiere energía, pasión y un deseo ardiente. La ira es parte de esta fórmula. La pasión es ira y amor combinado. Cuando tiene que ver con dinero, la mayoría de la gente se va por lo seguro, y por igual quieren sentirse seguros. La pasión no es lo que los dirige. Es el miedo".

"¿Por eso es que toman un trabajo con baja paga?", preguntó Robert.

"Sí", respondió Padre Rico. *"Algunos dicen que yo exploto a la gente porque no les pago tanto como las plantaciones de azúcar o el gobierno. Yo digo que la gente se explotan ellos mismos. El miedo es de ellos, no mío".*

"¿Pero no cree que debe de pagarles más?".

"No, no tengo que hacerlo. Y además, más dinero no va a resolverle el problema. Mira a tu papá. Él gana mucho dinero y todavía no puede pagar sus cuentas. La mayoría de la gente cuando recibe más dinero se mete en más deudas".

"¡Oh!, esa es la razón del pago de diez centavos la ahora", dijo Robert asintiendo levemente con la cabeza, *"es parte de la lección".*

"Exacto. Como puedes ver, tu padre fue a la escuela y recibió una excelente educación para poder obtener un empleo que pagara más. Lo cual logró. Pero todavía tiene problema de dinero porque nunca aprendió nada sobre el dinero en la escuela. Aparte de eso, él también cree en trabajar por dinero".

En sus enseñanzas, Padre Rico le enfatizaba al pequeño Robert que el miedo era lo que guiaba las decisiones de la mayoría de los trabajadores de la clase media y lo que los mantenía atados a un empleo; miedo a no poder pagar sus cuentas, el miedo a empezar de nuevo. Ese es, según Padre Rico, el precio de estudiar una profesión u oficio y después trabajar por dinero.

Para cerrar la lección de ese día, Padre Rico le enfatizó que le había estado enseñando a él y a Mike desde lejos.

"Con nueve años de edad ya recibiste una pequeña prueba de cómo se siente trabajar por dinero. Ahora multiplica el mes que pasó por cincuenta años y tendrás una idea de cómo la mayoría de la gente pasa la vida".

"No entiendo", dijo Robert.

"¿Cómo te sentiste al esperar por mí en la línea esta mañana para verme?", le preguntó Padre Rico, *"¿esperarme una vez para darte trabajo y otra vez cuando viniste a pedir más dinero?".*

"Terrible", respondió Robert.

"Esa es la vida de las personas que trabajan por dinero", Padre Rico respondió con voz pausada. *"¿Y cómo te sentiste cuando la Sra. Martin te dejaba caer treinta centavos en las palmas de tus manos por tres horas de trabajo?".*

"Sentí que no era suficiente, parecía como si fuera nada, estaba desencantado".

"Y así es como se sienten los empleados cuando miran el cheque del salario…", le dijo Padre Rico, enunciando las palabras lentamente para que el pequeño Robert absorbiera el mensaje.

Padre Rico cerró la lección del día indicándole a Robert que desde ahora en adelante, él y Mike iban a trabajar sin salario, por nada, gratis.

"¿¡Que!?", dijo Robert con sorpresa.

"Ya me escuchaste, trabajarás las mismas horas todos los sábados por nada, sin salario…", enfatizó Padre Rico. *"Tú me dijiste que querías aprender a no tener que trabajar por dinero, así es que no te voy pagar".*

Robert no podía creer lo que escuchaba.

Padre Rico continuó, *"ya yo hablé con Mike y él está en la tienda desempolvando y almacenando latas, sin cobro. Mejor te apresuras y vete para allá ahora".*

"¡Eso no es justo", gritó Robert, *"!tiene que pagar algo!"*

"Dijiste que querías aprender. Si no aprendes esto, crecerás para ser como las dos mujeres y el hombre que estaban sentados afuera cuando viniste a verme, trabajando por dinero y esperando que yo no los despida. O como tu papá, ganando bastante dinero para estar hasta el cuello en deudas, esperando que el dinero le resuelva el problema. Si eso es lo que quieres, vayamos al acuerdo original de diez centavos la hora. O haz lo que hace todo el mundo, quejarse que no es suficiente paga, renunciar e irse a buscar otro trabajo".

"¿Pero qué hago?", preguntó Robert.

"Usa esto", le dijo Padre Rico mientras le daba toquecitos en la cabeza.

Robert se quedó parado, confundido, sin poder creer que había ido por un aumento y ahora le estaban diciendo que tenía que trabajar por nada.

Sin decirle nada a su Padre Pobre, Robert decidió seguir trabajando con el papá de Mike, sólo que esta vez era sin paga. Era algo que él no podría explicar a su papá biológico porque ni él mismo lo entendía.

A la tercera semana de trabajar sin cobrar, Padre Rico pasó a verlos por la tienda. Padre Rico tomó un par de helados y les pidió a Robert y Mike que lo acompañaran. Dirigiéndose todos hacia afuera, Padre Rico les dio los helados, los cuales los niños abrieron entusiasmados.

"¿Aprendieron algo ya?", les preguntó, dándoles palmaditas en la cabeza a los dos.

Mike y Robert se miraron y encogieron los hombros y movieron la cabeza de lado a lado al mismo tiempo.

"Bueno, chicos, empiecen a pensar pronto. Si aprenden la

lección, vivirán una vida de libertad y seguridad. Si no aprenden la lección, terminarán siendo como la Sra. Martin, y las otras personas que trabajan para mí, trabajando duro por poco dinero, aferrado a la ilusión de seguridad en su trabajo, esperando su par de semanas de vacaciones al año y una limitada pensión después de 45 años de trabajo. Si eso es lo que quieren les daré un aumento a 25 centavos la hora". Padre Rico dijo esto con una sonrisa, mirando las caras inocentes de los niños, cada uno concentrado en su helado.

Robert sabía que 25 centavos era una gran cosa a su edad y en ese tiempo de su niñez, cuando podría comprar tantas cosas con esa cantidad. Robert dijo instintivamente que no. Su amigo Mike asintió a la decisión de Robert con la cabeza.

Padre Rico, con una sonrisa pícara, les dijo que les iba a dar un dólar la hora. El corazón de Robert se empezó a apresurar y su cerebro le gritaba: *"¡Cógelo, cógelo!"* Pero se quedó callado.

"Está bien", dijo Padre Rico, *"¡dos dólares!"*

Su tierno cerebro de 9 años de edad casi se le explota. Era el año 1956 y $2 dólares la hora lo haría el niño más rico del barrio. Su mente no podía conceptualizar tan tremenda fortuna. Él quería decir que sí. Se podía ver con una bicicleta nueva, o un nuevo equipo de jugar pelota. Sus amigos de más dinero no iban a decir que él era pobre.

Pero se quedó en silencio. Quizás a su cerebro se le había fundido un fusible con el impacto de la oferta. Padre Rico se quedó mirando a los dos niños intensamente. El helado se estaba derritiendo y había empezado a correrle por la mano. Robert reconoció que él los estaba poniendo a prueba. También reconoció que Padre Rico sabía las emociones que caóticamente lo mareaban en estos momentos y amenazaban con hacerlo desmayar. Padre Rico le había indicado que cada persona tenía un punto débil, un punto de necesidad en su alma que podía ser comprado. También había aprendido de él que cada persona tenía un punto fuerte y lleno de resolución que nunca podía ser comprado. Padre Rico había puesto esto a prueba con miles de personas en su vida. Él hacía la prueba cada vez que entrevistaba una persona para una posición en su compañía.

"Okey", dijo Padre Rico con lentitud y firmeza, *"cinco dólares la hora"*.

De repente Robert sintió un silencio que venía desde adentro de él mismo. Algo había cambiado. La oferta era demasiado alta y ya estaba en lo ridículo. Había pocos adultos que ganaban más de $5 dólares la hora en Hawái en 1956. La tentación desapareció y una calma se le asentó firmemente en su interior. Robert se volvió lentamente para mirar a su amigo Mike. Éste le devolvió la mirada, con los ojos bien abiertos y la vista en blanco. La parte del alma de Robert que estaba necesitada y débil quedó silenciada. La parte de él que no tenía precio tomó el control. Hubo una paz y una seguridad sobre el significado del dinero que le penetró el cerebro y su alma. Robert sabía que Mike también había llegado a ese punto.

El silencio de ambos fue la respuesta a la oferta de Padre Rico.

"Muy bien", dijo Padre Rico suavemente, *"La mayoría de la gente tiene un precio debido a las emociones humanas: miedo y avaricia. Primero, el miedo a estar sin dinero los motiva a trabajar duro; y después que reciben un cheque de salario, la avaricia o el deseo lo propulsan a pensar sobre todas las cosas maravillosas que pueden obtener con el dinero. Para entonces ya se establece el patrón"*.

"¿Qué patrón?", preguntó Robert, sacudiendo su cabeza como despertando de un letargo.

"El patrón de levantarse, irse a trabajar, pagar las cuentas… Sus vidas son controladas para entonces por dos emociones: miedo y avaricia. Si les ofrece más dinero, ellos continúan con el ciclo aumentando sus gastos. A esto es lo que yo llamo la Carrera de Ratas".

"¿Hay otra forma", Mike preguntó.

"Sí", Padre Rico respondió, *"pero pocos la encuentran"*.

"¿Y qué forma es esa?", Mike preguntó a su padre

escudriñando los ojos, *"estamos cansados de trabajar por nada"*.

Padre Rico tomó el tiempo para explicarles cómo las personas no son honestas consigo mismas sobre el miedo con que reaccionan en lo que a dinero se refiere. Nunca se dicen la verdad a sí mismos. En vez de confrontar el miedo, ellos reaccionan en vez de pensar. Ellos reaccionan emocionalmente en vez de usar la cabeza, y en este momento Padre Rico los tocó suavemente con los nudillos en la cabeza. Las personas, Padre Rico continuó diciéndole a Mike y a Robert, cuando sienten el miedo, se van a trabajar, esperando que el dinero calme el miedo. Pero nunca sucede así. El miedo los tiene en la trampa: trabajar, ganar dinero, pagar cuentas, acumular deudas, trabajar, ganar dinero, acumular deudas, pagar cuentas... deseando que el miedo desaparezca. Pero el miedo es con lo que se despiertan cada mañana. El dinero les corre la vida, pero ellos rehúsan decir esta verdad.

Padre Rico dejó que las palabras se asentaran lentamente en las mentes de los dos niños, quienes lo miraban con una mezcla de distracción y confusión, tratando de conectar todas las palabras de Padre Rico como si estuvieran armando un rompecabezas.

"La educación que recibes en la escuela te enseña a trabajar por dinero; la educación financiera te enseña a hacer que el dinero trabaje para ti. Es fácil trabajar por dinero, especialmente si el miedo es la emoción primaria cuando se trata de dinero. El miedo es lo que mantiene a una persona atada a un trabajo. El miedo de perder este limitado flujo de ingresos es el precio de trabajar por dinero. La mayoría se hace esclavo del dinero ya que éste le controla sus decisiones, estilo de vida, su futuro... Y después se enojan contra el jefe, el sistema, el trabajo cuando nunca es suficiente". Padre Rico suspiró y miró con ternura a los dos chicos.

"Sólo quiero que ustedes dos no caigan en esa trampa", les dijo Padre Rico después de un largo rato de silencio. *"La principal razón de la pobreza y de la lucha constante de sobrevivencia económica es el miedo y la ignorancia. No es la economía, el gobierno, o la gente rica"*, Padre Rico continuó, *"cuando*

rehusaron los aumentos que les ofrecí, ustedes no se rindieron a sus emociones. No permitieron que las emociones controlaran sus pensamientos, como un burro persiguiendo una zanahoria colgando al frente, atada a una vara a su cuello".

"¡Oh!, ¿como cuando pensé en una bicicleta y un equipo nuevo de pelota.. eso es como una zanahoria para el burro?".

"Sí", Padre Rico respondió, *"aprende a usar tus emociones para pensar, no pensar con tu emociones…"*

***

Robert Kiyosaki narra en su libro *"Padre Rico, Padre Pobre"*, cómo, después de la experiencia de él y Mike trabajar gratis para su papá, ellos pudieron usar la creatividad que ambos poseían para hallar en la tienda otra forma de hacer mucho más dinero que el que podían haber conseguido trabajando por paga. (El "cómo" te lo dejo para que lo descubras en la lectura completa del libro, ya que éste está incluido en el Listado Mandatorio de Lectura). Sólo cabe mencionar que actualmente Robert Kiyosaki es un educador/empresario que ha tomado como misión compartir las lecciones y los ejemplos de su Padre Rico, lecciones y ejemplos que prometen hacerte llegar a la Independencia Financiera si aplicas con efectividad lo que aprendes.

Y en el proceso el Sr. Kiyosaki logró acumular una gran fortuna.

El pobre – y el Trabajador Clase Media (TCM) - trabaja por una sola razón y una sola motivación: conseguir dinero, no metas o logros o expansión, sino conseguir dinero para emplearlo en satisfacción inmediata de necesidades presentes. Es como emprender un viaje donde la meta es conseguir el mapa, no llegar a ningún destino o lograr una meta, sino sólo ¡adquirir el mapa! Cuando trabajas con el único y exclusivo motivo de conseguir dinero para pagar deudas, el enfoque es estrecho en vez de ser amplio, > en vez de <.

El rico trabaja por soluciones, por expandir el alcance de su influencia, por el crecimiento de sus recursos, por identificar y satisfacer necesidades del mercado, por aprender sobre y planear resolución de - más que satisfacer - una necesidad inmediata. El rico proyecta y planea a largo plazo y establece metas y un plan como alcanzarlas, el pobre busca satisfacer las necesidades que enfrenta en el presente. El pobre tiene reacciones inmediatas e instintivas; el rico tiene reacciones analíticas, ponderadas y proyectadas al futuro. El pobre busca garantizar su presente, el rico busca garantizar su futuro. Uno retrasa la gratificación inmediata para más grandes y efectivas recompensas al final; el otro busca cómo satisfacer sus necesidades hoy. ¿Y el mañana?... Bien, gracias.

Estos son los diagramas que describen el flujo de ingresos de una persona pobre, o de la clase media trabajadora, y una persona rica:

Triángulo del pobre – o TCM:

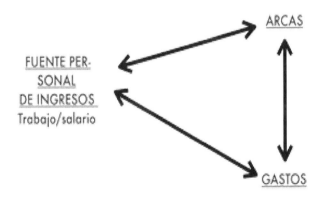

Triángulo del rico:

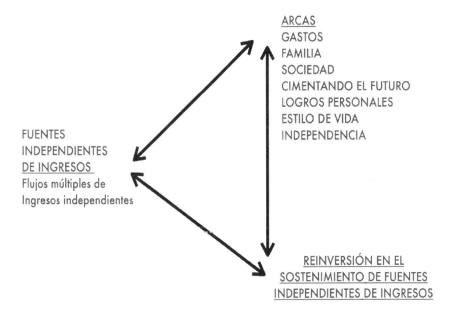

ARCAS
GASTOS
FAMILIA
SOCIEDAD
CIMENTANDO EL FUTURO
LOGROS PERSONALES
ESTILO DE VIDA
INDEPENDENCIA

FUENTES
INDEPENDIENTES
DE INGRESOS
Flujos múltiples de
Ingresos independientes

REINVERSIÓN EN EL
SOSTENIMIENTO DE FUENTES
INDEPENDIENTES DE INGRESOS

Por eso es que el pobre, como te indiqué con el título de este capítulo, trabaja por dinero... y por eso es pobre.

Y hablando de Realidades...

En la entrada del nuevo año 2014, el periódico neoyorkino Daily News dio inicio a una campaña de concientización sobre las vicisitudes económicas que estaban pasando los empleados de los aeropuertos de la ciudad. En una serie de artículos, el periódico ilustró cómo los empleados que daban servicio directo a los viajeros (maleteros, asistentes de personas en silla de ruedas, limpiadores, transportistas, etc.) estaban cobrando una miseria y la mayoría vivía en una pobreza casi absoluta, necesitando vivir de la caridad pública o trabajar dos y tres empleos a la vez. Las aerolíneas habían subcontratados estos servicios a compañías independientes que habían ganado los contratos ofreciendo las más bajas tarifas. Y claro, para ofrecer tan bajas tarifas y conseguir el contrato con las aerolíneas, tenían que reducir los costos pagando migajas a los empleados, por lo general 7 o 8 dólares la hora (o menos cuando el servicio envolvía la oportunidad de recibir propinas - que como sabemos, en los aeropuertos no son comunes).

El Gobernador Mario Cuomo tuvo que intervenir para forzar a estas empresas a subir los salarios a sus empleados de forma inmediata por un dólar más, con mira a eventualmente subir los salarios a un mínimo de $10.10 la hora – una cantidad que el mismo Presidente Barak Obama había propuesto para todos los empleados federales en su discurso sobre el estado de la nación a final de enero de 2014.

En su editorial de febrero 3, 2014 el periódico Daily News identificó a los ejecutivos que encabezaban las aerolíneas más grandes que operaban en dichos aeropuertos, junto a los salarios que éstos recibían por la labor: **American Airlines**, Doug Parker (US$2,600.00 la hora); **Jetblue Air**, Dave Barger (US$1,200.00 la hora); **Delta Airlines**, Richard Anderson (US6,000.00 la hora), y **United Airlines**, Jeff Smisek (US$4,600.00 la hora). Y sí, leíste correctamente, esa es la cantidad ¡por hora!

Así es que por un lado tenemos a una pobre mujer limpiando los toilets, pasillos y el resto del avión a US$7.25 la hora; o un pobre hombre llenando la bóveda del avión con las maletas en medio de una fina lluvia fría en la pista de despegue del aeropuerto, ganando a US$8.40 la hora, y un alto ejecutivo de la empresa ganando US$6,000 o US$4,600 la hora.

Chocante, ¿no?

Por otro lado, un reporte del grupo internacional contra la pobreza Oxfam publicado a inicio del año 2014 indica que la mitad de la fortuna mundial está cayendo en las manos de 1% de la población. La diferencia es tan grande que solamente 85 de las personas más ricas del mundo (incluyendo al número 2, Carlos Slim de México) poseen un total de la fortuna mundial que es igual al total que posee la mitad más pobre de todo el planeta. En los Estados Unidos, los más ricos (el 1%) se quedaron con 95% de las ganancias resultado de la recuperación financiera después de la crisis económica de 2009 al 2012. El 90% de aquellos que estaban en el fondo de la escala económica, se hicieron más pobres.

Otro estudio del desempleo mundial por la Organización Internacional del Trabajo, una agencia de las Naciones Unidas, muestra que las filas de los desempleados aumentaron por cinco millones adicionales, a casi 202 millones en todos los continentes del mundo en conjunto. La gran mayoría en este grupo viene de Asia del Sur y Asia Oriental. Las proyecciones indicaban que para el año 2018 la situación iba a estar peor con 215 millones de personas sin trabajo.

Ambos reportes muestran claramente las dos dimensiones opuestas entre la riqueza y la pobreza. Y por qué es importante coger un bando.

Capítulo 18

LA POBREZA ES HEREDITARIA

"El miedo sólo puede existir
en tu imaginación, fuera de ahí se muere…"

Estoy seguro que has leído y escuchado de las herencias y legados que una familia rica le deja a los hijos y herederos. La lectura de los testamentos en estas familias es todo un evento. Como dijimos anteriormente, en cada país por lo general más de 90% de la riqueza es poseída y controlada por menos de 10% de la población; y de este porciento un segmento consiste de familias adineradas que han tenido (y han hecho crecer) sus fortunas por generaciones. En los Estados Unidos, el legado de la familia Kennedy y los Rockefellers, o más recientemente los Gates, Trumps, es ampliamente conocida. En República Dominicana están los Lamas, las familias Leon, Vicini, Bisonó; en Puerto Rico los Bacardi…, en Colombia tenemos a los LLoreda Caicedos, la familia Santodomingo, la familia Turday; en Ecuador a la familia Quevedo, la familia Álvaro Noboa y la familia Aguirre… etc. Por generaciones, estas familias acumulan una fortuna que es transferida de generación a generación. Ya has oído las frases "nació con una cuchara de plata", o "es de sangre azul" cuando nos referimos a la clase adinerada.

(*"Sangre Azul" se refiere a la palidez de la clase aristocrática la cual, generaciones atrás, se enorgullecía de vivir una vida fuera del sol, y estar libre de las faenas de la clase pobre y trabajadora encargada de la caballería, artesanía, sembrar los campos bajo el sol, y romperse el lomo a la intemperie. Éstos evitaban estar fuera o andaban con un criado que le sostenía una sombrilla para que el sol no les castigara la piel. Esto hacía que las venas se reflejaran en su muy pálida piel de forma azulosa; por ende eran "de sangre azul").*

Muchas veces todo empezó con el patriarca de la familia quien tuvo una buena idea, buenas habilidades de negocio, un gran descubrimiento o invento, una visión para inversión – ¿Te imaginas comprando bienes raíces a comienzo de siglo en partes de Manhattan (o el área comercial de Tokio; propiedades comerciales en Atlanta; o parte de Acapulco, o Miami Beach; o en el malecón de la ciudad de Santo Domingo, en República Dominicana; o en Isla Verde, Puerto Rico)? ¿Te imaginas reteniendo estas propiedades por décadas y pasándolas a las nuevas generaciones de la familia a través de los años? ¿Te imaginas cobrando renta por todas estas décadas, con unas hipotecas saldadas 35 años atrás…? ¿O reteniendo las patentes, los derechos de autor, los títulos de propiedad, los certificados de bonos y acciones de compañías cuando estos fueron acumulados lustros y décadas atrás, cuando los costos para adquirirlos originalmente eran centavos?

Las historias y biografías de estas familias nos indican que esto es exactamente lo que sucede. Alguien toma UNA DECISIÓN en un punto de la historia. El tiempo es lineal e inexorable. Todo lo que se requiere es que en el árbol genealógico, en un punto x del tiempo, un miembro de la familia tenga la visión, dedicación, motivación, coraje para creer en su visión e idea y dejar sembrada la semilla de un potencial imperio comercial, que se inicia con una simple y modesta compra de una propiedad, o la iniciación de una actividad comercial. Para la tercera generación ya esta familia goza de los beneficios que derivan de un conglomerado de tiendas; o factorías que producen utensilios y productos que dominan todo un mercado; o propiedades de bienes raíces, sistemas de transportación; como pueden ser cadenas de supermercados, de bancos o tiendas; negocios de importación y exportación, fincas, plantas procesadoras, etc. Negocios y propiedades que serán transferidos de generación a generación, creciendo éstos exponencialmente y dejando en la riqueza a todos aquellos que tuvieron la fortuna de nacer en esta línea genealógica.

Y todo empezó con UNA DECISIÓN.

Una decisión que puede ser ahora, en el presente, tomada por ti, para beneficio de todas las generaciones que te seguirán. Donde a los 100 años tu retrato adornará la base de operación u oficina principal del imperio comercial que tú creaste. Y lo más probable es que tu negocio todavía lleve tu nombre, dejando marcado tu legado.

Y todo por una idea y una decisión.

Y ahora la pregunta obligada: ¿y qué hereda el pobre?

Herencia es definida como transferencia de valores y posesiones intrafamiliarmente, de una generación a otra, de padres a vástagos y familiares cercanos. Si la familia rica traspasa sus valores y posesiones a la generación más joven, ¿qué tiene la familia pobre para traspasar a los más jóvenes?

Exacto.

Esa es la respuesta.

Y quiero hacer una distinción que sería fácil olvidar. Cuando la familia rica traspasa la herencia a sus jóvenes, no sólo está traspasando los valores tangibles de las empresas: oro, cuentas bancarias, negocios, propiedades, etc., también está traspasando los valores de la disciplina, perseverancia, responsabilidad, organización, ética, creatividad, enfoque, proyección, liderazgo, visión, habilidades analíticas, conocimiento. Cuando el niño crece en un ambiente de actividades comerciales, negociaciones, manejo de fondos, de inventarios, empleomanía, solución de crisis, planes de mercadeo, estrategias de crecimiento, invariablemente que absorberá y entenderá - y muchas veces a un nivel inconsciente y casi por osmosis - los factores, las reglas, las maquinarias, las herramientas, las estrategias y las habilidades necesarias para correr y hacer crecer una empresa.

Lo curioso es que este aprendizaje sucede de forma pasiva al correr de todos los años de desarrollo del niño, quien ve al padre (y a veces al abuelo) pasar inventario, contratar y despedir empleados, negociar con bancos, negociar con vendedores, bregar con instituciones del gobierno y observar los altibajos de los negocios. Eso es lo que es parte de la realidad del niño mientras crece en una familia rica y emprendedora. Es lo que ha visto toda su vida y lo que conoce. Y recuerda que los vecinos, amigos y compañeros de escuela tienden a ser parte de la misma clase económica y social, y todos comparten similares valores. En otras palabras, La Realidad es creada para estos niños en el contexto del ambiente en que viven y bajo las percepciones y valores que les son transmitidos por los adultos en el ambiente en que crecen.

De nuevo la pregunta: ¿y qué hereda el pobre?

Exacto.

Cuando un niño crece en un ambiente de carencia y limitaciones, donde las palabras de su padre es que "*el dinero no crece en las matas...*", "*no hay...*", "*no se puede...*", "*aprende a vivir con lo que tienes...*". Donde las palabras diarias son de desesperanza, o usadas para maldecir al "sistema", al jefe, al trabajo. Donde las compraventas, ayuda del gobierno y uso de los servicios sociales (en aquellos países donde existen), más los préstamos y el socorro que le puede extender un amigo o familiar son el suplemento a los limitados ingresos de la familia. Cuando el niño espera que su hermano mayor ya haya crecido lo suficiente para dejar sus ropas y zapatos atrás y él poder usarlos. Donde muchas veces el mismo niño tiene que tirarse a la calle a trabajar para ayudar a su familia cubrir los gastos de la casa.

Un ambiente donde los adultos, como autómatas, se entregan a la labor ardua de sus empleos, sabiendo de antemano que el salario que van a devengar apenas les cubrirá las necesidades más básicas de la familia – y no hay nada que puedan hacer para cambiar esta situación (o por lo menos esa es la percepción). Donde este patrón es observado por el niño en cada uno de los adultos cercanos a él, incluyendo familiares, amigos y vecinos. Donde el niño va a la escuela con la meta firmemente incrustada en el inconsciente de que va a estudiar para graduarse y conseguir un empleo donde trabajará arduo para lograr cubrirse todos sus gastos. Con el conocimiento de que la propia sobrevivencia depende de este empleo, y por lo tanto éste dominará todos los aspectos de su vida, y hará lo imposible para aferrarse a él.

Como puedes ver, ya no puedes decir que el pobre no les deja nada de herencia a sus descendientes. La familia pobre **sí** le deja herencia a sus vástagos; una herencia poderosa y dominante que les traza el camino de sus vidas, les define lo que pueden esperar de su futuro, y les elimina cualquier cuestionamiento de este futuro, pues logran convertirlo en la única "realidad" que los niños conocerán.

¿Crees acaso ahora que es discutible que exista más de una realidad para cada individuo? ¿Acaso dudas de que el pobre SÍ recibe herencia de sus padres?

Las buenas noticias es que estas realidades no son fijas y que puedes cambiar, no sólo la herencia que le dejarás a tus propios herederos, sino también la herencia de pobreza que te dejaron a ti. Lo primero es reconocerla como tal: una herencia de actitudes, valores y percepciones que define tu realidad y tu reacción a ésta. De hecho, tomarás todas tus decisiones dentro de esta realidad y estas decisiones tenderán a hacerte – y mantenerte – más pobre. Después de todo, es lo único que conoces, lo único que aprendiste (y "heredaste") de tus padres y los modelos a tu alrededor mientras crecías.

Tu padre luchó y tomó decisiones con un resultado que está clara y obviamente frente a ti pues fue lo que viviste en la crianza que éste te dio. Tú eres el producto de esa crianza y llegaste a vivir la vida de limitaciones de este resultado – pudiste vivir esta herencia ya antes de tus padres desaparecer. Te dieron tu herencia en vida. ¿Qué estás tú supuesto a hacer con tu herencia? Pues repetir el patrón y repetir la decisiones que aprendiste como parte de ese legado. ¿Y cuál crees tú que va a ser el resultado?

Exacto.

Al reconocer tu herencia, podrás identificar – y eventualmente cambiar - los patrones que pasaron generacionalmente a ti. Una familia rica pasó a los vástagos de la familia los conocimientos e información para seguir la operación de la industria y el manejo de las inversiones que han sido el patrimonio de la familia por varias generaciones. En el caso tuyo, ya que no tuviste la dicha de ser parte de esta familia, ni vivir la experiencia de ser testigo de la operación de tal empresa, ni la administración de tales inversiones, te tocará educarte con el conocimiento e información de cómo se corre una empresa similar y la leyes de economía y finanzas que rigen inversiones similares.

Ya que la herencia del rico no te llegó por sucesión de familia, tendrás que buscarla por tu cuenta. ¿Es esto difícil? Sí. Tendrás que deshacer todas tus creencias y valores que moldean tu percepción (sí, aquella percepción de pobreza que heredaste). Esto no es fácil; es casi deshacer tu persona, de todo lo que crees, todo lo que creías era tu verdad, tu "realidad".

Reconoce lo que te falta, reconoce el contenido de la herencia que recibiste de tus padres, e indirectamente de tu medio ambiente, y entenderás los valores, percepciones y "la realidad" que tienes que cultivar y que servirán de base a decisiones informadas; decisiones que tienen como objetivo "cambiar la herencia (tuya y la de los tuyos) de pobre a rico".

Nuestra "Realidad Heredada" determina nuestros valores, nuestros valores determinan nuestras creencias, y nuestras creencias determinan nuestra conducta y decisiones.

¿Cuál será el resultado de esta conducta y estas decisiones? Pues de nuevo como dije en la oración anterior, esto dependerá de tus valores. Si la base es de pobreza – la cual es la base de más del 90% de la población - así será el resultado.

Como te indiqué al comienzo de este libro, mi propósito es:

Voltear tu realidad y ponerla al revés. Como reviertes un calcetín. Lo que estaba arriba ahora está abajo. Lo que estaba adentro ahora está afuera. Quiero que todo esto suceda, pues sin esto no hay comienzo. Estás aferrado a lo que sabes, y lo que sabes es mentira. Y esa mentira te hace pobre.

Espero que puedas ver las sutiles diferencias entre "las realidades", y cómo "tu realidad", la que tú te has creado y tu medio-ambiente/familia/escuela han validado con continua repetición – y como parte de tu herencia – han armado todo el andamiaje de las metas y el destino que te esperan: una vida de conformidad en una Pobreza Funcional. Pero esa es la herencia que recibiste, es lo único que conoces, es lo único que sabes y basas tus decisiones en eso que tú "sabes". Has aprendido muy bien a ser pobre, y hasta ahora lo has hecho ¡a la perfección!

Aunque no es fácil desarticular todo lo que te forma a ti como persona – a nivel de tu entendimiento y percepción sobre asuntos financieros y origen de la fortuna económica – esto no es imposible. Con la lectura de este libro estás dando los primeros pasos. Quizás entiendas ahora más claro lo que había mencionado al comienzo sobre mi intención al escribir este libro:

Éste no es un libro didáctico, o con todas las respuestas y soluciones. Más que explorar el camino de cómo dejar de ser pobre, quería llegar a la raíz de la pobreza. Pues no tiene uso analizar soluciones, ideas, planes, programas, métodos, información sobre inversión, estrategias de ahorro, educación financiera, a menos que cambies el disco duro de tu mente, donde almacenas todos tus conocimientos; esos conocimientos que dirigen tu percepción. Es necesario hacer el cerebro fértil para que las semillas de la información y el entendimiento echen raíces. De otra forma es como tirar semillas en el concreto de la acera y esperar a que germinen.

Vamos primero a deshacernos de tu "herencia" de pobreza que con las mejores intenciones te legaron tus padres y recibiste de tu medio ambiente; después de hacer esto se abrirán tus horizontes. Empezarás a cambiar todas tus creencias y percepciones, y eso te hará adoptar la actitud, la visión, la conducta de una "Realidad Rica"…

Sin esto no hay comienzo.

Capítulo 19

EN RESUMEN...

Ahora te proveo un compendio de todo lo que hemos discutido hasta ahora, capítulo por capítulo, para dejarte con el entendimiento final del mensaje que quiero compartir contigo en este libro.

Prólogo

Antes de ser pobre en tu vida, eres pobre en tu mente. Ahí empieza todo. Identificando correctamente el problema es el comienzo. No eres pobre por lo que tienes o no tienes, sino por lo que crees o no crees y por lo que sabes y no sabes. Y lo que crees y sabes queda establecido temprano en tu vida y es el producto de tu educación, tu familia y el entorno socio-económico donde creciste. Estos establecen los filtros por los cuales absorbes e interpretas tu realidad. De verdad crees que todos vivimos en una misma realidad y a ti te tocó ser pobre (o TCM, Trabajador Clase Media). Cambia los filtros y cambiarás la forma de ver tu realidad – y de hecho crear otra realidad - y podrás tomar las decisiones dentro de este nuevo contexto para efectuar los cambios necesarios que substituyan tu estatus de pobreza y limitaciones por Independencia Financiera.

Introducción

Este libro intenta desglosar las razones detrás del hecho de que más del 90% de la población de cualquier país del mundo vive una vida de carencia y necesidades económicas, mientras el resto (un pequeño por ciento) vive en la riqueza. La gran mayoría de la clase silente, trabajadora vive la vida en total complacencia e inercia y aceptación total del estatus social y económico donde se encuentra. Y esta es una "aceptación" que es pasiva e inconsciente. Eres pobre porque lo has "aceptado" y no lo cuestiona ni consideras otras opciones. Sencillamente **ES** y ya. La solución, tú crees, está fuera de ti y esta es inalcanzable. Es mi meta con este libro mostrarte que la solución está <u>dentro</u> de ti. Está en tu percepción, tu visión, tu entendimiento… en tu mente.

Está en una expansión de tu realidad.

Sé que llevarte a la conclusión que expanda esta realidad será en mayor parte sin tu consentimiento, por lo tanto lo más probable es que sea bajo protesta y con resistencia de parte tuya. Pienso llevarte a que entiendas bajo pataleo de tu parte. De esto estoy consciente. Pero estoy dispuesto a correr ese riesgo si tú te unes a mí en el viaje.

Capítulo 1 - ¿Por qué soy pobre?

La persona de escasos recursos está convencida de que es pobre porque no tiene dinero. Carencia de dinero es lo que define su estatus de pobreza. Y curiosamente ahí – en esa creencia - es donde está el problema. La clase trabajadora dura toda la vida trabajando por dinero, lo buscan intensamente donde quiera que esté; toman dos trabajos, trabajan horas extras. Desde la adolescencia hasta la vejez es todo lo que hacen. Es su "*raison d'être*". Es el motivo de levantarse en la mañana. La búsqueda del dinero en cualquier empleo es el motor propulsor de sus vidas. Es la única cosa que saben hacer.

¿Y qué pasa al final y durante todo el transcurso de sus vidas? ¡SIGUEN SIENDO POBRES! Así es que si saben la razón de por qué son pobres – falta de dinero – si ya saben dónde reside el problema podrán también saber dónde encontrar la solución; pero ¿por qué trabajan tanto y siguen siendo pobres? ¿Por qué buscan tan intensamente el dinero, y de nuevo, SIGUEN SIENDO POBRES?

Yo propongo que la falta del dinero es parte de los síntomas de la enfermedad, NO ES la enfermedad. NO ES el problema. Un poco de calmante o anestesia sobre el diente adolorido no va a la raíz del problema: la infección que corroe la raíz del diente. El problema reside en tu percepción de lo que es posible. En tu aceptación de una realidad incompleta. Es la misión del libro mostrarte dónde está ese problema; cómo identificarlo correctamente para cambiarlo.

Capítulo 2 - ¿Qué es ser rico... Qué es ser pobre?

La definición de lo que es ser rico y lo que es ser pobre es bien específica y circunscrita a unos parámetros exactos: básicamente tiene que ver con cuáles son los orígenes de tus ingresos. Si tienes que rentar tu tiempo a cambio de un costo específico por cada hora de ese tiempo. Y tus ingresos dependerán exclusivamente de cuántas horas podrás aportar en tu día laboral a tu empleador, esto – Tiempo Productivo X Costo por Hora= Salario - te define como pobre, no importa el estatus socio-económico donde te encuentras, pues si no te reportas el lunes temprano a tu trabajo, tu pobreza se hace prontamente absoluta.

Si tus ingresos están desligados de tu tiempo, energía y esfuerzos personales, y estos fluyen en tu dirección libre de tu intervención directa – sin limitaciones de qué tan grande podría ser este flujo – entonces lograste Independencia Financiera.

Capítulo 3 - Una conversación...

En este libro yo propongo unas premisas que están abiertas a discusión; razón por la cual este libro es más una convesación que un llibro didáctico. Puedes mandarme tu reacción vía los correos electrónicos provistos al final del libro. Lo que yo planteo es que en vez de explorar soluciones, estrategias y herramientas para dejar de ser pobre, es más importante trabajar en el estado mental que está a la raíz de la pobreza. ¿Por qué estas tácticas en el inicio? Porque ya tú estás acondicionado, "a-culturado" y educado para ser pobre y has creado tu realidad alrededor de este acondicionamiento. Has aceptado tu destino incondicionalmente porque es lo único que conoces, es tu única realidad. Como un pez nadando tranquilo en su pecera, ni siquiera es una opción ni existe alguna otra alternativa más del limitado espacio de su pecera. Ésta es la que constituye todo su mundo y su realidad.

De igual forma, una persona que ha aceptado su estatus socio-económico sin cuestionamiento nunca podrá relacionarse con los exitosos logros de aquellos que han logrado Independencia Financiera, que de hecho han llegado a la riqueza. Esa persona se mantendrá conforme en su pecera mientras observa desligado e indiferente los logros de otros. Nunca podrá relacionar esos logros con algo que podría también alcanzar por sí mismo.

"Pero eso son ellos... Yo sólo soy un pez..."

El punto de este segmento es que la realidad que conoce una persona de escasos recursos luce general y común a todos, y es la cual todos compartimos. Pero en verdad Las Realidades (y sí, así en plural) son "formateadas" por cada persona de acuerdo a sus experiencias, educación, medio ambiente, crianza y valores aprendidos de sus modelos a seguir. Estos crean los filtros con los cuales la persona percibe la realidad. Si estos filtros permiten solamente percibir la pobreza, o clase media trabajadora, como el estatus normal y por defecto a la cual pertenece, hay poca motivación o iniciativa para cambiar el estatus. Éste sencillamente ES y ya. La conversación que quiero iniciar con este libro es que la creencia en una realidad en común – donde a ti te tocó tu espacio fijo - es una falacia. Está en tus manos cambiar tu realidad de limitaciones económicas al cambiar los filtros que limitan, empañan y distorsionan esa realidad. Al rechazar y renunciar a tus creencias, limitadas percepciones y falsos valores removerás el bloqueo que no te permite ver tu verdadero potencial. De hecho, quitar del medio las trabas de la falsa realidad que dirige tus decisiones será el primer paso para lograr Independencia Financiera.

ᴄ ⁱ⁰ 4 - Cuando expandas tu mente, ᵗu realidad

ᵃ un vendedor de mueble que en la percepción de
ˢideraba que su mundo estaba completo con el

salario que satisfacía todas sus necesidades hogareñas; cuando de hecho podía vivir en una Pobreza Funcional. Hasta que llegó el momento cuando sus ingresos ya no eran suficientes para sostener su estilo de vida. Cuando finalmente dio de brusco a la nueva realidad que ya no podía sobrevivir con su salario, y sólo un descalabro económico se perfilaba en su futuro, a ese momento levantó la vista del suelo y miró y vio por primera vez lo que había estado frente a él todo el tiempo.

Al Federico empezar a captar, ver y entender nuevos conceptos, percepciones e ideas que hasta ese momento eran invisibles e inexistentes para él - o sea, cuando empezó a cambiar los "filtros" de su realidad - fue el momento cuando empezó a cambiar su vida. Y fue posible sólo cuando entendió que la vida de penurias económicas no fue asignada automáticamente a él de forma fija e in-cambiable; cuando finalmente entendió que estaba en su poder y control moldear su vida a la forma y calidad que él deseaba. Al fin pudo apreciar que sólo le faltaba la información y educación apropiada, y nuevos filtros para la percepción de su realidad, unos más amplios y expansivos filtros que esparcieran el alcance de su entendimiento y de lo que es posible.

Cuando finalmente entendió que la solución estaba en lo que no sabía, fue ese el momento cuando su vida cambió.

Capítulo 5 - La Pobreza Funcional

La Pobreza Funcional es un compromiso medio; un estatus socio-económico donde la persona vive en relativa satisfacción, sin mira (ni esperanza) a una superación hacia el próximo nivel económico, ya que en el estatus donde se encuentra, las necesidades más básicas y elementales son satisfechas. Este es un limbo económico donde la meta inmediata es satisfacer el "hoy", es el blanco al cual el pobre y la clase media trabajadora (TCM) le lanzan el dardo de sus esfuerzos. De lo que no se dan cuenta es que detrás del telón donde está ese blanco, existe un mundo de oportunidades con reglas totalmente desconocidas (y de hecho, inexistentes) para la persona pobre. Las reglas por las cuales se rige una persona rica son totalmente opuestas a las reglas bajo las cuales se rige una persona pobre. Esto es lo que hace la gran diferencia. Las metas de una persona pobr (satisfacer necesidades) no están ni cerca de las metas de una persona rica (garantizar el flujo de ingresos independiente de sus esfuerzos personales).

Y de nuevo, como he mantenido a través de este libro, estas metas están dentro del contexto de las realidades, y cómo cada clase socio-económica percibe su propia realidad. Y sólo cambiando la programación y los limitados parámetros que acompañan la realidad de una persona pobre es cuando estará lista para lograr la Independencia Financiera.

Capítulo 6 - La pobreza es una mentira

Si todo lo que tú sabes, percibes y entiendes componen tu realidad, y sirven como puntos de referencia para todas las decisiones que tomas, y las decisiones que has tomado hasta ahora no te han llevado a la Independencia Financiera, ¿qué hace esto de esa realidad?. Lo que tú no sabes, no conoces y no entiendes no forman parte de tu proceso de decisiones: de lo que haces y dejas de hacer, ¿no significa esto que las decisiones que hasta ahora has tomado y no te han dado resultado están incompletas y/o con una base falsa?

Si lo que sabes sólo te ha llevado a la pobreza, y desconoces de otra realidad que le ha dado resultado a otros, y desconoces la existencia de un conjunto de reglas que rigen la conducta y decisiones de una persona rica, ¿qué hace esto a lo que tú sabes, y a tu pobreza?

Dilo conmigo: ¡mentira!

Haciendo exactamente lo mismo (lo que sabes), día tras día, esperando resultados diferentes sólo sirve como un indicador de síntomas de insalubridad mental, según los expertos. Y tú te vas cada mañana a trabajar, detrás de un salario que de antemano sab-   te alcanzará. Y harás esto por siempre, a menos   transformativo te desvié de ese camino. Y ese   información, educación, y apertura de tu mente   de percepción que sirva de base para decisiones   mientras tanto – faltando esta nueva percepción y educación - crees que tu pobreza es verdad porque tú la basas en lo QUE SABES. Y si la solución está en información y datos que tú no sabes que no sabes, ¿que esto hace de lo que tú sabes? MENTIRA. Ya que **un problema no puede ser resuelto desde el mismo punto de consciencia en que fue creado.**

Capítulo 7 - Eres pobre por las cosas que no sabes, no por las que sabes

Todas tus decisiones están basadas en las cosas que sabes y entiendes y conoces con certeza. Ese es tu punto de referencia para decidir que hacer o dejar de hacer. Lo que sabes, conoces y entiendes componen: tu percepción, y esta percepción es lo que te sirve para crear tu realidad.

Pero, ¿y si esta percepción – basada en lo que sabes - es falsa, limitada y restringida? Pues así será tu realidad. Y las decisiones que tomes dentro de esta falsa realidad no servirán a tus intereses. Si las decisiones son tomadas desde un punto de referencia de una persona pobre, y toda tu vida siempre has vivido en carencia económica, ¿en qué dirección crees que te impulsarán estas decisiones…?

Existen cuatro niveles de consciencia dentro de las cuales tomas todas tus decisiones. Estos son:

Tú sabes qué es lo que sabes

Tú sabes qué es lo que no sabes

Tú no sabes qué es lo que no sabes

Y tú no sabes qué es lo que sabes

En la primera categoría, tú tienes consciencia de todo el conocimiento que posees sobre cualquier tópico. Puedes tomar decisiones en estas áreas con amplia confianza de que "Tú Sabes". De la misma forma, tú entiendes cuando careces de conocimiento sobre cualquier área específica. Has viajado en avión en muchas ocasiones, pero en verdad no sabes cómo pilotearlo o cuáles son las leyes de física y gravedad que lo mantienen en el aire. Tú sabes que no sabes aunque sabes que los aviones existen y vuelan, pero no sabes nada más que esto.

La tercera categoría es una muy sutil y a la que en nuestro diario vivir no le dedicamos mucha atención por ser tan abstracta: Tú no sabes qué es lo que no sabes. La información, experiencia, datos y recursos están fuera de la consciencia de la persona; son de hecho invisibles e inexistentes. Ese conocimiento está fuera de la dimensión en que se mueve la persona, por lo tanto sus decisiones estarán desligadas de un vasto banco de recursos e información el cual desconoce. E irónicamente, es en esta categoría donde estarán tus mayores éxitos y más grandes logros. Pero sólo al convertir las cosas **que tú no sabes que no sabes** a cosas **que sabes que no sabes** (te enteras solamente de su existencia), y después las conviertes en **cosas que sabes** (ya sabes de qué se tratan, qué las componen, cuáles son sus funciones). Es tu responsabilidad entender las diferencias en tu búsqueda de lograr tu Independencia Financiera.

La última categoría es tú no sabes qué es lo que sabes. Has integrado el conocimiento a tu inconsciencia, y por hábito y repetición ya haces las cosas en piloto automático. Cuando la base de conocimiento es sólida y ya probada por mucho tiempo de efectivas decisiones – y has eliminado errores y aprendido de ellos – entonces la mayoría de las medidas y decisiones que tomes, lo harás casi sin pensarlo. Y cuando tengas que parar porque una decisión que tomaste inconscientemente no funcionó, harás los ajustes necesarios para integrar la nueva información que causó el error, expandiendo tu punto de referencia para más efectivas decisiones en el futuro. Y de nuevo, llegará el punto que integrarás toda esta información a tu inconsciente por la fuerza del hábito. Esa es la firmeza y solidez que quizás has podido observar en personas que son bastante exitosas; donde, con una gran auto-confianza, se conducen y toman efectivas decisiones casi sin pensarlo. El banco de información que poseen es tan extenso, que tras repetido uso se convierte en cosas que No Saben Que Saben.

La información en este capítulo es vital para entender el contexto de tus decisiones y el origen de tu realidad.

Capítulo 8 - ¡La pobreza es una opción!

Es probable que el título de este capítulo, usado por igual como título del libro, provoque una reacción adversa de tu parte. Después de todo, una opción implica que tenías varios caminos a seguir, varias alternativas de las cuales decidir y que tu situación de pobreza es el estatus que TÚ ELEGISTE.

"¿Así es que yo soy pobre porque quiero...?", te preguntas.

El punto que quiero que entiendas es que si la pobreza no es una opción entonces es algo fijo, pre-determinado e in-cambiable. En otras palabras, no está en tu control elegir y tienes que aceptar tu destino de pobreza. Después de todo, al tú disputar mi declaración de que la pobreza es una opción, es eso exactamente lo que estás proponiendo. De hecho, si piensas que la pobreza NO es una opción, entonces tienes que aceptarla como algo permanente, impuesta desde fuera y aceptada pasivamente por ti. ¿Acaso puedes ver lo desalentador y debilitante que es pensar esto?

Pero tu argumento de que la pobreza NO es una opción puede estar basado en el hecho de que si hubieses sabido de alternativas para dejar de ser pobre y lograr Independencia Financiera, ya lo hubieses hecho (nadie elige el peor camino de dos, ¿no?). Por lo tanto, al no conocer otros caminos que te saquen de tu limitada y restringida economía, tal opción no existe. El problema es que tus opciones y decisiones están limitadas a lo que conoces y sabes - a tu realidad. Mientras menos conoces, mientras menos datos e información tienes, y menos consciencia de los recursos disponibles tienes, MENOS opciones tienes. Por eso piensas que la opción no existe. Tu desconocimiento limita tu visión y restringe tu realidad.

Así es que en vez de clamar que la pobreza no es una opción, debes de identificar correctamente el problema: **No Sé Cómo Romper El Círculo de Pobreza** porque carezco de la información, experiencia y educación adecuada que me lleve a la meta deseada. Como no sé, no puedo ver opciones. Y como no tengo la información, no tengo el poder de decisión y por lo tanto no tengo control. Pero cuando le agregas a tu limitado banco de conocimiento, nueva información y nuevos datos y experiencias, e integras éstos a tu percepción, estás de hecho cambiando tu realidad, y es a este punto cuando las opciones se hacen evidentes.

En este contexto puedes ver claramente que la pobreza **sí** es una opción basada en las decisiones que tomes; y las opciones son más amplias y claras mientras más información, datos y recursos acumulas. De la misma forma, mientras menos sabes menos control tienes, y por consecuencia tendrás menos opciones. Entonces, la falta de opción para salir de la pobreza no está en lo externo, y está más bien dentro de ti, en lo que sabes, conoces y entiendes: en tu percepción. Expándela, y expandirás tus opciones.

Capítulo 9 - Los valores y actitudes de las clases económicas son compartidos y perpetuados entre sí – El pobre vive en su pobreza, el rico en su riqueza

La aceptación de los valores y percepción que se originan en el estatus de pobreza de una persona "moldea" una realidad que es única e incuestionable para ese individuo. De la misma forma, los valores de alguien que ha llegado a la Independencia Financiera los harán crear una realidad y adoptar una percepción que reflejarán esos valores, unos valores que forjan la base de sus logros. Y ambos (el pobre y el rico) crearán sus realidades, gravitarán en un estilo de vida y tomarán decisiones que tenderán a reflejar la visión, creencias, conocimiento y entendimiento que fueron productos de la clase socio económica donde crecieron y se formaron. Cada uno poseerá una percepción distintiva y distinta dentro del medio ambiente y realidad en que vive: el pobre vivirá conformemente en su pobreza mientras el rico hace lo mismo en su riqueza.

¿Qué haces tú en tu situación diaria? ¿Qué decisiones tomas? ¿Cómo te conduces? ¿Qué esperas de la vida mientras te reportas a tu trabajo todas las mañanas? Aunque quizás no te des cuenta, tu futuro está ya predeterminado, o más bien circunscrito a las cosas que conoces y por el modelo que se dejó establecido para ti por las influencias, patrones y "maestros" que han guiado tu vida hasta ahora.

Si no tienes respuesta a las preguntas: *¿por qué no he llegado a la Independencia Financiera? ¿Por qué de hecho no soy rico ahora?* Se debe a que tú ni siquiera te has hecho la pregunta. Y si ni siquiera la pregunta es parte de tu realidad, ¿cómo esperas que la respuesta lo sea?

Exacto.

Si únicamente sabes ser pobre, construirás tus percepciones y experiencias, y tomarás tus decisiones basado específicamente sólo en lo que sabes y entiendes, en todo lo que está dentro de tu realidad, por lo tanto estas decisiones tenderán a mantenerte pobre. Sólo expandiendo tu percepción y realidad, y logrando esto a través de un desligue y rompimiento total con lo que "sabes", lograrás integrar nuevos valores, percepción y nuevo entendimiento a una "nueva realidad", donde tomarás decisiones basadas en datos, información, recursos y entendimiento que no habían sido parte de tu vida hasta ese momento.

Después de todo, si hubieses sabido cómo ser rico, ya lo fueras, ¿no?

De esta manera, para lograr Independencia Financiera tienes que cuestionar constantemente lo que crees que "sabes"; entendiendo que el secreto siempre estará en aquellas cosas que NO SABES QUE NO SABES (no están dentro de tus conocimientos ni sabes de su existencia). Esto es lo que te hará cambiar los valores y actitudes de la clase económica en la que habitas y te limita. Si no haces esto, hasta con la repentina llegada de una gran cantidad de dinero - como sucede con aquellos que ganan grandes premios en la lotería – puedes facilmente volver a la pobreza, como documenté ampliamente con las historias de varios ganadores de la lotería, y de lo cual tú probablemente has sido testigo.

Por lo tanto, el rico vivirá en su riqueza y el pobre en su pobreza dentro de los valores, percepción y conocimientos que cada uno lleva dentro de su realidad. Y ya que esto es un factor claro e indiscutible, ¿cuál es entonces la solución del pobre? Moverse de una realidad a otra; o sea, como acabamos de indicar más arriba, es adoptar un modelo basado en un conjunto de valores que identifican una realidad rica. Y es la responsabilidad de aquel que quiera hacer el cambio aprender cuáles son estos valores.

Tratar de hacer esto, como sucede al emprender cualquier camino desconocido, te llevará a un viaje incierto, donde frecuentemente encontrarás paredes y bloqueos y desilusión. No es fácil deshacer todo lo que "sabes", y re-inventar tu percepción y tu realidad. Necesitarás mucho esfuerzo, dedicación, perseverancia y un gran enfoque en la meta.

Pero al final compartirás los valores y actitudes de la clase económica donde mereces estar. Finalmente entenderás lo que es vivir en una realidad rica y una realidad pobre. Cuando descubras la diferencia, entonces lograrás Independencia Financiera.

Capítulo 10 - No es falta de dinero lo que te hace pobre

La creencia que la falta de dinero es lo que te hace pobre, irónicamente en la mayoría de los casos es lo que te propulsa a ser todavía más pobre. Esto parece ilógico y contra-intuitivo, ¿no?

Déjame explicarme.

Piensa en la imagen de una serpiente que se come su cola. Esto es ejemplo y símbolo de un círculo de lógica cerrado. Decir: "*Soy pobre porque no tengo dinero, y no tengo dinero porque soy pobre*" presenta un círculo cerrado similar, la primera frase es la respuesta a la segunda y no hay espacio para ninguna solución. Y sin algo que rompa este círculo, la situación del pobre tiende a convertirse en permanente ya que toma decisiones, casi siempre inconscientemente, que tienden a perpetuar su estado de carencia.

Y todo por la firme creencia de que es pobre porque no tiene dinero, "*estoy enfermo porque tengo fiebre*".

Pero **la fiebre** (falta de dinero) ¡**no es la enfermedad**! (razón de la pobreza). Incluso, la fiebre NO es la <u>causa</u> de ninguna enfermedad. La fiebre es sólo uno de los ¡SÍNTOMAS! De la misma forma, la falta de dinero es solamente un síntoma de varias causas profundas que originan tu pobreza; no es la enfermedad. Por igual, una aspirina o paños fríos en la frente para bajar la fiebre no curan la enfermedad, sólo alivian los síntomas, pero la infección que causa la fiebre continúa. Perseguir el dinero ciegamente, trabajando incansablemente para satisfacer necesidades - sin saber la causa de por qué confrontas tantas limitaciones económicas - tampoco curará tu pobreza.

A diferencia de lo que la mayoría de las personas piensan (especialmente esas personas que duran toda la vida trabajando arduamente para ganarse con que cubrir sus necesidades), tu nivel financiero (*tu hoja de balance: lo que recibes, lo que gastas, lo que te queda, más tu calidad de vida que puedas disfrutar con ese flujo de dinero*) no es necesariamente lo que explica y "causa" si eres pobre (o TCM) o rico. Tu estado financiero en cualquier momento dado es sólo una "foto" de un específico instante que refleja las decisiones que has tomado y que te han llevado a ese determinado momento. Y si no has llegado a lograr la Independencia Financiera es porque no has tomado las decisiones que te lleven a ese resultado. Obvio, ¿no?

En vez de darle "aspirina" a tu pobreza, aliviando de forma temporaria la "fiebre" de vicisitudes que ésta te causa, aceptando la "fiebre" como si fuera la enfermedad, ¿por qué no persigues la educación e información apropiada para identificar y curar "la causa" de tu pobreza, en vez de dedicar tu vida infructuosamente a atender los "síntomas"? Si rechazas la idea de que "soy pobre porque no tengo dinero" y expandes este concepto a entender que el "porqué" va mucho más allá de no tener dinero, entenderás que la raíz del problema no es la falta de dinero sino falta de educación (y expansión de tu percepción) en el área del dinero.

Lo que te falta se puede ilustrar si cambias la frase "soy pobre porque no tengo dinero" a: "!Soy pobre porque hasta ahora no sé cómo dejar de serlo!" La falta de dinero es secundario a lo que verdaderamente es importante; y esto es un cambio de actitud, percepción, de visión, en resumen, ¡un cambio de realidad!

Capítulo 11 - La diferencia entre el pobre y el rico

es que el pobre se acostumbró a su pobreza

Yo propongo que en su esencia más elemental, la diferencia entre una persona rica y una persona pobre es que el pobre se acostumbró a su pobreza. Este aceptó y "normalizó" y se ajustó a su estatus económico actual a un punto que acomodó todas sus necesidades a solamente aquellos recursos que las puedan satisfacer; y su vida girará y tomará forma alrededor del medio ambiente que él(ella) pueda proveerse con esos recursos. Y le dará una normalidad a ese estilo de vida que no cambiará a menos que algún evento o una motivación dramática y transformativa lo lleve a cuestionar esa "normalidad".

La vida de limitaciones, restricciones y carencia no llega desde fuera; más bien la persona la acepta internamente y se acomoda a ella, aprende a vivir conformemente en ella, y ajusta sus recursos a satisfacerla, por eso no hay espacio para las soluciones, información, iniciativa, educación y oportunidades que sirvan para cambiarla. En otras palabras, cuando deje de acostumbrarse a su pobreza, cuando le moleste, es cuando tomará los pasos para cambiarla. Ausente esta determinación, su vida continuará indefinidamente en el estatus económico en que se encuentra. Y curiosamente, continuará en ese estatus en completa complacencia e inercia, viviendo en satisfacción y dentro de lo que le permiten sus recursos, sin ninguna otra etiqueta puesta a su medio ambiente que no sea solamente "su barrio, su ambiente, su hogar y sus vecinos".

El pez no puede ver el envase de la pecera en la cual está nadando.

Al momento de tomar decisiones, la persona tiene por lo general dos caminos a seguir: o una reafirmación y prolongación de su pobreza, o una ligera y sutil mejoría de su medio ambiente, integrando nuevas experiencias y nuevos conocimientos en un proceso que puede ser incremental pero a largo plazo sirve para moverse a un plano económico superior. Sin embargo, la persona pobre por lo regular toma decisiones y sigue un patrón de acción que de forma incremental lo propulsa en la dirección que valida una y otra vez el estatus de pobreza. Y a entender, que "tomar decisiones" no se refiere a que la persona sabía de opciones y decidió seguir pobre. Sin la educación adecuada y cambio de percepción, la decisión es hecha inconscientemente. El pobre sólo sabe hacer lo que sus limitadas experiencias y limitada percepción le indican; y esto es: ser pobre.

La Teoría de la Ventana Rota (formulada por James O. Wilson y George L. Kelling) propone que en una área urbana donde existe un edificio con algunas ventanas rotas, con el tiempo la tendencia es que unos vándalos rompan más ventanas, después ensucien las calles, eventualmente empiecen a pintar las paredes con grafiti, los delincuentes se empiezan a sentir más libres para cometer fechorías, las personas de integridad y responsabilidad empiezan a abandonar el área, y al final sólo queda la decadencia y el deterioro.

Si se atienden estos síntomas temprano, y se corrigen y reparan "las ventanas rotas" a tiempo, el resultado es lo opuesto y la calidad del medio ambiente mejora, y las cualidades y los valores positivos aumentan. La teoría funcionó espectacularmente en la ciudad de Nueva York en los años 90's durante la administración del Alcalde Rudy Giuliani.

Esto muestra que las pequeñas cosas importan, e importan desproporcionadamente.

Las tendencias tienden a ser propulsadas y aceleradas en la dirección y en la forma en que estás actuando, las decisiones que estás tomando y las cualidades y estilo de vida que estás aceptando (y alrededor de la cual tú creas tu "normalidad"). Aquellos a quienes su pobreza les molesta tratan de mejorar el medio ambiente en que se mueven porque la alternativa es inaguantable. Y hacen esto de forma incremental, creando poco a poco, y muy sutilmente, las condiciones que les permitan tomar más efectivas decisiones con mira a mejores resultados económicos. Porque sus condiciones actuales no son tolerables.

Cuando dejes de acostumbrarte a tu pobreza, entonces harás algo para cambiarla.

Capítulo 12 - El lenguaje del pobre

Nuestro idioma le pone vestimenta a nuestra percepción y realidad. ¿Has notado cómo se comunican los médicos, e ingenieros y las otras clases profesionales especializadas? ¿De qué hablan dos veterinarios? Las clases laborales, artísticas, técnicas, sociales, religiosas adoptan todas similar vocabulario, temática y forma de comunicarse, compartiendo sus ideas, actitudes y percepciones con un lenguaje en común.

Dos inversionistas de la bolsa de valores o negociadores de divisas extranjeras comparten el idioma especializado necesario para intercambiar sus ideas y opiniones. Empresarios de un tipo de industria usarán el léxico y vocabulario que les permiten negociar y aportarse información uno al otro.

Por otro lado, ¿de qué hablan dos personas pobres cuando se reúnen?

Exacto.

Por lo general sólo conversamos sobre lo que sabemos y basado en nuestras experiencias; y por lo general nuestras conversaciones e intercambios se limitan a aquellos con quienes compartimos estas experiencias. Mientras te relaciones exclusivamente dentro del mismo medio socio-económico que rige tu vida – y hagas esto día a día – compartirás ideas y conceptos, y validarás opiniones y percepciones que tenderán a re-afirmar tu realidad, o lo que percibes de ella. En otras palabras, cada uno servirá de eco al otro para escuchar las cosas que ya saben, de las cuales están de acuerdo y las cuales conocen.

Las limitaciones de este lenguaje se pueden observar si consideramos un ejemplo contenido en uno de los libros en el Listado Mandatorio de Lectura indicado al final.

Según el libro "Padre Rico, Padre Pobre" del asesor financiero Robert Kiyosaki, cuando una persona pobre considera la adquisición de algo que requiere un gran desembolso de dinero, dinero que no posee en el momento, se dice a sí mismo: "*No puedo*". Otra persona en la misma condición económica pero con una mentalidad abierta a un mejor futuro financiero se diría: "*¿Cómo podría yo?*". La diferencia entre un lenguaje y otro es sutil pero chocante e impactante a la vez. Por igual, cuando escuchas la frase: *"Si dices Yo Puedo o dices No Puedo, estás en lo cierto…"* piensas que ambas declaraciones están comunicando algo contradictorio al mismo tiempo. ¿Cómo pueden dos cosas opuestas estar correctas al mismo tiempo? Esto tiene que ver con la realidad en que nos desenvolvemos y cómo evaluamos nuestra capacidad dentro de esta realidad. Si de verdad crees que no puedes hacer algo, NUNCA lo harás, no importa lo que sea. Y si crees firmemente que puedes hacer algo, lo lograrás no importan los obstáculos. Es una correlación directa con nuestra convicción y la fuerza de nuestra motivación. Por eso es que ambas declaraciones están correctas al mismo tiempo. Tiene que ver contigo y lo que crees. Tú eliges.

El lenguaje cotidiano de la clase trabajadora (TCM) denota una realidad de sacrificio, desesperanza y restricciones. Creen que eso es lo que se espera de ellos. Todos los países denotan esto en el lenguaje que usan, donde los trabajadores reflejan la percepción de sacrificio y limitaciones que tienen del empleo: *"Trabajo para ganarme la vida…", "Buscándome las habichuelas…" "Buscándomela como un toro…", "Aquí camellando…", "Rompiéndome el lomo…","Trabajando como un burro…"* Como puedes ver, las imágenes constantes son el animal de carga y la sobrevivencia; y los resultados reflejan esta impresión.

Si no sales a trabajar para lograr tu Independencia Financiera, y sólo sales con la mentalidad del idioma que usé como ejemplo más arriba, entonces estás perdiendo el tiempo y tu único camino es la sobrevivencia económica y la pobreza. Si sales por la mañana a buscarte las habichuelas, ¿con qué crees que regresarás a tu casa al final del día? Pues, únicamente ¡con habichuelas!

Nunca encontrarás lo que no buscas.

También he observado cómo personas de un perfil religioso se escudan bajo una interpretación de la frase *"Más fácil entra un camello por el ojo de una aguja que un rico al reino de los cielos"* para considerar el logro de Independencia Financiera como algo no deseable, como un pecado tal vez. Al desglosar la sección de la biblia donde aparece esta narrativa (Lucas 18:24), lo primero que se hace claro es que Jesús no consideró la riqueza como una ofensa a sus enseñanzas ni una violación de los mandamientos. Él no amonestó ni criticó al hombre rico por su fortuna; sólo le pidió que lo repartiera todo para entrar al reino de los cielos. El hombre no podía usar su riqueza como cobija que le daba carta blanca para ser recibido en el reino del Señor. Amasa tu fortuna, haz el bien con ella, entrega todo al final, y serás recibido en el cielo tan desnudo como naciste.

De hecho, Dios necesita que seas rico para que puedas extender su obra. Y mientras más recursos y riquezas puedas amasar, más impactante y más extenso será el bien que podrás hacer con ella. Después de todo, es tan milagroso perdonar los pecados de un rico como los de un pobre.

Otro lenguaje curioso es el de aquellos que promulgan, a veces hasta con aire de desdén que: *"¡La riqueza no te da felicidad!* Mi respuesta es: *"¡Tienes toda la razón!"*... Entonces, ¿si no te garantiza la felicidad, para qué molestarse? ¿Qué es lo que te provee el lograr la Independencia Financiera?

LIBERTAD Y OPCIONES

Obtener tu **Libertad** se refiere a satisfacer todas tus necesidades económicas con un flujo de ingresos pasivos, consistentes, libre de tu energía y esfuerzos personales. Podrás romper las cadenas de la sentencia que estás cumpliendo en un empleo que te tiene atado fijamente a una clase económica predeterminada, donde tu estado permanente de vida es sólo sobrevivencia. La falta de libertad económica no te permite elegir el camino que quieres, con los logros que quieres y la calidad de vida que quieres. La Independencia Financiera te libera de esto.

La Independencia Financiera te hará amo de tu propio destino.

Tus **Opciones** se expandirán en todas las facetas de tu vida al lograr la Independencia Financiera. Como todos los aspectos de tu vida (medio ambiente, salud, educación, calidad de vida, amenidades, contribución a la sociedad) son dependientes exclusivamente de tu sueldo, y/o todos los ingresos que produces regularmente, puedes ver que <u>TODAS</u> tus opciones están sujetas exclusivamente a esos ingresos. Enfócate en lograr tu Independencia Financiera, libera tus ingresos de restricciones, ya que mientras más limitados sean estos, así de limitadas serán tus opciones

Ya puedes ver que aunque estoy de acuerdo contigo que la riqueza en verdad no te da la felicidad, la <u>libertad y opciones</u> que te brinda son razones suficientes para tener la Independencia Financiera como meta. Todos – ricos y pobres – estamos expuestos a las mismas tragedias, disfunciones, enfermedades y "los golpes que nos da la vida". Tu Independencia Financiera determinará el impacto que estos "golpes" tengan en tu vida.

Podrás ya ver que el lenguaje que usa el pobre para justificar su pobreza sólo sirve para preservar el estatus quo. Es el camino de menos resistencia; es lo que conoce y ha escuchado toda la vida dentro del medio socio económico donde se mueve. Es su realidad creada, a veces con una base religiosa malinterpretada, o contextualizada con falsas creencias y percepciones, o definida con el limitado conocimiento financiero que posee. Su lenguaje determina sus metas al decir: *"La riqueza no te hace feliz…"*, *"Más fácil entra un camello por el ojo de una aguja…"*, *"Trabajando como un burro…"*, *"No seas tan ambicioso…"*, *"Confórmate con lo que tienes…"* *"La pobreza es una virtud…"*, *"Sudando la gota gorda…"* *"Los ricos son corruptos…"*, *"Si no trabajo no sobrevivo…"* *"Yo no puedo (en vez de '¿Cómo podría yo?')…"* Esto lo que hace es crear la base de razonamiento para tolerar – y aceptar con conformidad y resignación – la pobreza.

Nuestro lenguaje nos forma y nos define.

Capítulo 13 - La decisión de ser rico… La "decisión" de ser pobre

Llegar a la meta de Independencia Financiera se puede resumir en su esencia más elemental, a la **decisión** actual de querer llegar a ser rico.

Tu impresión, supongo, es que estoy simplificando al extremo el concepto que expongo en este capítulo. *"¿Y es así tan fácil?"*, te preguntas, *"¿Decido ser rico, y ¡puff!, ya…?"* El concepto se oye bastante estúpido, ¿no? No puede ser así.

Con riesgo de que me llames demente e idiota, te diré que sí.

La base de mi descabellada premisa es que ser rico es primeramente y esencialmente: Una Decisión. En el engendro de la idea original, donde empieza todo, en el génesis del impulso que te saca de la pobreza, en la raíz donde nace el cambio reside (de nuevo y repitiendo como una campana): UNA DECISIÓN.

Y en la otra cara de la moneda, si no tomas la DECISIÓN de ser rico, estás de hecho, y por defecto, y de forma automática, inconscientemente e indirectamente, "tomando" la decisión de quedarte pobre. "Tomando" está entre comillas porque en verdad tú no "tomas" la decisión, ésta te he implementada a tu vida sin tú quererlo, sin tu permiso, y sin ni siquiera teniendo la menor idea de que esta decisión fue tomada por ti... y para ti. La pobreza se adhiere a ti automáticamente si no existe la DECISIÓN de dejar de serlo.

Casi puedo escuchar el revoleo en tu cerebro al tratar de digerir el concepto. No es para menos. No es lo que estás acostumbrado a escuchar. Pero quiero que entiendas que yo estoy yendo bien profundo, a la raíz de tu consciencia, donde se forman las ideas, donde se forma la base del entendimiento y las percepciones que propulsan tus decisiones y moldean tu conducta. Cuando te dices: **"esto es lo que quiero y es lo que va a suceder"**, y harás todo lo posible, y aprenderás todo lo necesario, e invertirás todo el tiempo y la energía para hacer eso posible, y otra opción que no sea eso que quieres es intolerable, inaceptable, y voy más lejos, es <u>impensable</u>, esta es la DECISIÓN a que me refiero.

Básicamente, en este contexto, eres pobre porque no has tomado la decisión de dejar de serlo. Aunque resistas esta declaración (ya que pone la responsabilidad en tus manos), si te pregunto: ¿cuáles son las decisiones, los actos, la educación, los esfuerzos y las medidas que has tomado en los últimos 60 días para avanzar en tu meta de lograr la fortuna... la Independencia Financiera? ¿Qué has hecho para romper los parámetros de la rutina diaria y repetitiva que te mantienen pobre? ¿Cuál sería tu respuesta?

Exacto.

Tomar una DECISIÓN de <u>Ser Rico</u> requiere esfuerzos, tiempo, educación, atención, análisis, enfoque, perseverancia, curiosidad, motivación, obstinación, fuerza de voluntad para volverse a parar después de cada caída, expandir el alcance de tu visión, re-evaluación de tus amigos, de tu ambiente, de tu familia, de tu percepción... de tu Realidad.

Está claro que es mucho más fácil NO tomar esta decisión. No es necesario "decidir" esa meta cuando aceptas tu presente pasivamente: *"No tengo todo lo que quiero y merezco, pero por lo menos puedo vivir con lo poco que tengo"*. Por eso es que la mayoría de las personas son pobres. Y recuerda que la DECISIÓN a que me refiero no es un simple "deseo", "si algún día", un "me gustaría", "si yo pudiese". Por eso está escrita en mayúsculas, para que sientas su peso y la fuerza del compromiso al que te ata.

La DECISIÓN va primero... Antes de saborear el sabroso melón, primero debe de haber la determinación de sembrar la semilla, y esperar a que germine, y cuidar y echarle agua a la planta, y esperar a que dé su fruto. Si no DECIDES sembrar la semilla, sólo saborearás el melón en tus sueños. Primero viene la DECISIÓN y después siguen la conducta y nuevas percepciones que acompañarán la DECISIÓN. El proceso que sigue hará que el pensamiento se convierta en acción; y la acción con repetición se convierta en hábito. Y los hábitos te formarán a ti. Por eso es que la DECISIÓN es precursor al plan, a la acción, y a las estrategias. Sin ésta (*la determinación*), los otros (*los resultados*) nunca llegan y sólo se quedan en sueños. Sin la DECISIÓN no hay melón.

Si no decides ser rico, entonces la alternativa – sin ningún control tuyo - tomará su lugar.

Capítulo 14 - El pobre usa sus ingresos para pagar su pasado, eliminando su futuro, y restringiendo su presente

El pobre vive en el pasado; o más específicamente, éste se

enfoca con determinación a producir los ingresos en el hoy que satisfagan los costos de experiencias ya vencidas y pertenencias y cosas materiales ya desvalorizadas. Aquellas que adquirió contando con recursos futuros que todavía no le habían llegado. De hecho, su futuro ha sido "empeñado" sin retorno, sin esperanza de recuperarlo, ya no le pertenece. Ya no existe para él. En este contexto, podrás apreciar lo que es vivir "sin futuro", el cual fue perdido al presente, que lo consume todo para cubrir cuentas y obligaciones asumidas en el pasado. Esta es una conducta universal entre la clase trabajadora. Es lo único que el Trabajador Clase Media (TCM) sabe y entiende. Es su realidad.

¿Por qué puedo decir esto con tanta seguridad? Porque si no estás acumulando e invirtiendo los recursos que sientan la base para el eventual logro de Independencia Financiera - no importa el tiempo que tome; si no tienes un plan que reasigne parte de lo que produces para adquirir fuentes de flujo de ingresos pasivos que te liberen de la atadura de un empleo, entonces **yo** tengo la razón. Especialmente cuando la razón de no ejecutar un plan de acción que te lleve a la Independencia Financiera es porque no te queda nada después de pagar tus cuentas cada mes (la mayoría de los pobres y la clase trabajadora).

Pero no tiene que ser así. Con la educación apropiada, y con la búsqueda de soluciones más allá de lo que conoces, expandirás tu percepción para gradualmente integrar a tu realidad aquellos métodos y conducta que sirvan para alterar y desviar tu destino de precariedades y limitaciones a Independencia Financiera. Pero esto es fácil decirlo, implementar los cambios necesarios es otra historia por dos factores primordiales que por lo general identifican las acciones y conducta de una persona que vive en una incuestionada y limitada realidad:

Incapacidad para Planear y **Gratificación Inmediata**

Incapacidad para Planear

Incapacidad para Planear se refiere a la reacción impulsiva (y fuera de contexto de lo que le conviene a largo plazo) dentro de las cuales una persona pobre, o Trabajador Clase Media (TCM), toma sus decisiones financieras. Éste gasta hoy, consume hoy, adquiere hoy lo que desea, quiere, y "necesita" en este momento, libre de cualquier consideración del impacto en su economía presente y futura.

Si te pregunto dónde piensas estar en cinco años, cuáles metas financieras tienes para los próximos 10 o 15 años; qué tiempo te va a tomar duplicar tus ingresos mensuales actuales por medio de inversiones, lo más probable es que me mires pestañeando tratando de entender de qué estoy hablando.

Y la respuesta universal que recibo cuando hago esta pregunta es: *"¿cómo puedo pensar en ahorrar para el futuro cuando apenas me alcanza el dinero para pagar lo que debo hoy…?"* Sin darse cuenta que se está diciendo: "Sé que seré pobre porque estoy muy ocupado ahora con mi presente para pensar en mi futuro…" Increíble, ¿no? Saber que vas a ser pobre en tu futuro y no hay nada que puedas hacer para evitarlo. Deprimente, ¿no? *"Guerra avisada no mata soldado"*. Ésta está avisada y como quiera te matará.

Gratificación Inmediata

Gratificación Inmediata es un término usado en psicología para explicar la característica de una persona que busca satisfacción inmediata a lo que quiere o siente que necesita en ese específico momento sin consideración a ningún otro factor, ni consecuencia ni impacto. Cuando una persona de limitados ingresos y por igual limitada educación financiera enfrenta este tipo de decisiones, por lo general moverá todos los recursos a su disposición – que por lo general son sus ingresos, algún ahorro que pueda tener y acceso al crédito – para obtener eso que quiere. Y el resultado tiende a ser un descalabro económico del cual nunca puede salir. Y lo más interesante es que no es capaz de conectar esa cualidad - quiero obtener lo que deseo, en lo inmediato – con la razón por la cual vive endeudado toda la vida.

El pobre seguirá usando su presente para pagar su pasado, y de hecho eliminando su futuro (y perpetuando su pobreza), siempre y cuando no se añadan la educación, herramientas financieras y cambio de percepción y valores que sustituyan la reacción impulsiva dentro de las cuales toma sus decisiones. Cuando de hecho reconozca que sus decisiones son tomadas dentro del contexto de: Incapacidad para Planear y Gratificación Inmediata.

Capítulo 15 - Un trabajo te impide hacerte rico – un buen trabajo lo hace imposible

El título de este capítulo aparenta ilógico y sin sentido, ¿no? Al atacar de frente tu realidad pensarás que estoy hablando disparates. Eso es natural. Sólo te pido paciencia y que mantengas la mente abierta a mi argumento mientras empiezo por lo básico.

Mi argumento descansa en el hecho de que todos hemos sido acondicionados a seguir un patrón pre-establecido: estudias, terminas tu educación, consigues trabajo, te mantienes tú y tu familia, educas a tus hijos, te retiras con una pensión reducida de lo que fue tu salario. Este es el patrón que por defecto la mayoría de la población sigue. ¿Y entonces, por qué, en este definido y sólidamente establecido y ya probado proceso, la mayoría (más del 90%) de la población sigue siendo pobre? Un trabajador le da forma a su vida alrededor de un empleo (y adopta exclusivamente el estilo de vida que le permiten esos ingresos - tan limitante como éstos sean), hasta que llega a su retiro. Bajo este formato, la persona es pobre cuando crece, pobre cuando se educa, pobre cuando se emplea y más pobre cuando llega a la vejez.

Porque un trabajo te previene de hacerte rico. Un buen trabajo lo hace imposible.

Y esto tiene que ver con el modelo económico dentro del cual operamos. Para la maquinaria laboral funcionar sin interrupción hacen falta las "piezas" humanas que la hagan operar efectivamente. Un salario será suficiente para cubrir todas ("con suerte") o algunas (si no tienes "suerte") tus necesidades. Así es como estos ingresos se convierten en el barómetro que determina el nivel económico, social y calidad de vida de la persona. Y ese nivel de vida transcurre en el contexto de la regla 40/40.

La Regla 40/40

La regla es esta: el destino del empleado es trabajar 40 horas a la semana (8 horas al días, por 5 días) por 40 años hasta llegar a su retiro. Y sólo hablo de retiro/pensión, no fortuna o Independencia Financiera. Me refiero única y exclusivamente a la "sobrevivencia salarial" que te permite laborar por un sueldo que refleja tus horas de trabajo por 40 años, y el cual te permite cubrir los gastos básicos de tu vida.

Por lo general, no nos damos cuenta de esta regla a tiempo porque vivimos en una "pecera", en nuestra propia realidad, la cual creemos es la misma realidad que todos compartimos. Ahora piensa, si todo tu tiempo productivo está comprometido a sólo una forma de ingresos – tu salario – y éste no está "formateado" para crear fortuna, ¿de dónde vendrá tu libertad económica? ¿De dónde vendrá tu logro de Independencia Financiera? Porque un trabajo te previene de hacerte rico; un buen trabajo lo hace imposible.

Para entender este proceso, debemos entender la historia del desarrollo económico mundial. Esta historia se divide por períodos, primero fue la época **Agraria**, antes de los grandes inventos tecnológicos y mecánicos, donde las personas eran auto-suficientes, sean estos: herreros, comerciantes, agricultores, o artesanos. A este punto se usaba el trueque como medio de comercio. A principio del siglo 19 hicimos la transición a la era **Industrial** con una explosión de nuevos descubrimientos, nuevos sistemas de manufactura y la adopción del proceso de ensamblaje para producir bienes y productos en masa para consumo global. Estos sistemas transformaron la sociedad, creando las diferentes clases sociales: aquellos que controlaban los medios de producción y aquellos que dependían de ellos como empleados. Y este es el modelo que continúa hasta hoy. Pero muy recientemente, cuando es considerado en un contexto histórico, hace un par de décadas que empezamos la transición a la era **Digital**, o Época de la Informática. La Era Industrial está rápidamente quedando atrás.

Y aquí es donde reside el problema.

El comercio se mueve ahora a la velocidad de la luz y el

nuevo modelo económico descansa en la comercialización global, la máxima eficacia de producción sin consideración al costo humano, la maximización del alcance vía el Internet, la minimización de costo laboral, y la lealtad no es al empleado sino al sistema. La idea de un buen trabajo con una sólida compañía que te proveerá para tu vejez después de dedicarle tu vida útil es ahora un espejismo para la mayoría de los trabajadores. Lo triste del caso es que la mayoría de los trabajadores no se ha despertado a esta realidad. Ellos siguen viviendo en la Era Industrial cuando de hecho estamos ya en la Era Digital.

Capítulo 16 - Enséñame tus amigos y te enseñaré tu futuro

El autor Jeff Olson en su libro *"The Slight Edge"* (*"Las Pequeñas Ventajas"*) narra como "tus ingresos son iguales al promedio de los ingresos de tus cinco mejores amigos", aquellos con quienes más frecuentemente te asocias. Como también compartirán la forma de hablar, actuar y pensar. Tu actitud, tus logros, y hasta tus valores y tu filosofía reflejarán la de aquellos cinco cercanos socios. Estos valores y percepciones en común son el adhesivo de la amistad.

Estudios de la escuela de medicina de la Universidad de Harvard determinaron que las probabilidades de una persona llegar a la obesidad se incrementaban 57% si un amigo era obeso. Compartiendo noches de póker con amigos fumadores hará imposible tu meta de dejar de fumar.

Dime con quién andas, y te diré quien eres. Pájaros del mismo plumaje siempre vuelan juntos. (Y la razón por la cual vuelan juntos es porque todos van en la misma dirección).

Tú eres la combinación del promedio de las cinco personas con quienes compartes tu tiempo libre, y por lo general compartirán la educación y experiencias que delinean "la realidad" que perciben en común. Todos ustedes se validarán continuamente la forma de ver las cosas y sus creencias y valores; aquellos que se desvían de ese patrón tienden a ser desligados del grupo. Todos compartirán las cualidades, gustos y experiencias que son las razones por las cuales son tan buenos amigos en primer lugar. Tus ingresos, tus logros y hasta las decisiones que tomas en tu vida reflejarán este hecho.

En otras palabras: enséñame tus amigos y te enseñaré tu futuro.

Si haces un inventario de tu vida y las relaciones más cercanas que tienes, puedo apostar a que quedarías sorprendido con la "coincidencia" de todas las cosas que tienen en común. Te apuesto a que en la mayoría de los casos todos ustedes compartirán el mismo (o similar) estatus económico. Encontraría muy difícil que cuatro de ustedes -empleados dentro de una clase media baja - estén ahora mismo compartiendo con sus otros dos amigos millonarios. Eso no es lo que por lo general sucede.

SI tus amigos no te están levantando, entonces te están halando hacia abajo. Con quien te asocias, siempre <u>Ganas o Pierdes</u>, aunque sea energía, estado de ánimo, tiempo y/o dinero.

Pero estos son los amigos que tanto nos divierten y comparten nuestras penas y alegrías y son tan cercanos a nosotros. Eso es lo que hace tan difícil hacer lo que tienes que hacer para garantizar tu futuro financiero. Por eso es que desasociarte de ellos es tan dificultoso, especialmente cuando éstos se preguntan que han hecho para merecerse tu distanciamiento.

Por eso es que yo prefiero considerar <u>Compartimentalización</u> en vez de <u>Desasociación</u>. Y reconozco que la palabra Compartimentalización parece un trabalenguas, pero no tengo otra para explicar el principio que te quiero mostrar. Me refiero a ubicar, o "compartimentalizar" en su correcto contexto a todas las personas que son parte de tu vida, aquellos que tú influencias y aquellos que te influencian a ti. Y debes aplicar este conocimiento de tus amigos para determinar el impacto que éstos puedan tener en tu misión y meta de lograr Independencia Financiera. Sólo tú sabes quién te rodea. Sólo tú sabrás los compartimentos en los que ubicarás tus amigos de acuerdo a lo que te aporten.

Capítulo 17 - El pobre trabaja por dinero, por eso es pobre

Tu pregunta al empezar este capítulo es probable que sea: si no trabajo por dinero, ¿por qué rayos voy entonces a trabajar? Por eso es posible que el título te parezca bastante estúpido. Eso lo entiendo. Para empezar te relataré el proceso que me llevó al entendimiento que sirve de base para mi argumento. Desde la universidad tomé los pasos que sabía que tenía que tomar en forma inconsciente y predeterminada, como subir una escalera: de este peldaño al próximo. No cuestionaba si tenía que tomarlo o no; o si habían otros caminos o no.

Al llegar a mi meta con un título universitario, el próximo paso era conseguir un empleo y ajustar el resto de mi vida a los ingresos que recibiría por ese empleo. Todo esto lo veía como normal hasta que me fijé en otros que habían tomado un camino totalmente diferente al mío, y gozaban de un presente económicamente más exitoso y un futuro más promisorio. Algo no estaba bien. La suma no daba. Me di cuenta que mi entendimiento a ese punto no me había dejado ver otra opción.

El patrón de la clase trabajadora siempre era el mismo: **un "ticket de membrecía" (la educación) para admisión a la clase laboral**. Mientras más alta y extensa la educación, más alto teóricamente serían los ingresos. O sea, el "ticket" determinaba tu estatus socio-económico, y en ese estatus estabas predestinado a permanecer toda la vida.

Un libro importante que me empezó a abrir los ojos a otra realidad fue *"Padre Rico, Padre Pobre"* de Robert Kiyosaki. El ángulo que el Sr, Kiyosaki presenta en su obra sobre finanzas se refiere a la disonancia que existe entre lo que te enseñan en la escuela y lo que te enseña la vida. La escuela te enseña a trabajar por dinero, a llenar un espacio en la clase laboral por un salario. Esto era lo que enseñaba "Padre Pobre", el papá biológico del Sr. Kiyosaki. Lo que enseñaba "Padre Rico", (el papá de su mejor amigo y socio) era cómo hacer que el dinero trabaje para ti.

El Sr. Kiyosaki relata en su libro cómo desde su juventud en Hawái, él sintió la inquietud de que todo el paradigma económico que la sociedad imponía estaba desubicado. Su padre biológico era un hombre de una sólida educación académica, pero era pobre y vivió pobre toda su vida. El padre de su amigo Mike, a quien Kiyosaki adoptó como su segundo modelo paterno, su segundo "papá", tenía poca educación académica pero era un estudiante de las finanzas y el dinero, y por igual era rico.

A los 9 años, Robert Kiyosaki y su amigo Mike le pidieron al padre de éste que les enseñara cómo llegar a ser rico. Para hacerlos entender, "Padre Rico" los puso a vivir las experiencias del trabajador, aquel que conecta sus ingresos a su tiempo y esfuerzos, y los forzó a darse cuenta de la gran diferencia entre la mentalidad del empleado y la del empleador. Para empezar los puso a trabajar por tan poco dinero que al cabo de unas semanas el pequeño Robert empezó a resentir el bajo pago. Mike le confesó que su papá sólo esperaba su reacción para verlo en su despacho y escuchar su queja. Y ahí empezó la más importante lección de la vida que Padre Rico impartió a Robert y a Mike.

El día del encuentro, Padre Rico llevó al pequeño Robert a la frustración, haciéndolo esperar fuera de su despacho por un largo tiempo. Al momento apropiado, Padre Rico abrió la puerta y lo invitó a entrar. Después de escuchar su queja, Padre Rico le mostró que él no era responsable del pago de diez centavos la hora que Robert y Mike estaban cobrando. Padre Rico le indicó que Robert no podía cambiar las circunstancias externas que determinaban ese pago; eso era todo lo que "el mercado" estaba dispuesto a pagarle. Él sólo podía cambiarse a sí mismo para determinar el pago con el cual él estaría satisfecho.

Padre Rico le explicó a Robert que la experiencia que vivió a sus 9 años de edad fue la primera y más importante prueba de cómo se siente trabajar por dinero. Cuando le preguntó cómo se sintió cuando fue a pedir más dinero; y esperar por él cuando fue a buscar trabajo. Y cómo se sentía cuando la Sra. Martin, le ponía el pago de treinta centavos en la palma de la mano. Robert confesó: *"Terrible… Desencantado, sentía que no era suficiente"*.

Padre Rico le indicó que la prueba que acababa de pasar la podía multiplicar por los próximos cincuenta años para tener una idea de la vida del trabajador, quien se emplea sólo con la meta de cubrir sus necesidades de vida. Padre Rico le explicó cómo la conducta enfocada en perseguir el dinero era resultado del miedo que dirige a la mayoría de los trabajadores: miedo a no poder pagar las cuentas, miedo a perder repentinamente estos ingresos. El miedo les corre la vida, pero rehúsan decir esta verdad.

Fue en ese momento que Padre Rico compartió la filosofía que lo llevó a lograr ser eventualmente uno de los hombres más ricos de Hawái.

"El pobre y la clase media trabajan por dinero – los ricos hacen que el dinero trabaje para ellos".

Solamente cuando Robert y su amigo Mike aceptaron trabajar sin paga, cuando empezaron a valerse de su imaginación y creatividad para originar sus propios ingresos, fue cuando finalmente entendieron las lecciones de Padre Rico. Al día de hoy, ambos Robert Kiyosaki y su amigo Mike son multimillonarios, y el Sr. Kiyosaki se convirtió en un educador financiero con la misión de educar al mundo sobre la filosofía de Padre Rico y la diferencia de la mentalidad pobre y la mentalidad rica.

Y aquí descansa la base fundamental de este capítulo:

El pobre – y el Trabajador Clase Media (TCM) - trabaja por un solo motivo y un solo logro: conseguir dinero para satisfacción inmediata de necesidades presentes. El pobre busca garantizar su presente, el rico busca garantizar su futuro. El pobre trabaja por dinero… por eso es pobre.

Capítulo 18 - La pobreza es hereditaria

En cada país por lo general más del 90% de la riqueza es poseída y controlada por menos del 10% de la población; y de este porciento un segmento consiste de familias adineradas que han tenido (y han hecho crecer) sus fortunas por generaciones, y donde negocios y propiedades son transferidos de generación a generación, haciendo crecer éstos exponencialmente y dejando en la riqueza a todos aquellos que tuvieron la fortuna de nacer en esta línea genealógica.

Y todo empezó con UNA DECISIÓN. La semilla fue sembrada y los pasos fueron tomados generaciones atrás por un miembro de la familia para dejar sentada la base financiera de la cual se beneficiarán todos los descendientes. Por lo tanto, herencia es definida como transferencia de valores y posesiones intrafamiliarmente, de una generación a otra, de padres a vástagos y familiares cercanos. Si la familia rica traspasa sus valores y posesiones a la generación más joven, ¿qué tiene la familia pobre para traspasar a sus sucesores?

Exacto.

Y quiero hacer una distinción: cuando la familia rica traspasa la herencia a sus jóvenes, no sólo está traspasando los valores tangibles: negocios, inversiones, propiedades, también está traspasando los valores de la disciplina, perseverancia, responsabilidad, enfoque, proyección, liderazgo, habilidades analíticas, visión, conocimiento. Eso es lo que forma la realidad del niño mientras crece en una familia rica y emprendedora. Es lo que ha visto toda su vida y lo que conoce. En otras palabras, La Realidad es creada para estos niños en el contexto del ambiente en que viven y bajo las percepciones y valores que les son transmitidos por los adultos en el ambiente en que crecen.

De nuevo la pregunta: ¿y qué hereda el pobre?

Exacto.

Cuando un niño crece en un ambiente de carencia y limitaciones, donde las palabras de su padre es que "*el dinero no crece en la mata...*", "*no hay...*", "*no se puede...*", "*aprende a vivir con lo que tienes...*" Al niño vivir la experiencia de un ambiente donde el desarrollo económico se mide solamente dentro del contexto de una Pobreza Funcional, el moldeamiento de la visión y percepción del niño reflejará la de sus progenitores. Esa es su herencia. Esa será su realidad.

Las buenas noticias es que estas realidades no son fijas y que puedes cambiar, no sólo la herencia que le dejarás a tus propios herederos, sino también la herencia de pobreza que te dejaron a ti. Lo primero es reconocerla como tal: una herencia de actitudes, valores y percepciones que definen tu realidad y tu reacción a ésta. De hecho, tomarás todas tus decisiones dentro de esta realidad y estas decisiones tenderán a hacerte – y mantenerte – en el restringido status socio-económico en que te encuentras, aquel que compone "tu realidad".

Ya que la herencia del rico no te llegó por sucesión de familia, tendrás que buscarla por tu cuenta. Tendrás que deshacer todas las creencias y valores que moldean tu percepción (sí, aquella percepción de pobreza que heredaste). Esto no es fácil; es casi deshacer tu persona, de todo lo que crees, todo lo que creías era tu verdad, tu "realidad".

Reconoce lo que te falta, reconoce el contenido de la herencia que recibiste de tus padres, e indirectamente de tu medio ambiente, y entenderás los valores, percepciones y "la realidad" que tienes que cultivar y que servirán de base a decisiones informadas; decisiones que tienen como objetivo "cambiar la herencia (de ti y los tuyos) de pobre a rico".

Nuestra "Realidad Heredada" determina nuestros valores; nuestros valores determinan nuestras creencias, y nuestras creencias determinan nuestra conducta y nuestras decisiones.

Capítulo 20

Y FINALMENTE...

Estás en una habitación cerrada, peleando a oscuras con tu problema, dando tumbos a ciegas, luchando incansablemente con tu enemigo, dando batalla por lograr algo más que una sobrevivencia económica, algo más que sólo vivir para cubrir gastos. La lucha aparenta interminable. Empiezas siempre desde cero al inicio de cada mes y asi mismo terminas al final del mes. Quieres ganar la lucha y recibir el alivio de no tener que trabajar tanto por tan poco, sólo para satisfacer necesidades. Quieres lograr tu libertad económica, pero tu enemigo te tumba al piso una y otra vez. Y la oscuridad de la habitación no te permite ver lo suficiente para tomar control de la situación, para mejorar las posibilidades de vencer a tu opositor. Para salir airoso de tu pelea.

En tu intenso pleito con tu enemigo, no te das cuenta que hay un switch que puede encender la luz de la habitación. Y cuando en tu desesperación y como último recurso logras alcanzar el interruptor y enciendes la luz, te das cuenta que el problema con el que estaba peleando... tu contrincante de tanto tiempo... el enemigo que no te dejaba levantar... era tú.

Y ahí reside la verdad de tus limitaciones económicas.

No has logrado Independencia Financiera porque tu mente no ha incorporado el concepto a tu realidad, y por consiguiente a tu potencial. Tu mente no se ha abierto a las posibilidades; éstas son invisibles e inconcebibles para ti. Porque tu realidad, creada por ti basada en acondicionamiento, la educación que recibiste y las experiencias que viviste, no te lo permite, no lo ves real ni posible. Si tomas un momento de introspección, te darás cuenta que tú ni siquiera has considerado esta opción. Esa otra realidad no te toca. Sólo sabes trabajar para vivir y sobrevivir. Cualquier opción de Independencia Financiera, libertad económica, no entra en esta ecuación. En tu diario vivir y diario batallar nunca has tomado una fracción de un momento para preguntarte: ¿existen otras alternativas a esta Pobreza Funcional?, o ¿Podría yo cambiar mi estatus TCM? ¿Existe algo que pueda aprender, algo que pueda hacer, para cambiar mi situación económica y de hecho lograr Independencia Financiera? En piloto automático seguirás haciendo lo que sabes, y lo que sabes es ser Pobre o TCM. Es tu incuestionable "normalidad".

Todo esto te sucede y tú ni siquiera te das cuenta.

Convicciones son esas creencias fijas e inquebrantables que constituyen tu carácter, tu persona, quien tú eres, en que basas tus decisiones. Es lo que te hace y lo que te forma y le da forma a tu realidad.

¿Qué sucede cuando esas convicciones son falsas (y no te das cuenta)?

Yo sé que sacudir esas convicciones es como sacudir el suelo bajo tus pies. Por eso es bastante probable que este libro te haga sentir incómodo(a), disgustado(a), y quizás hasta ofendido(a). Yo no espero menos. Si no es así, no habré logrado mi cometido.

Tu realidad consiste de todas las cosas que te han "alimentado" toda tu vida (educación, actitud, valores, conducta, experiencias, datos, percepción...). Cambia la "dieta"; dale a tu vida nuevas experiencias, nueva educación, nuevos valores, nuevos datos, y expansión de percepción y cambiarás tu realidad.

Mi intención es que logres activar el switch para encender la luz...

Nunca es tarde para emprender el viaje... y más cuando piensas en la alternativa que te espera si nunca empiezas.

RECURSOS:

LISTADO MANDATORIO DE LECTURA

"*Padre Rico, Padre Pobre*"   Robert Kiyosaki

"*El Flujo del Dinero*"   Robert Kiyosaki

"*El Hombre Más Rico de Babilonia*" George Classen

"*El Millonario Automático*"   David Bach

LISTADO RECOMENDADO DE LECTURA

En inglés:

"*The Slight Edge*"   Jeff Olson

"*The Millionaire Next Door*"   T. J. Thomas/William Danko

"*The Midas Touch*"   Robert Kiyosaki/Donald Trump

La Biografía de Steve Jobs   Walter Isaacson

Lectura de la Biografía de Dave Thomas (el fundador de la cadena de comida rápida Wendy's), y otras biografías de hombre (y mujeres) de empresa los cuales admiras.

En el 2014 se está transmitiendo (en Inglés) en los Estados Unidos por la cadena de televisión CNBC, el show "*How I made my millions*" ("*Cómo hice mis millones*") – Este es un programa donde exitosos empresarios explican cómo lograron amasar sus fortunas. Es fascinante escuchar los pasos, esfuerzos, creatividad necesaria – y cómo enfrentan los retos que surgen – para crear y lograr el éxito con cualquier empresa.

Por la cadena televisiva ABC se transmite "*Shark Tank*" ("*Tanque de Tiburones*") – En ese programa un grupo de inversionistas/"ángeles" financieros escuchan propuestas de incipientes empresarios que vienen con creativas ideas para iniciar un negocio. Los inversionistas (*"Sharks" = tiburones*) escuchan las propuestas, las evalúan y hacen ofertas para financiarlas. El proceso es bastante interesante e instructivo.

Chequea el horario, trata de conseguirlo en línea en el país donde te encuentres. El Internet sigue siendo el mayor recurso para información.

En Estados Unidos, la asesora financiera Julia Stav provee asesoría en español sobre inversión en la bolsa de valores. Busca información en su show radial y sus otros recursos en línea.

***

Yo te di mi opinión con la escritura de este libro, ahora puedes darme la tuya visitando nuestro blog en: elcaminoalariqueza.com

Para recibir nuestro "newsletter" o boletín informativo puedes hacerte miembro de nuestra comunidad visitándonos en elcaminoalariqueza.com, o reynaldopolanco.com, o escribiéndome a reynaldopolanco@gmail.com

*** *** ***

NOTAS:

_____
_____
_____
_____
_____
_____
_____
_____
_____
_____

Made in the USA
Charleston, SC
18 September 2014